COOPERATION AND EDUCATION

Research on Adolescent
Cooperative Behavior
and Educational Strategies

合作与教育

青少年合作行为及教育策略研究

刘 裕◎著

科学出版社

北 京

内 容 简 介

合作对于人类社会发展尤其是青少年社会性发展来说至关重要。作为一种重要的亲社会行为品质，合作必然成为青少年社会性教育的重要组成部分。

本书分为基础篇、现状篇、机理篇和对策篇四部分，针对当前青少年的"不合作"现象以及传统合作教育中的低效问题进行了深入的理论探讨和实证研究，不仅有助于促进青少年社会性健康发展，而且有助于推动青少年合作教育效率的提升。

本书可供广大青少年教育工作者，以及教育学、心理学、社会学领域的科研工作者和相关人士阅读与参考。

图书在版编目（CIP）数据

合作与教育：青少年合作行为及教育策略研究 / 刘裕著. —北京：科学出版社，2021.1
ISBN 978-7-03-067952-9

Ⅰ.①合… Ⅱ.①刘… Ⅲ.①合作-青少年教育-研究 Ⅳ.①G775

中国版本图书馆 CIP 数据核字（2021）第 018861 号

责任编辑：朱丽娜　张春贺 / 责任校对：彭珍珍
责任印制：李　彤 / 封面设计：润一文化

科学出版社 出版
北京东黄城根北街 16 号
邮政编码：100717
http://www.sciencep.com
北京建宏印刷有限公司 印刷
科学出版社发行　各地新华书店经销
*
2021 年 1 月第　一　版　　开本：720×1000　B5
2021 年 1 月第一次印刷　　印张：14 1/4
字数：234 000

定价：89.00 元
（如有印装质量问题，我社负责调换）

| 目　　录

第一篇　基　础　篇

第二篇　现　状　篇

◆◆◆ 第一篇 ◆◆◆

/ 基 础 篇 /

第一章

基于人的交往的合作

合作是一种普适性行为，无论是在历史悠久的传统社会还是繁华多彩的现代社会，合作始终都是人们生活中最为重要的方式之一。时光荏苒，历史的进程赋予合作各种内涵。发展至今，合作理论已取得较为丰硕的研究成果。

第一节 合 作 源 考

一、我国合作传统的历史追溯

我国的合作思想根植于历史悠久、博大精深的中华传统文化，影响着国人的思维方式和行为方式，是不可多得的历史瑰宝。

1. 儒家观念上的合作渊源："和"

合作最先起源于"和"，对于"和"的表达，最先记载于儒家经典著作《论语·学而》中："礼之用，和为贵。先王之道，斯为美，小大由之。有所不行，知和而和，不以礼节之，亦不可行也。"（杨伯峻，2019）其大意是：礼的应用，以和为贵。"和"为和谐，大体之意就是主体之间的和平相处，是指君王通过"和"来理清人与人之间的关系、处理矛盾冲突，与他人达成共同的目标。这一过程是早期合作的主要表现形式。"和"为先王之道，即君王以礼相交而达成和平共处的目的，是君王维持国家稳定的一种手段。又比如，《国语·晋语三》中提到："杀之利。逐之，恐构诸侯；以归，则国家多慝；复之，则君臣合作，恐为君忧。"（左丘明，2013）这里的"合作"指的是君臣之间的合作，其目的是维护君王的统治地位。可见，在古代合作是为了维系君主的统治地位，这一目的的延续成为合作的原动力。

而对于合作中"知与行"的逻辑关系，孔子认为"礼之用，和为贵"。他认为"合"为先，由"合"引出"作"，这里体现的是"先认知、后行动"的逻辑关系，可以解释为：先学习合作知识，再行动。再后来，"合"与"作"合二为一，逐渐发展为认知与行动的统一并进。

2. 道家观念上的合作思想：不争、知足

老庄之学在人生论上，主张"不争""知足"等思想，老庄的生命价值论深刻影响了后世人的精神世界。精神世界指引着人的思想与行为，也就指引着合作观念的形成。其主要体现在以下两个方面。首先是不争的处世观。老子（2009）认为："上善若水，水善利万物而不争。"其大意是至高的品性好像水一样，泽被万物，但又不与万物相争。因此，老子主张在与人交往过程中，应该不争，"不争"不是不争，而是守住自己的欲望，多给予、少索取，这种不争的思想也延续到合作之中。其次是知足的利益观。老子（2009）认为："持而盈之，不如其已。揣而锐之，不可长保。"道家在面临残酷的竞争环境时，告知世人，什么叫适可而止，警醒世人知"度"，也就是知足。知足对后世的影响体现在方方面面，其中也包括在合作过程中人们对共同利益和自身利益的追求上，警醒世人要懂得知足。

老庄之学提供给世人两大人生处世观，这些思想早已潜移默化地影响着国人的思维方式与行为习惯，也极大地丰富了合作思想理论的相关内涵。

3. 墨家观念上的合作本质："兼爱"

墨家一直主张"兼爱"的思想，将其解释为：主体之间只有形成相亲相爱的关系，才能共同获得利益。墨子（2018）认为："若使天下兼相爱，爱人若爱其身，犹有不孝者乎？"其大意为，天下的人如果都能够相亲相爱，那么仇恨和纷争还会存在吗？这种主体之间的相亲相爱就是"兼爱"。墨子在讲兼爱时主张将"利"作为本源，而"利"是指天下人共同的利益，由此又衍生出"共生"的思想。墨子（2018）认为："助之言谈者众，则其德音之所抚循者博矣；助之思虑者众，则其谈谋度速得矣；助之动作者众，即其举事速成矣。"大意是一个人想要完成一件事情，只靠自己的力量是远远不够的，只有在他人的帮助下才能达成目标，即兼爱才能共生。墨子认为只要人与人之间建立相亲相爱的关系，就能帮助自己和他人达成共同的目标，甚至实现天下人的共同利益。墨家认为"兼爱"即合作，是人们在乱世纷争中共同存活下来的手段。

4. 兵权伐谋下的合作基点：同舟共济

"兵"是中国古人实现"非利不动，非得不用，非危不战"（孙武，1962）的手段，是在不能通过其他手段达到和平相处时而不得已采取的方式。但兵家在用战争寻求和平过程中，又崇尚"慎战、止战、共济"的思想，在战争中追求和平与合作，"慎战"而后"共济"。《孙子兵法·九地》中提到："夫吴人与越人相恶也，当其同舟济而遇风，其相救也，如左右手。"（孙武，1962）其大意是，吴国人和越国人经常打仗，相互之间的积怨很深，当他们同坐一条船过河时，突遇大风大浪，就在这样的危急时刻，他们忘掉了一切仇恨，相互关怀和帮助，就像左右手一样，不分彼此。可见，兵家的"同舟共济"体现了合作之道，在面临共同问题时，不同利益的人，只有团结合作，才能共渡难关。

二、西方合作文明的发展轨迹

早期西方文明根植于两河流域的沃土之上，是人类文明的摇篮之一，影响着西方人的思维方式和行为方式，也为合作文明的孕育和生长增添了一抹不可磨灭的色彩。

1. 古希腊与古罗马的合作文明："契约"与"法"

古希腊位于希腊半岛，因特殊的地理环境，古希腊的农耕文明并不发达，但由于其海岸线很长，因此在古希腊时期雅典的海上商业贸易十分发达。商人与商人之间为保证公平的经济交易，自然而然地形成了契约。"契约"是商人为公平贸易并获取利益的一种约定性行为，这种约定性行为成为西方早期合作的主要表现形式之一；同时，这一早期商人之间为贸易而形成的约定性行为，也逐渐发展为维系国家经济和社会发展的重要手段之一。

古希腊基于人与人之间的约定性行为而形成并倡导合作精神，这一精神体现了他们对自由平等的追求。但到了古罗马时期，他们为保护自己的实际权利，在合作的外围加上了法律这层保护屏障，从原来的通过"精神"来维护合作，逐步发展到通过"法律"来维护合作。为了维护交易秩序，古罗马时期出现了最早的私法。私法重视保护人与人合作过程中的个人利益，特别是在商品交易中的个人利益，古罗马人们用法律的形式来达成合作，同时又用法律来保护合作双方的利益。不同的是，古希腊追求的是精神世界的合作，而古罗马追求的是法律世界的合作，古希腊认为可以用"精神"契约来形成合作，古罗马则认为必须用"法律"的形式来形成合作。但不管是哪一种合作形成，其目的和作用都是维系国家经济和社会发展。

2. 中世纪文艺复兴时期的合作文明："原罪观"与"自由意识"

进入中世纪以后，宗教教会在欧洲占据着主导地位，在此之后西方文明在原本纯粹的古希腊和古罗马文明中加入了宗教的色彩。对西方人影响最为深远的是基督教，基督教的思想和教义都体现在《圣经》中。《圣经》强调人的"原罪观"，即认为人一出生便有与生俱来的原罪，人生来就是要赎罪的，因而每个人都需要与上帝立下约定，即守约则得赐福、背约则受惩罚。可见，《圣经》本身就是上帝与人类之间的一种合作契约。一直以来，这种原罪观念都根深于西方人的思想之中，人们相信原罪是上帝对人的一种惩罚，强调人与人交往中的某种约定和约束条件，因此任何形式的合作都要受到约定的束缚，这一观念让西方人更加重视用法律的形式来约束合作。从基督教的"原罪观"中还可以看出，它对西方人的影响不仅仅是包含合作中的约束，还包含了对自由意志的觉悟，认为人应该在合作中根据个人的意志去行动和生活。由此可知，中世纪文明下人们的合作思维是一种对自由意志的约束，人们既接受对合作的约束，同时又追求合作赋予的个人意志。

3. 欧洲启蒙运动时期的合作文明：理性色彩

在 17 世纪这样一个新旧社会交替的时代，科学成为知识界普遍关注的主题，由此产生了一场科学界的革命。科学革命带来的科学精神强调人们的理性思维能力，重视科学与知识的力量，使西方人形成了独有的思维方式，即理性主义（谌章明，2008）。理性是通过论点与具有说服力的论据发展真理，用大量的事实做根据，这样的思维方式使西方人重视实际、鄙视空谈。与原罪观一样，理性思维也深深扎根于西方人的思想之中，合作中的西方人往往更注重合作所带来的实际利益。比如在合作之前，他们会根据以往的经验，进行符合逻辑的推理，并作出科学的判断，看自己是否能够得到实际利益，从而决定是否进行合作。由此可见，西方人的合作更多是经过理性和科学判断之后的一种利益导向性行为。

三、中西方合作思想的比较分析

由于时代特征、社会形态和文化传统等方面的原因，中西方的合作思想存在着较大的差异，本节将从以下两个方面对中西方合作思想进行比较分析。

1. 合作"原动力"的差异

从合作的原动力来看，中西方的合作渊源有较大差异。中国的合作源于"和"，是一种为达成共同目的的权谋，本质上是为了维系国家的生存、君主的统治和人民的生活，可见从起源上看，中国的合作更多是由国家存亡而衍生出的一种需要。西方的合作源于"契约"，在早期的西方社会，农耕文明并不发达，但其海岸线较长，商业贸易十分发达，契约便是衍生于商人之间为公平贸易而形成的约定性行为，本质上是为了商业贸易和社会经济的发展，可见西方合作更多源于维系国家经济和社会的发展。

2. 合作"人性观"的差异

中西方在各自的文明进程中受文化、经济发展等的影响，在合作过程中形成了两种完全不同的人性观念。从对人性的认知上看，国人对人性最为直接的看法是"人之初、性本善"，因此更注重自我内心的修养，在乱世纷争中提倡"合作以天下大利为先"，在与人交往中强调"不争""知足"，倡导"兼爱"共生、"同舟共济"，这些观念让国人在合作中更注重的是引导和教化，而不是规则。在合作过程中，西方人的人性观传承于古希腊、古罗马时期的哲学家，强调理性思考和重视个人利益。在合作过程中，"合作"被认为是为维护个人利益所采取的手段，人与人之间的交往也以实现个人利益为前提。从对人性的认知来看，西方人有着根深蒂固的"原罪"观念，认为人生来就是恶的，有"不愿意"服从的思想，原罪是上帝给予人的惩罚，强调人与人交往过程中的约定和约束条件，这一观念让西方人更重视用法律的形式来规范合作。

第二节　合作的学理脉络

一、合作的涵义

1. 合作的多学科审视

合作的内涵丰富，在不同领域又会有不同的解释和表现形式，因而需要从不同学科视角深入了解合作的涵义。

生物学上的合作本质为"共生"。原生动物学家 Dals（1982）把共生定义为几对合作者之间稳定、持久、亲密的组合关系。而所谓共生效应，是指两个或多个生物在生理上相互依存并达到平衡的状态（Scott，1969）。可见，共生构建了生物学上的合作机理，可以从生物之间的共生现象去解释合作机理。例如，南美洲金合欢树和合欢蚁之间的互利共生关系：金合欢树需要合欢蚁帮助其生长，合欢蚁又需要金合欢树作为栖息地（Janzen，1971）。这是植物与动物之间的共生现象，体现出生物之间为实现共同生存而产生的合作关系。

心理学对合作的研究侧重于合作形成过程中的心理变化过程，它主要从合作的发生、进化两方面展开研究。合作的发生是个体是否能从合作结果中获利而作出的心理判断，要满足以下三个前提：①合作过程中个体需要付出代价；②个体选择合作必然是为了自身的付出能得到回报；③个体获得的回报需要大于所付出的代价（谢文澜，2013）。满足以上条件，个体合作就会发生。而现实生活中的合作不仅会受到合作结果的影响，还会受到其发生的社会背景的影响（Schuster，Perelberg，2004）。在社会背景的影响下，个体合作会不断发生变化。例如，合作双方大多是在资源、地位、机会等不对等的条件下进行的，当个体处于优势地位或合作行为会增强其优势地位时，处于优势的合作者愿意帮助弱势的一方，而一旦其优势地位受到威胁，则优势个体可能会破坏或抗拒合作（Wang et al.，2010）。这种基于社会背景之下个体产生的心理变化，是心理学研究合作变化的主要路径。

早期经济学认为，竞争才是经济生活的主要途径，但随着经济学研究的发展，对合作的研究也越来越多。比如，亚当·斯密（1974）在《国富论》中说道："请给我以我所要的东西吧，同时，你也可以获得你所要的东西。"他认为，竞争市场可以引导分工、生产和交换等合作方式的产生。可见，在早期的经济学研究中，虽然学界强调竞争，但也包含了对合作的关注。我国学者黄少安（2000）进一步认为，经济学应该充分解释合作，并站在推动经济学革命的高度，一反传统的以"竞争"为主线的经济学研究框架，倡议转向以"合作"为主线，创建合作经济学，并认为21世纪的经济学可能就是以合作为主线的经济学。

在社会学中，社会学家普遍将合作视为人与人之间的一种互动，而它的代表性理论则是社会互动理论。德国社会学家盖奥尔格·西美尔（2002）认为，社会互动是自己与他人的往返活动，这种人与人之间的往返活动构成了稳定的合作关系。闫慧杰（2015）指出，社会互动是指社会中个体之间、群体内部之间在特定环境中进行的交往，他们在交往过程中遵守社会规范，互相传递经验和信息，互动构建个体之间、群体内部之间的交往关系。所以从社会互动理论来看，合作是人与人之间有意义的互动交往行为，而人与人之间的互动构成了合作关系。

传统教育是权力性教育，即以权力主义和强迫命令为主的教育形式，为了避免这样的教育所带来的矛盾和冲突，教育开始由权力性转为合作性。最早的合作性被运用到师生之间，将老师和学生看作是平等互助的合作伙伴关系，师生合作是师生主体力量的协同发挥，其目的在于改善师生之间的关系。后来合作性又被运用到学生之间，由此产生了"合作学习"理念。合作学习是教学模式的一个重要创新，其目的旨在改善学生之间的人际关系，提高学生的合作能力，合作学习在后期也成为合作教育的重点内容之一。再后来，合作又被加入到"德育"教学之中，逐渐成为青少年素质教育体系的重要组成部分。

2. 合作和合作行为的涵义

（1）合作

对于什么是合作？国内外众多学者对其进行了阐述，《心理学大辞典》中指出："合作是为了共同的目标而由两个以上的个体共同完成某一行为，是个体间协调作用的最高水平的行为。"（朱智贤，1989）周宗奎（1995）认为，所谓合作，即愿意共同达到目标的行为或态度。著名学者 Deutsch（1958）指出，合作是个体为了实现共同的目标而表现出来的协同行为。由此可见，以往学者对合作内涵的界定既有不同之处，但也存在着共同点：①强调有共同的目标；②强调两个以上个体的相互配合和协调。基于此，本书认为，合作是两个及两个以上的个体通过相互配合和协调一起实现共同目标的活动。

（2）合作行为

合作行为是一种复杂的人际互动方式。学术界对合作行为的理解并不一致，主要有以下几种定义：①强调共同目标的定义，将共同目标看作是合作行为的核心动机和前提条件（Bay-Hinitz et al.，1994；周宗奎，1995）；②强调成员关系的定义，认为合作行为包含相互帮助、相互鼓励、相互支持三层涵义（赵章留，安桂玲，2005）；③强调行为结果的定义，强调合作带来的互惠或者双赢结果（俞国良，辛自强，2004）；④强调互动过程的定义，将合作行为视为个体之间的一种基本的互动形式或交往活动（Argyle，1991；秦启文，黄希庭，2001）。在这几种定义方式中，第四种定义突破了以往从实验游戏角度界定合作行为的狭窄路径（崔丽莹，2010a），指出合作行为是在工作、闲暇或其他社会生活中，为享受共同活动带来的快乐和加深彼此关系，以一种协调的方式进行的共同行动。从这一定义来看，合作行为体现了个体本身的一种重要的社会技能和社会化品质，是个体社会活动成败的关键。基于此，结合研究的目的，本书选择第四种定义作为合作行为的内涵。

从合作行为的结构上看，合作不仅仅是一种行为表现，而且是合作认知、情感、技能和行为的综合体。其中，认知是合作情感与行为产生的前提和基础，情感是合作行为得以发生的内在动机，技能是合作行为产生的中介，而行为则是一个人合作水平的综合反映和最终体现，因此，合作认知、情感、技能与行为相互依存、相互作用，共同构成了合作行为的整体。

二、关于合作行为的理论研究

各国学者从不同角度对合作行为进行了研究，积累了丰硕的研究成果。通常，合作行为又可以分为个体合作行为和群体合作行为两种类型，本书主要探讨个体合作行为，且研究对象为青少年。下面从两个方面评述国内外学者在青少年个体合作行为领域取得的主要成果。

（一）合作行为的发展特点研究

1. 合作行为的年龄特点

青少年合作行为在年龄上的变化主要有两种情况：①随着年龄的增长，合作行为不断减少；②随着年龄的增长，合作行为不断增加。庞维国和程学超（2001）通过两难故事法，对青少年的合作倾向和意图进行研究，发现高年级青少年的合作倾向明显低于低年级青少年，且变化相对明显，青少年的合作意图也随着年龄增长日趋复杂和分化。也有学者运用游戏的方式研究青少年的合作行为，研究结果显示，随着年龄的增长，青少年的竞争行为逐步减少，合作行为逐步增多，合作水平也越来越高（李幼穗等，2000）。

2. 合作行为的性别特点

在性别上，青少年合作的发展存在一些差异。Kagan 和 Knight（1984）的研究发现，青少年在竞争和合作的价值认知上存在明显的性别差异，女孩更倾向于选择合作，而男孩更倾向于选择竞争。在合作的行为方式上也存在显著的性别差异，女孩更善于通过彼此间言语的交流、沟通和协商以达到合作的目的，而男孩的合作则更多是通过身体动作来实现的，言语交流相对较少。但也有研究表明，性别在青少年合作行为上并不存在差异。这可能是由于不同研究者采取了不同的研究方法，从而导致的研究结果不一致。

3. 合作策略的发展特点

青少年采取的合作策略存在年龄差异，不同年龄阶段的青少年会采取不同的合作策略。年龄较大的青少年更容易找到共赢的策略，从而倾向于合作，可能是由于年龄较大的青少年比年龄较小的青少年拥有更高的认知思维水平，能做出更准确的判断，而年龄较小的青少年则更容易选择对自己有益的策略。张丽玲（2004）在实验研究中发现，低龄青少年在面对两难选择时，其对策行为没有显著变化，基本是以自我利益为中心，采取回避式策略；而年纪较大的青少年则倾向于选择亲社会行为，主动要求合作、讨论的频次频繁，开始关心群体利益，呈现出利他性行为。赵章留和寇彧（2006）也发现，年级越高，青少年合作时越倾向于使用积极的策略，并且在不同年级上，青少年合作策略也存在显著差异。

（二）合作行为的影响因素

青少年的合作并非是与生俱来的，也不是自然形成的，其合作行为的形成和发展受到诸多因素影响，早期人们更加重视对物理环境、奖赏结构等外部因素的研究，后来逐步转向对认知因素、个人特征等内部因素的研究。下面，笔者分别从内外两个方面进行归纳总结。

1. 外部因素

1）目标结构因素。在不同的目标结构下，青少年的合作行为表现会有所不同。有学者通过游戏的方式进行研究发现，在合作性游戏中，儿童的合作行为增多；而在竞争性游戏中，儿童的攻击性行为增多，合作行为减少（Ausch，1994）。也有学者将青少年放在不同目标情境下进行研究发现，在竞争目标情境上，青少年的竞争行为会显著增加；而在合作目标情境中，青少年的合作行为会随着年龄的增长而增加（李晓东，1991）。学界推测这种不同目标结构下青少年合作行为的差异，主要是与青少年对不同目标的认知有关。

2）同伴关系因素。青少年与合作同伴关系的好坏会影响合作行为水平的高低。赵俊茹（2001）通过合作者之间的信任分数去研究青少年合作行为的变化，结果显示，群体成员信任分数越高，群体成员的合作行为也就越突出，可见对合作同伴的信任预期会影响青少年的合作行为。张金荣等（2010）发现合作同伴之间的熟悉度与合作密切相关，在面对好朋友时，青少年合作倾向更高，双向合作频次也显著增多，而在面对陌生同伴时，青少年因无法对对方的反应作出准确预期从而降低了合作倾向。在研究青少年合作能力时发现，同伴之间的能力匹配会影响合作的完成程度，在同伴合作实验中，同伴能力之间的互补能增加合作的成功率，合作双方的需要和满足需要的方式正好互补，合作双方之间的互补性便会提高，这也有助于双方之间的沟通，提高彼此的合作水平和能力（曹光前等，2008）。

3）家庭环境因素。青少年的合作行为也深受家庭环境的影响，其主要包含父母的教育价值观、工作价值观、教养方式三个方面。研究表明，父母教育价值观中的好行为和关系性对合作行为具有正向预测作用，父母重视培养孩子的关系性和好行为，能促进小学生合作行为的发生；反之，过于重视学习成绩，会降低其合作倾向（张金荣等，2010）。谢晓非等（2000）认为，青少年的合作行为倾向与父母的工作价值观具有明显的相关关系，越重视经济利益的父母，孩子的合作倾向越低；越重视报酬、物质方面的父母，孩子就越可能表现出不合作倾向。也有研究发现，教养方式的不同是导致青少年产生抵制或拒绝合作行为的重要原因（张丽华，1997；毕珊娜，2010）。

4）文化背景因素。在青少年的合作中，文化背景也是一个不容忽视的因素。在跨文化研究中发现，东方的青少年比西方的青少年更具有合作性，这可能与中国自古传统文化之中就包含同舟共济、谦让等合作思想有关。Shapira 和 Madsen（1969）进行比较研究发现，墨西哥、以色列地区的农村青少年比城市青少年具有更高的合作倾向。可见，不同文化背景之下青少年的合作会存在差异。

2. 内在因素

1）认知因素。心理学家认为，认知是行为产生的一个基本条件，青少年合作行为与其认知密切相关，如对他人意图的认知、对情境的感知等。青少年的自我中心化的认知倾向会影响青少年合作意识的建立，而青少年对与他人关系的认知能有效促进其同伴合作的形成（林菁，2001）。青少年对目标的认知是合作认知的重要方面，在一个强调共同目标的环境下，青少年就会意识到仅靠一个人的力量是无法实现目标的，因而会采取合作的手段以达到目标。当青少年不仅能清楚认知自我，而且从自我中心解脱出来，站在同伴角度考虑同伴的感受，并能对自身所处情境作出正确的判断时，青少年在合作中就能更主动地调节自我行为，以适应同伴需求，表现出更多的合作行为（Brownell，Carriger，1990）。

2）社会价值取向。社会价值观是青少年人格的稳定特质，也会对合作行为产生影响。通常，社会价值取向可以分为亲社会价值取向和亲我价值取向，亲社会价值取向个体的合作态度是，只要对方对自己的合作行为给予回报，个体就会参与合作；亲我价值取向的个体参与合作的情况是，该事件明显对自己有利，才会选择合作（赵俊茹，李江霞，2002）。大量研究也表明，不同的社会价值取向对合作行为会产生不同的影响，亲社会价值取向的个体比亲我价值取向的个体会表现出更多的合作行为（李幼穗，孙红日，2001）。

3）性格情绪特点。青少年性格情绪特点是影响其合作的因素之一。陈琴和庞丽娟（2001）认为，活泼开朗、积极主动、充满自信，对他人具有同情心、爱心的青少年能更经常地与人合作；而性格内向、消极被动、依赖性强的青少年往往不善于与人合作，青少年合作持续时间的长短也与情绪状态密切相关，快乐的情绪情感更有助于合作的维持。也有学者通过实证研究发现，青少年的积极情绪与合作行为之间存在一种直接的正向相关关系，而消极情绪会减少合作行为（崔丽莹，2010b）。

4）社交与自制力。社交技能是个体实施合作的前提，因此有效的交往技能和交往策略对青少年合作行为产生显著影响。Mize 和 Cox（1990）的研究发现，青少年解决人际问题策略的数量和质量与其合作行为明显相关，当面临人际交往难题时，能够有效运用策略去解决问题的青少年，往往具有更高的合作性。同时，青少年的自制力也对其合作行为有着重要影响。所谓自制力是指青少年对自我行为的控制能力，自制力较强的青少年能够采取有效的手段来控制自己的行为，从而与同伴在情感和行为上达到一致，促进与同伴之间的合作（崔丽莹，2010a）。

（三）对现有研究的反思

综观国内外对合作行为的研究，虽取得了较为丰硕的成果和较大进展，但也存在着不尽完善的地方。

1）在合作行为生成发展方面，对合作行为形成过程的研究深度不够。已有研究表明，从对合作行为的内核分解上看，合作行为是由一些基本要素（认知、情感、技能和行为）构成的综合体，并且这些要素的不同状态和组合形式，决定了个体的不同合作行为水平及其发展阶段。但是，现有研究大多只是对基本成分进行分解，未能深入分析这些成分在决定个体合作行为水平发展中的不同作用。因此，我们有必要打开合作行为形成的"黑箱"，揭示合作行为形成背后的心理机制和逻辑过程，这能够帮助人们更好地认识到合作行为形成的关键要素，并通过关注关键点和增强薄弱点来提高青少年合作行为水平。

2）在合作行为影响因素方面，现有研究的系统性有待增强。学者们虽然对合作行为的影响因素进行了大量研究，但是这些研究从内容上看大多聚焦在单一因素对合作行为的影响上，缺少对多种因素的影响顺序、交互作用及其力量博弈关系的分析。因此，有必要建立个体合作行为动力系统，将影响个体合作行为的内、外动力因素整合在同一个分析框架中，探索多种因素的综合作用机制。这不仅能够增强研究的系统性，也有利于人们更清晰地看到内、外动力的作用差异及其对合作行为的不同影响，可以帮助人们找到影响青少年合作行为的核心动力因素，从而增加青少年合作教育的针对性和目的性。

3）在合作行为培养教育方面，现有研究主要集中在教育学视角。以往的研究探讨得最多的是合作意识和能力的培养（赵殊，2010）以及合作教学策略的分析（田丽丽等，2011），专门的合作教育研究成果不多（姚芬，2012），并且这些研究大多侧重于理论方面；对青少年合作的行动研究相对较少，且缺乏系统性（汪艾桂，张倩，2004）。因此，有必要博采社会学、心理学、教育学等学科理论，从多学科的角度进行整合研究；采用理论与实证相结合的方法，深入分析青少年合作行为的形成机制及潜藏其中的合作教育理念和教育法则，为有针对性地改良合作教育提供理论依据。

第三节 当代中国青少年合作的困局与出路

一、困局：何为不合作

前文提到，合作是指两个及两个以上的个体通过相互配合和协调一起实现共同目标的活动。那么反过来，不合作则是指两个及两个以上的主体之间并未形成相互协调配合的关系，或虽然形成相互协调配合的关系但由于受外界环境及其他因素影响，导致最终未能达成共同的目标或与预定目标存在差距的现象。具体可包含两层含义：缺乏合作；合作质量不高。

1. 缺乏合作

所谓缺乏合作，是指青少年没有或很少与他人形成相互协调和配合的关系，也就是说，缺少与他人的合作或者从未与他人发生过合作。导致缺乏合作的重要原因在于青少年的成长环境。青少年在成长过程中受到学校、家庭、社会三大环境影响，当学校、家庭、社会都不引导或不鼓励合作时，青少年将会陷入一个"无倡导合作"的环境中。长此以往，青少年还会形成以自我为中心、不需要合作等不良意识，进而导致缺乏合作。主要包括以下几种典型的现象：①青少年的自利现象。由于受到独善其身、明哲保身等自利观念的影响，青少年采取的行为往往以自我为中心，主要表现为以个人喜好为先、会争抢自己喜欢的东西等，因此当他们面对合作时，一旦自我利益受损，往往会选择不与他人合作。②青少年的不合群现象。在崇尚竞争的社会氛围中，以及在独生子女的家庭环境中，青少年可能会产生不愿与他人交往、沟通的行为，主要表现为做事情独来独往、不喜欢群体生活、因个人竞争意识较强不愿与他人交往等，这类青少年往往选择独立于群体之外，很难与他人形成合作。

2. 合作质量不高

合作质量不高是指青少年虽然合作了，但合作效果不佳，未能达成合作目标或与预期目标存在较大的差距。这是因为青少年在合作过程中受到诸多因素影响，包括外在的环境因素（如外界干预、合作伙伴等）和内在的自身因素（如价值取向、对利益和责任的认知等）的影响，进而导致青少年的合作质量不高。主要有以下几种典型现象：①青少年的社会惰化现象。在合作中，如果青少年发现自己对团体的贡献无法被衡量或者即使不合作也不会被惩罚时，他们的积极性会降低，甚至会故意放慢做事速度、出点小错等，从而导致整体效率降低、合作效果不佳。②青少年的旁观者现象。对责任的认知和对同伴的熟悉度会影响青少年在合作中的角色选择。比如，当青少年单独完成一项任务时，他们会愿意以"主导者"角色承担全部责任；但如果要求他们与不熟悉的一群人合作完成任务时，他们往往会选择旁观者角色，如在合作中等待他人去采取行动、推卸自己在合作中的任务等，这种因规避责任而产生的旁观者现象会阻碍合作预定目标的达成。③青少年的搭便车现象。在集体合作行动中，青少年可能会抱着"就算我不做，总会有别人做"的想法，希望能不付出努力就坐享其成，这种不道德的投机心理和行为就是搭便车现象。由于在一个集体行动中，一个人到底出了多少气力往往难以考量，无形中也给"搭便车"者提供了机会。但是，一旦搭便车的人多了，总体效率就会降低，甚至导致最终的合作成效与预定目标存在差距。

二、出路：知行合一

正是以上现象的存在，导致了青少年合作困局的出现。那么，如何走出当前的合作困局？本书试图从"解局"和"破局"两个方面，分别进行阐述。

1. 合作困局之解局

前文指出，当前青少年普遍存在不合作现象，那么是什么原因导致的呢？本书主要从两个方面进行"解局"：环境中的不良影响、当前合作教育的低效。

1）环境中的不良影响。①我国传统文化中的消极因素不利于青少年合作意识的唤醒和合作能力的培养。比如，"独善其身""明哲保身""各人自扫门前雪，哪管他人瓦上霜"的小家意识，"三个和尚没水吃""鸡犬之声相闻，老死不相往来"的不合作现象以及"窝里斗""互相拆台"等不良习性，阻碍了社会合作风气的形成。②家庭环境及家庭教养方式中的消极因素的影响。现阶段我国有不少独生子女，他们在社会化过程中出现的自私、任性、攻击性强、不合作等特点对其身心发展产生了不良影响，而合作交往对于独生子女的同伴关系、学业成就和社会适应都具有重要的积极意义；同时，有些父母虽然强调要爱孩子、关心孩子，却往往对孩子不够尊重与理解，对孩子过多干预、过分保护，导致孩子容易出现自私、自利等特点。这些削弱了他们的合作意识。③充满竞争的社会氛围也会影响青少年合作意识的养成。在处处有竞争、人人谈竞争的当今社会，家长鼓励孩子要敢于竞争，学校教育强调的也是竞争，但合作意识和合作行为的培养没有得到应有的重视。此外，社会中普遍存在的搭便车、旁观者、社会惰化等现象，也很容易诱发青少年的模仿学习，不利于他们养成良好的合作品质和合作行为习惯。

2）当前合作教育的低效。对青少年开展合作教育已成为家庭教育、学校教育乃至社会教育的关注热点（郝克明，汪明，2009），这也对现阶段的合作教育提出了新的要求。我国教育工作者在这些方面作了很多的努力和尝试，但是效果并不很理想。以合作学习为例，20世纪90年代后期我国教育界引入Johnson兄弟提出的合作学习理念与范式，倡导在课程教学中使用小组学习模式，或者在授课过程中加入一些合作探究的元素。"合作"进课堂的直接结果是，学生对"合作"这个词汇不仅耳熟能详，而且他们在课堂上也有了越来越多的实际演练合作的机会，但是从数量不多的关于合作学习的报告中看到，这些报告更多的仍然是对学生合作能力和意识欠缺的批评与不满，以及流露出的对中小学课堂合作学习流于形式的无奈（汪艾桂，张倩，2004）。具体而言，合作学习更多是被视为辅助课堂教学的一种手段，因而很容易被其他的教学任务和有限的教学时间挤压，成为可有可无的存在。不仅如此，合作教育在当前整个教育体系中仍然没有明确的定位，更难以构建全方位、综合性的合作教育体系。

2. 合作困局之破局

前文分析了合作困局的成因，接下来进一步剖析解决合作困局的方法，本书主要提出了两点"破局"之法。

1）要强调青少年合作行为的"知行合一"。合作是人在社会生活中形成的，既是人内在的意识、精神，又是外化于人的行为方式的"知行合一"的体系。孔子认为，人要言行一致，朱熹主张既要致知又要力行，王阳明也明确提出了"知行合一"的理论，可见这一观念早已根植于国人的思想之中。然而，当前教育者更重视对合作意识的培养，却忽视了对青少年合作行为的养成。为了更好地促使青少年做到"知行合一"，我们首先要加强"合作行为"

的理论研究。明确"行为形成"问题在合作行为理论研究中的关键地位，以及合作行为在破解青少年合作不足和当今青少年合作教育中的重要价值；探讨青少年合作行为的形成机制及其影响因素，找出传统合作中背离合作行为形成规律的现象和存在的误区，推动合作教育效率的提升。其次在教育实践中更加注重"合作行为"的养成。教育不仅要重视对青少年合作意识的培养，而且要注重合作行为的养成，教育者可借助各种手段，如小组合作学习去有意识地培养和促成青少年合作行为的产生。最后要积极创设各种有利的外在条件去促成合作行为。增设相关的合作活动，如拔河比赛、篮球比赛等；有意识地建立合作情境，如课堂学习小组、课外兴趣小组等；制定合作的奖惩制度，在合作中对表现优异者进行奖励，对不合作者进行惩罚，以增加不合作者的"成本"，使青少年倾向于合作，产生更多的合作行为。

2）加快构建以"学会合作"为主要培养目标的学校、家庭、社会三位一体的综合素质教育体系。现阶段，以培养"学会合作"为目标的综合素质教育已成为学校教育、家庭教育乃至社会教育的关注热点，我国教育工作者虽然在合作教育方面也作了不少努力和尝试，但效果并不是很理想。为了更好地构建以"学会合作"为主要培养目标的"学校、家庭、社会"三位一体的综合素质教育体系，需要做到以下几点：一是学校、家庭和社会三者在合作教育上的目标要保持一致，使青少年在合作教育过程中受到一致的合作教育的影响，避免学校学到的、家庭学到的以及社会学到的存在严重差异。二是学校、家庭和社会要合理共享合作教育资源。学校、家庭和社会都有自己在合作教育方面的优势，这也是各自在合作教育上的资源，合作教育各主体之间需要合理共享这些资源，构建一种以学校教育为主阵地、家庭教育为基础、社会教育为依托的三位一体的教育体系。三是学校、家庭和社会在青少年合作教育上要各有侧重点。学校要加强对学生的合作意识和合作行为的培养，与家庭、社会共同培养青少年的合作行为；家庭需要重点关注青少年合作人格、认知和品质的培养；社会要营造良好的合作氛围，形成崇尚合作精神的社会风气。

第二章

合作教育的本质与当代价值

第一节　何为合作教育

一、合作教育的发展历程

在人类的发展历程中，"合作"这一概念有着悠久的历史：从以狩猎、采集为生的远古部落，到科学技术飞速发展的现代社会，都离不开合作。引申到教育领域，合作教育也越来越受到教师和家长的重视，成为发展的新趋势。但值得注意的是，合作教育并不是现代的新生事物，在古今中外的教学理论与实践中，我们都可以找寻到合作教育的踪迹，这为现代合作教育的产生和发展打下了坚实基础。诚然，今天的合作教育在界定上还存在分歧，在方法上还有待完善，但毋庸置疑的是，合作教育的价值取向已经在世界范围内得到认可。这有赖于 20 世纪六七十年代起合作教育的新发展。正是最近 50 年的发展，使得"合作"这一历久弥新的理念真正走入教育界，成为青少年教育中重要的一环。

（一）西方合作教育的发展阶段

古希腊罗马时期，苏格拉底的"启发式教育"和昆体良的"分组教学"设想，推动了合作在教育中的实践和发展。此后，文艺复兴时期的教育理论集大成者夸美纽斯（1999）承袭了前人观点，认为学生应在学习中占有主体地位，教师负有调动学生求知欲和主动性的责任，并创造性地提出班级教学制度，即将学生分成若干小组，每组由一名学生协助教师管理，成为以生生互动为特征的小组合作的雏形和前身。从资产阶级革命、工业革命到整个 19

世纪，近现代的英国、法国、瑞士、美国等西方国家经历了教育思想和实践上的变革和发展。其中，促进合作的品质，如礼仪、节制、博爱、和谐教育等因素得到重视，合作教育的土壤不断增加；共读会、导生制等践行合作的尝试从无到有，合作教育的形式走向明朗。在传统合作教育的基础上，近现代的合作教育发展经历了如下三个重要阶段。

1. 20 世纪 60—70 年代：合作教育的理论准备和背景研究阶段

为合作教育打下基础的学科主要是社会学与心理学，最早可以追溯到 Lewin 于 20 世纪 40 年代提出的社会互赖理论，该理论阐发了群体的本质，并提出激励群体目标达成的方法。在此理论的基础上，Deutsch 提出合作与竞争的理论，直接影响了合作学习理论的发展。该理论认为，在合作的社会情境中，个体之间的目标紧密相关，表现出"促进性的相互依赖"，属于一种积极的相互关系。后来学界将其视之为合作教育研究和讨论的起点。

20 世纪 60 年代，Johnson 兄弟在明尼苏达大学建立了合作学习中心，针对合作学习进行了多方面、多维度的研究，包括合作的本质、合作学习的基本要素、合作性情境的创立，以及培训教师如何将有关合作的理论转变为实践，并应用到具体的教学过程中。

2. 20 世纪 70—90 年代：合作教育正式提出和迅速发展阶段

这一阶段，对于合作教育的研究纷繁复杂，存在不同的侧重之处和表现形式。综合观之，合作教育尤其是合作学习发展迅猛，影响迅速扩大，在方法创设和策略设计上获得了前所未有的成功，出现了一大批有代表性的研究成果，主要包括对合作学习关键要素的探讨及苏联合作教育学派的形成。

（1）对合作学习关键要素的探讨

约翰霍普金斯大学教授 Slavin（1991）将学生安排在由 4—5 人构成的异质学习小组中共同学习，探讨各种合作学习方法对于学生成绩的影响，并提出了合作学习的三要素：小组目标（group goals）、个体责任（individual accountability）和均等机会（equal opportunity）。其中，小组目标指向学生目标的达成，个体责任强调小组成员的自我管理，均等机会不仅包括小组内各成员之间机会均等，也包括小组与小组之间机会均等。

加拿大合作学习专家 Coelho（1994）认为，课堂中的合作取决于四个关键要素：小组的形成与管理（group formation and management）、任务设计（task design）、社会因素（social component）以及探索性谈话（exploratory talk）。其中的社会因素，实际上是在强调合作技能的重要性。由此，合作技能摆脱了在教学任务中的依附地位，逐渐受到了重视。美国加利福尼亚州的 Kagan（1989）则认为，只有贯彻积极互赖（positive interdependence）、责任到人（individual accountability）、公平参与（equal participation）和同时互动（simultaneous interaction）的合作结构才称得上是合作学习，否则只能算是小组学习。

美国明尼苏达大学合作学习中心的 Johnson 兄弟（1989）认为，课堂活动的主流应当是学生的合作活动。他们详细阐述了合作学习的五大基本要素：积极互赖（positive interdependence）、个体责任（individual accountability）、面对面的促进性互动（face-to-face promotive interaction）、人际和小组技能（interpersonal and small group skills）以及小组自治（group processing）。他们再三强调，不管怎样的合作学习活动，都必须体现这五大基本要素，只有将这些基本要素有机地应用在合作学习中，才能保证合作学习的成功。

（2）苏联合作教育学派

苏联合作教育学派的主要代表人物有阿莫纳什维利、沃尔科夫、沙塔洛夫等。他们的主张集中在人道主义思想、个性发展观和师生合作论三个主题上。苏联合作教育学派首先明确了师生之间的平等地位，在此基础上提倡师生关系的民主和谐、教学过程中的兴趣一致，以及教学手段上的反强制、反压迫。苏联合作教育学派认为，教师与学生的共同互动使学生感受到成功、进步和发展的快乐，是促使学生学习、提升学习成绩的内在动力。而这一点的实现，就要求师生关系发生根本性的转变，要求师生之间互相尊重、相互合作。苏联合作教育学派的教育理念，与我国传统合作教育中提倡的建立良好的师生关系、进行启发式教学的初衷遥相呼应，也和国际上提倡的树立合作教育的价值观念一脉相承。

3. 20 世纪 90 年代以后：合作教育的创新拓展阶段

20 世纪 90 年代以后西方各国纷纷进入课堂实践和教学改革阶段。比较有代表性的研究有 Guskey（1990）、Ellis 和 Fouts（1994）等，这一阶段出现了复杂教学、合作法等。

由此观之，国外的合作教育研究取得了很大的成就，但仍然存在着明显的不足之处。比如，对合作学习的环境和条件没有明显的界定，对建立合作学习的评价和监督机制不够重视，以及缺乏对不同阶段青少年合作学习的差异和针对策略的研究。在借鉴西方合作教育成果的过程中，我们应正视和弥补其疏漏之处，结合合作教育在我国的实际发展水平，创建具有我国特色的实施策略和评估标准。

（二）合作教育在我国的发展

早在先秦两汉时期，我国在治学施教中便重视师生之间、学生之间在学习中的相互合作，"次相授业""小先生制"等教学方式不仅提高了教学效率，也使部分学生在参与教学实践的同时精进了自己的学业，成为传统教育中卓有成效的教学方法，并一直影响着后世的教育实践，对当代合作教育中生生合作的构成形式仍有借鉴意义。进入现代社会，人们更加认识到合作的重要性，合作教育思想日趋成熟，合作教育实践也在全球范围内广泛推行。自 20 世纪 80 年代，我国开始对合作教育进行探索和尝试。

1. 20 世纪 80—90 年代：合作教育的引入阶段

20 世纪 80 年代，我国开始引入国外合作学习理论，但主要以译介为主。最早将国外合作学习理论引入我国的是朱佩荣翻译的苏联雷先科瓦和沙塔洛夫等（1987）所写的《合作的教育学：关于实验教育教师会晤的报告》，杜殿坤翻译的奥尔洛夫和拉泽霍夫斯基（1988）所写的《合作的教育学：起源、原则、远景》也对合作的教育学进行了大致介绍。其后，国内学者开始探讨合作教育的教学原理以及与现有学习方法的比较，如有的学者揭示了合作学习能够调动学生学习的积极性，促进所有学生共同发展（丁邦平，1988），还有的学者则详细介绍了美国合作学习改革课堂的着眼点、合作学习的具体方式、有效条件等（盛群力，1990；王红宇，1991）。通过部分研究者对国外已有研究成果的介绍，合作教育逐渐进入教育者的视野，为之后的实验研究奠定了理论基石。

20 世纪 90 年代初，上海等地的学者在借鉴苏联合作的教育学流派的基础上，提出了"师生合作教学"的思想，并进行了教育实验。这项研究主要是从师生的角度出发，从教育整体理论的角度来谈论合作，揭开了合作教育的探索序幕。在课堂教学方面，较早尝试运用合作学习小组进行教学的是浙江省杭州市，为了充分发挥教师与学生两个方面的积极性，合作学习小组改革了原有的教学组织形式，并首先在语文、数学和外语等学科展开。该实验还根据不同的情况创立了不同的分组方式，打破了小组合作学习中以异质分组为原则的分组模式，开启了国内探索合作教育模式的先河。

2. 20世纪90—21世纪初：合作教育的发展阶段

从 1993—2001 年，比较有代表性的研究包括：《外国教育资料》上刊登了王红宇翻译的斯莱文（1993）的《合作学习与学生成绩：六种理论观点》，探究了合作学习方法与学生学业成绩之间的关系；王坦翻译了斯莱文（1994）的《合作学习的研究：国际展望》一文，对合作学习的理论基础、掌握策略及其研究的国际展望等方面作了系统介绍；裴娣娜（2000）对合作学习在我国的发展作了提纲挈领式的界定；此外，还有学者从合作学习的产生背景、理论基础、目标意义、基本要素等方面进行了专题或系统的研究（刘振中，1997；曾琦，2000；高艳等，2001）。这一阶段的理论研究依旧侧重于介绍国外合作学习的理论与研究成果，但随着对合作教育关注的人越来越多，我国形成了相当规模的研究群体。

实践方面，合作学习进入了部分省（市）的中小学课堂中。1983 年，王坦主持的"合作教学研究与实验"课题，拉开了我国合作教育研究与实验的序幕。该课题研究时间长达 6 年，涉及山东、浙江、北京、天津等 9 个省（市）的百余所学校，主要对当时国内中小学教学领域存在的一些主要问题进行反思并借鉴了国外合作学习成功经验，促进了合作学习在我国的推广，掀起了合作教育理论探索与实践应用的高潮。1992 年，裴娣娜教授将合作学习作为培养青少年主体性之一的教学策略，在北京周边大概 80 所中小学中展开。合作学习在中小学课堂中的广泛使用，使许多一线教师参与到合作教育理论的讨论中来，丰富了合作教育的研究成果。

3. 21世纪初至今：合作教育的成熟阶段

21 世纪初，经过前面 10 多年理论实验的经验积累，合作教育在国内的发展逐渐开花、结果。2001 年《国务院关于基础教育改革与发展的决定》（简称《决定》）指出："鼓励合作学习，促进学生之间相互交流、共同发展，促进师生教学相长。"该《决定》的颁布是合作教育在我国研究进展的分水岭，在前期理论与实践探索的基础上，合作教育借着基础教育新课程改革的东风，进入了相对成熟阶段。在新课程改革的大力推动下，在此期间关于合作教育的研究已经试图超越国外合作学习理论与模式的限定，以我国课堂教学实际情况为蓝本，展开本土化的实践探索与理论反思。这一时期的研究除了注重合作学习对学业成绩的影响外，还针对合作学习与学生的认知品质、非认知品质、心理健康、学业负担、学习的参与程度、社会技能的发展、班级凝聚力、教师素质、班级管理、学科教学以及现代教育技术等进行了广泛探讨。至此，合作教育被广泛地用于实践教学过程中，在我国进入了系统化、规范化发展的轨道。

总之，通过以上梳理我们可以发现，我国合作教育研究走过了一条理论与实践相结合的发展道路，为今后的合作教育持续改良和不断优化打下坚实基础。

二、合作教育的含义与特征

从合作教育的研究和实践来看，目前世界各地冠以"合作"字首的教育教学改革及理论研究可谓种类繁多，异彩纷呈。美国著名社会心理学家 Slavin 甚至将这种现象称为"教育中的合作革命"，是一种"合作热"。然而，当我们对这些教育改革方案或实践或理论成果进行审视分析时却会发现，它们虽然大都以教学中的人际合作性互动（cooperative interaction）为基本特征，但并不处在同一个理论层面，活动取向也不尽相同（徐万山，2010）。明确合作教育的内涵，阐释其与合作学习、产学研合作教育等相近概念的区别与联系，有助于推进合作教育的实施，深化当前的教育改革。

（一）合作教育的含义

我国自 20 世纪 80 年代开始对合作教育进行探索和尝试，特别是在联合国教科文组织提出"完整儿童"（whole child system）的教育目标后，人们更加注重合作教育方面的研究。纵观现有研究，对合作教育的定义主要集中在以下几个方面：有的学者从教育目的方面解释合作教育，如陈艳华（1990）将其解释为"以培养孩子的合作精神为目的的综合素质教育"；傅忠道（2000）认为合作教育是"指引导青少年，通过相互理解、相互协调、相互配合、相互帮助，从而培养团结合作的精神，和谐协同发展的教育活动"，更注重从教育内容上定义合作教育；有的学者则从教育主体上进行界定，如崔立中等（2002）学者认为，合作教育是"以合作的教育方式培养学生的合作能力，促进学生身心素质的全面发展。所谓合作的教育方式，主要指'四合作'，即教师与学生合作、学生与学生合作、学校与家庭合作、学校与社会合作"。还有学者从适用范围上将合作教育界定在班级教育管理的范围内，如应萍（1999）认为，"合作教育方法是以落实素质教育为核心，以马克思主义关于人的全面发展和自由发展的理论以及苏联教育理论家马卡连柯集体理论为指导，以学生心理特征为依据，从长期的教育实践中总结出来的一种新型班级管理模式"。可见已有研究从教育目的、教育内容、教育主体等不同视角揭示了合作教育的含义，对合作教育理念的发展起到了一定的推动作用，但却大多止步于课堂教学、学校德育、合作方法等单一取向，缺乏对家庭、学校、社会合作教育多主体效应作出整合性定义。

本书认为，合作教育的内涵至少应当涉及以下几个方面：从教育目的上看，合作教育是一种目标导向的教育，追求知识和技能、过程和方法、情感态度和价值观的三维教学目标的实现，具体而言，合作教育指向课程知识的掌握、青少年合作能力的提升以及品德教育的完善；从教育理念上看，合作教育融汇了东西方传统合作教育理念，如美国合作学习理论、苏联合作教育学、中国"全员互动"等合作教育理念，是一种面向未来的素质教育；从教育过程上看，合作教育以师生互动、生生互动为基础，以家校共育、社校共育为补充，强调教学环境中诸要素的互动；从教育主体上看，合作教育不单单涉及学生合作学习的技能培养和教师课堂教学策略的实施，更与家庭、学校及社会的合作教育环境有着千丝万缕的联系；从教育形式上看，合作教育的主要教育形式不仅包括课堂之中的合作学习小组，还包括社团活动、运动会、班级委员会等课堂之外的活动或自我管理活动，以及家庭、社会方面的家长委员会、家校联系簿、社会实践、社区学校等；从教育评价上看，合作教育既对合作结果进行评价，也对合作过程进行评价，既有来自其他小组、教师和家长的外部评价，也有学生对自己的内部评价。

徐万山（2010）针对"合作热"现象进行了研究，将合作教育的内涵归纳为五种：①作为学习方式的合作教育，即合作学习；②作为教学策略的合作教育，即合作教学；③作为德育途径的合作教育，即合作德育；④作为经验获得方式的合作教育，即合作培训；⑤作为教育内容的合作教育，即合作意识和能力。按照这一分类方式，本书主要探讨的是除第四种意义之外的合作教育，即一种以"学会合作"为主要培养目标的教育模式。换言之，合作教育是以学生、教师、家长、社会之间的全员互动为特征，以促进青少年合作精神培养、合作能力提高为核心，以青少年全面发展为目标取向的一系列教育理念和活动的总称。

为深化对合作教育内涵的理解，本书将进一步阐释其与合作学习、产学研合作教育等相近概念的区别与联系。

1）合作学习。在现代合作教育发展的历程中，合作学习一度独领风骚，占据了合作教育的主要理论阵地。时至今日，合作学习作为当今世界许多国家普遍接受和实施的主要课堂教学模式，仍然是合作教育中的重要内容之一。王坦（2001）将合作学习定义为："以开发和利用课堂中人的关系为基点，以目标设计为先导，以团体成绩为评价标准，以全面提高学生的学业成绩和改善班级内的社会心理气氛、形成学生良好的心理品质和社会技能为根本目的的一系列教学活动的统称。"从这一为我国研究者所普遍接受的定义中可以看出，合作学习是以生生互动为主要取向的学习理论与策略体系。而合作教育的内涵则不仅止于此：从内容上看，还包括合作人格的养成、合作品质的培养和合作技能的提升等；从主体上看，还包括学校教育、家庭教育以及社会教育等层面的合作教育；从环境上看，还包括在社团活动、班级管理等各种活动中的合作教育。

2）产学研合作教育。校企合作教育的雏形是一种教学与实习相结合的"学工交替"的教育模式，最早产生于20世纪初的英美等西方国家。1906年，美国辛辛那提大学首次推出了一项校企合作教育计划：一部分专业和一些教育项目的学生一年中必须有1/4的时间到与自己专业对口的公司或工厂实习，以获得必要学分和知识。后来这一教育模式得到了广泛的推广，形成了由产业部门、高校、科研机构相结合的"产学研"一体化教育模式。李有观（2000）在《美国的合作教育》一文中将合作教育解释为一种"把课堂教学与工作实际相结合的教育方式"。江小明等（2007）在《多样化合作教育的实践探索》中谈的也是这一类的合作教育。这里的合作教育探讨的是产学研机构层面的合作，与本书所讨论的合作教育显然不属于一个范畴。

（二）合作教育的本质特征

合作教育旨在培养学生的合作精神与合作能力，作为一种基本的教育模式，具有一些与其他教育相似的特征。

1）价值性。合作教育的目的是将合作的价值观念通过教育传递给青少年，以实现其对合作观念的认同，促使其形成稳定的价值评判标准，实现由外在社会价值观到内在个体价值观的转变。因此，合作教育具有价值性。

2）实践性。青少年的合作教育不能仅止步于了解合作技能是什么，还要进一步外化于行，加以实践，落实到学习生活中的合作行为表现上。具体而言，合作教育的实践性具有两方面的含义。一方面，合作教育的核心是要将"知"变为"行"，即不仅要传递合作价值观念，更要使青少年在学习实践中形成合作品质，提高合作技能。另一方面，合作教育的成果需要在青少年的各种合作行为中彰显，并获得评估。

3）长期性。合作教育中的合作精神与合作能力的培养不是一蹴而就的，它是一个长期的过程。这个过程注重对人的思想渗透和塑造，需要长期、反复、一以贯之的教育，需要学生、教师和家长的合力，是一项任重道远的任务。

同时，合作教育还具有区别于其他教育的独特性。

1）目标的系统性。作为青少年综合素质教育、品德教育的重要组成部分，合作教育的出发点是通过教学过程中的各种互动提升教学效果，提高学生的学习成绩，同时注重培养青少年的合作精神和合作能力。苏霍姆林斯基（1992）说过，"没有单纯的智育，也没有单纯的德育"。合作教育的实施是德育与智育融合的体现，只有两者的结合才能真正收到成效。因此，除了在课堂教学任务完成这一目标之外，合作教育还承载了诸多的目标，如追求教学在认知、情感和技能目标上的达成。具体而言，合作教育不仅要求学生掌握与合作有关的知识和技能；还要求学生在基础知识和技能的支撑下，熟悉合作的过程和方法，学会自我超越、团体学习、系统思考等；更重要的是，通过对合作的学习和践行，使学生在情感和价值观取向上认可合作，包括合作意愿的促进、合作人格的养成以及自信心、求知欲等其他各项综合素质的提升。这些目标不是各自分离的，而是统一在一个相互联系、相互影响的系统之中。

2）主体的多样性。合作教育以学校教育为主，但家庭教育与社会教育也不可或缺。近年来，研究者对合作影响因素的分析视角由强调外部因素转为关注内部因素，开始探讨个体人格与认知对合作的影响。这就把合作低效问题的症结指向了合作人格这一方面。合作人格中涉及的自我中心的纠正、亲社会人格的培养以及自我控制能力的提高等因素，与青少年家庭教养方式、家庭交流氛围息息相关，家庭合作教育的重要性可见一斑。社会合作教育的重要性则体现在一对矛盾之中：应试教育忽视合作能力的培养，而社会发展的趋势对合作提出了新要求。因此，合作教育需要得到社会方面更多的支持，需要社会与学校形成合力，为青少年合作教育的成功实施提供沃土。在家庭和社会教育的辅助之下，学校教育从人才培养目标入手，在综合素质教育中增加与合作能力相关的课程和评价指标，在具体的教学实践和班级管理实践中培养学生的合作能力。多元主体、多方合力，才是合作教育的应有之义。

3）过程的复杂性。如何整合合作教育掌握课程知识、习得合作技巧、实现培育合作人格等多维目标要求，使得学生通过合作教育，将合作内化为自己的观念、行为和能力；如何应对教学情境中的不确定性事件和学生主体的多样性、差异性，协调教师、学生、课程、教学情境等多种因素的交互作用；如何调动合作教育多元主体协同育人的积极性，使得学校教育、家庭培育、社会教育之间的目标一致、内容互补……这些都是充满复杂性的教育设计过程。

第二节　合作教育何为

一、合作教育的地位

在明确何为合作教育之后，本书将进一步审视与追问合作教育的重要性、必要性，以明确合作教育在现代教育体系中的地位与价值。

1. 合作行为的培养良方

教育是讲述与传授的艺术，夸美纽斯（1999）在《大教学论》中为了论证普及教育的合理性，提出了"人有可教性"和"人有教育需要性"两个观点。他认为，上帝是全知全能的，人是上帝的形象，因此人也像上帝一样全知全能，是万物中最完美的理性存在，通过教育，人人都可以获得发展；另外，只有受过良好教育，人才能成为一个人。泰勒（2008）在《课程与教学的基本原理：英汉对照版》中也指出："教育是一种改变人们行为模式的过程。"由此，我们有理由相信，对青少年合作意识与合作行为的培养是可以通过学校、家庭、社会等多个主体之间的协调与引导来实现的，合作教育正是合作行为的培养良方。换言之，只有通过合作教育引导青少年逐渐产生合作意识，青少年才能顺其自然地养成良好的合作行为习惯。

2. 素质教育的核心内容

国际 21 世纪教育委员会在其向联合国教科文组织提交的一份最新报告《教育——财富蕴藏其中》中就明确地指出,要将"学会共处"作为未来教育的四大支柱之一。1999 年颁布的《中共中央国务院关于深化教育改革,全面推进素质教育的决定》也明确指出,"实施素质教育,必须把德育、智育、体育、美育等有机地统一在教育活动的各个环节",并提出要"增强青少年适应社会生活的能力""重视培养学生团结协作的能力""培养学生的合作精神"等。社会的快速发展不断强调合作,政治、经济、文化和社会生活领域需要越来越多的团结合作、集体创造和综合协调,如何培养青少年的合作素质也逐渐受到大家的关注。因此,培养合作精神与能力、开展合作教育既是学校教育的重要内容,又是素质教育的核心内容。

3. 教育改革的重要途径

美国著名教育评论家 Ellis 和 Fouts(1994)曾断言:合作学习如果不是当代最大的教育改革的话,那么它至少也是最大的之一。20 世纪 70 年代起,为了克服传统教育的种种弊端,提升课堂教学效率,美国进行了大量的合作学习理论研究,并且将合作作为一种教学策略纳入了教育教学体系,由此掀起了世界范围内的合作教学热潮,产生了包括学生小组成绩分工法、小组游戏竞赛法等百余种方法和策略。20 世纪 80 年代,我国借鉴国外合作教育经验,经过之后 30 余年理论与实践的经验积累,合作教育已作为对传统班级授课制的一种突破和补充,被越来越多地应用于教学实践设计中,成为教育改革的重要途径。

二、合作教育的基本功能

合作教育以提升青少年的合作精神与能力为目标,进而实现青少年综合素质的全面提高,具有以下四个方面的功能:

1. 素质培育功能

从战略目标上讲,合作教育是青少年综合素质提升和健康成长的需要。合作精神和合作能力的养成不是一日之功,它要求学生掌握多方面、多层次的技能和素质,如把握社会和时代的能力、情商能力、语言能力、自信心、批判性思维、发散性思维等，合作的技能诸如小组组建、换位思考、观点采择、自我超越等。而上述多种技能属于青少年综合素质教育中的重要内容，不仅对于合作教育至关重要，而且对于其他重要品质和能力的培养也有着不可或缺的作用。此外，当下社会环境中存在着一些不利于青少年发展的因素，如应试教育强调竞争而忽视合作、过度依赖互联网引发人际交流障碍、独生子女缺乏与群体建立良好关系的能力等，合作教育恰好给出了解决方法，这也是青少年健康成长的需要。

2. 教育促进功能

作为青少年综合素质教育的重要内容，合作教育有益于国家教育事业的发展。首先，合作教育既涉及多个学科，又具有很强的实践性。要发展合作教育，就要对合作教育相关理论进行深入研究，在博采世界各国合作教育经验、提取中国传统合作教育智慧的基础之上，形成适合当今社会、具有我国特色的合作教育理论。这对充实和完善青少年教育理论体系具有重要作用。其次，只有把合作教育的理念落到具体的教学实践中，才能真正实现其价值。这对学校以及一线的教育工作者提出了更高的要求。从学校教育目标到教师教育方法，从合作评价机制到合作教育共同体构建，无不强调对培养方法的创新和对培养质量的追求。总之，合作教育的发展和创新，是对整个教育体系的发展和创新。

3. 文化建设功能

一般而言，教育对社会文化具有传承、选择、传播和创新的作用。同样，合作教育对于文化建设的作用不容小觑：在小农经济自给自足的格局之下，中国的文化传统和价值取向也趋于自我封闭。事实证明，这种文化心理对于深化改革开放的发展大势来说是一种阻碍和羁绊，而合作教育的深入发展能够改变传统文化心理中不符合时代潮流的部分，减轻其对社会发展的不良影响。除了对传统文化的去粗取精，合作教育还能助力社会和谐，抑制恶性竞争，这与社会主义核心价值体系的要求不谋而合。学校与社会是互动的，合作教育的发展需要一个良好的社会环境，需要营造平等、团结、和谐、合作的社会氛围。只有在这样的环境中，学校才有可能为社会输送符合时代要求的人才，社会也才有可能实现长久的和谐。

4. 经济促进功能

合作教育能够助力集体创新与互联互通，促进经济进步。加快实施创新驱动发展战略和着力发展开放型经济是建立现代化经济体系的两大任务。不论是创新创业，还是开放共享，合作精神和合作能力都不可或缺。伴随着现代科学技术的发展，各个学科之间的交叉和渗透不断加强，在社会分工越来越精细的今天，单靠一己之力已经很难达到认识上的质变和科技上的飞跃。要想在创新上有所建树，就必须摒弃"零和"思维，在平等自愿、求同存异、团结互补的基础上开展各个层次的合作。因此，全面提升青少年的合作水平，对经济社会发展具有深远影响。

◆◆◆ 第二篇 ◆◆◆
/ 现　状　篇 /

第三章

青少年合作行为的现状调查

作为中华民族自古以来的优良传统，合作是个体在社会生存中所需的基本能力与品质，是除了诚信、善良、忠诚以外的重要精神品质。当代青少年对团队协作的基本认知，对分享共赢本质的把握，甚至是价值观念的建立，都受合作品质的影响。青少年作为新时代下诞生的新生命、社会建设的新兴力量，需要拥有良好的合作品质。那么，现今社会中青少年的合作行为现状如何呢？这是新时代培育青少年合作品质所必须回答的基本问题。本章试图在调查研究的基础上，分析青少年合作行为及合作水平的现状，以及合作行为在个人与家庭属性上存在的差异，探讨青少年合作行为的发展特点与规律。

第一节　调查的基本情况

一、调查的目的与内容

本次调查的目的是通过对青少年合作行为的现状调查，了解青少年合作水平及合作行为类型的基本情况，分析不同群体青少年存在的差异，以探索青少年合作行为的发展特点与规律。为此笔者编制了"青少年合作行为现状问卷调查"，主要围绕以下三个方面的内容展开：①调查当前青少年基本情况和家庭情况，包含年级、性别、家庭经济情况、父母职业情况等内容，了解青少年的个人和家庭基本属性。②调查青少年的合作行为现状，包含四方面的内容：合作认知水平、合作情感水平、合作技能水平、合作行为类型。③在前两步调查的基础之上，进一步分析不同群体青少年合作行为的特点及差异。

在上述调查目的和内容的基础上，构建如图 3-1 所示的研究框架。

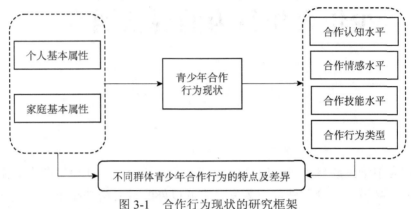

图 3-1　合作行为现状的研究框架

二、调查对象

本次调查对象为初一、初二、高一、高二、大一、大二的在校学生，每个年级随机选取两个班（一个文科班、一个理科班）的学生作为被试。共发放问卷 540 份，收回有效问卷 518 份，有效收回率约为 95.9%。样本的基本情况如表 3-1 所示。

三、调查方法

本次调查主要采取问卷调查法，为实现本调查的研究目的，通过以下三个步骤来完成问卷的定稿：①根据自己初步确立的研究框架，对国内外相关研究领域的核心期刊进行浏览，选出适用的成熟问卷；②为确保问卷的信度和效度，在尽可能保持原问卷的基础上，根据研究的需要，结合相关理论以及对调查对象的深度访谈，自行开发一些题项，以弥补现有文献的不足；③将自行开发的测量题项交由不同调查对象仔细审阅，对其中有问题的项目进行了适当的删除和修改，并展开小规模的前测和再测工作，最终确定问卷。

"青少年合作行为调查问卷"共包含三个部分。分别为：①个人情况信息，测量被试者的个人基本信息，包括性别和年级；②家庭基本信息，测量被试者的家庭信息，包含家庭教养方式、父母职业、是否为独生子女、是否为单亲家庭、父母的文化水平、家庭经济情况；③合作行为现状，包含合作认知水平、合作情感水平、合作技能水平、合作行为类型四个方面。接下来，笔者对这四个方面的测量进行详细说明。

表 3-1　样本基本情况　　　　　　　　　　（单位：人）

项目	类别	人数	项目	类别	人数	项目	类别	人数
性别	男	205	父亲的文化水平	初中及以下	142	家庭经济情况	比较好	82
	女	313		高中或职高	142	父亲的职业	工人、农民、无工作者	73
家庭教养方式	专制型	43		专科	60			
	权威型	422		大学本科	150		个体户、服务人员	150
	放纵型	41		研究生及以上	24		企业白领	116
	忽视型	12	母亲的文化水平	初中及以下	169		教育/卫生/科研人员	50
年级	初一	101		高中或职高	149		其他	129
	初二	82		专科	71	母亲的职业	工人、农民、无工作者	74
	高一	80		大学本科	110		个体户、服务人员	145
	高二	94		研究生及以上	19		企业白领	107
	大一	91	是否为独生子女	是	305		教育/卫生/科研人员	57
	大二	70		否	213		其他	135
是否为单亲家庭	是	50	家庭经济情况	不太好	50			
	否	468		一般	386			

1）合作认知问卷。主要考察青少年对合作本质的理解，包括对合作本质认知、合作条件认知和合作原因认知三个维度。笔者借鉴崔丽莹（2010a）编制的"儿童合作态度量表""合作定义问卷""合作归因问卷"。共 18 个题项（附录一：A11—A65），其中 A11—A34 测量合作本质认知中的合作起源、合作过程、合作与能力和道德的关系，问卷采用利克特五级评分法，选项从"很不同意"到"非常同意"，分数越高，表明越同意；A4—A65 测量合作本质认知中的合作概念、合作条件认知、合作原因认知，采用选择题形式。

2）合作情感问卷。主要考察青少年在合作过程中的内心情感体验，包括积极情感和消极情感两个维度。笔者采用王金颖（2013）编制的"中学生合作能力量表"和孙卉（2012）的"青少年合作感问卷"。共 6 个题项（附录一：B1—B6），其中 B1—B3 测量合作消极情感，B4—B6 测量合作积极情感，问卷采用利克特五级评分法，选项从"很不赞同"到"非常赞同"，分数越高，表明越赞同。

3）合作技能问卷。主要调查青少年合作技能水平的高低。具体又从两方面展开测量：①自我能力评价，即青少年对自己合作能力的总体看法。笔者采用崔丽莹（2010a）编制的"儿童合作态度量表问卷"，共 3 个题项（附录一：C11—C13）。②合作技能现状，主要测量青少年在人际互动、冲突管理、情绪控制、组织领导四个维度上的合作技能水平。采用王金颖（2013）编制的"中学生合作能力量表"，共 11 个题项（附录一：C21—C52），其中 C21—C23 测量人际互动、C31—C33 测量冲突管理、C41—C43 测量情绪控制、C51—C52 测量组织领导。问卷采用利克特五级评分法，选项从"很不符合"到"非常符合"，分数越高，表明越符合。

4）合作行为类型问卷。主要测量青少年合作行为所属类型。根据李颖等（2012）的研究，将合作行为分为社会合作行为、学习合作行为和社会合作行为。笔者采用自编问卷，共 8 个题项（附录一：D11—D33），其中 D11—D13 测量学习合作行为、D21—D22 测量生活合作行为、D31—D33 测量社会合作行为。问卷采用利克特五级评分法，选项从"很不赞同"到"非常赞同"，分数越高，表明越赞同。

使用 SPSS22.0 统计软件计算问卷信度。一般说来，问卷信度系数大于 0.7，表明数据是可靠的。在本次研究中，问卷信度系数为 0.72，表明数据是可靠的。

四、数据分析与处理

采取匿名填答的方式。借助 SPSS22.0 统计软件进行数据录入和处理，并进行描述性统计分析、参数检验分析、单因素方差分析、多因素和多变量方差分析。

第二节　青少年合作及合作水平现状

一、合作认知水平

有学者认为，合作认知是指对合作目的、对象、条件等的认识（高秀芝，1992），也有学者认为，合作认知是个体在对合作意义、目标的认知基础上产生的对合作对象共同行动及其规则的认知（陈琴，庞丽娟，2001）。本书认为，合作认知是合作主体在合作过程中所形成的看法、策略和观念，反映青少年对合作最为真实的理解。那么，对于合作的定义以及成功实现合作所要求具备的条件，青少年是如何认为的？对于合作与不合作的原因，他们又是如何理解的？针对这些问题，我们将合作认知分为合作本质认知、合作条件认知、合作原因认知三个问题，分别进行调查。其中，合作本质认知是青少年对合作内涵的看法。例如，对于什么是合作、合作是如何产生的等问题的理解；合作条件认知是青少年对合作形成需要个体或组织具备哪些基本条件的看法；合作原因认知是青少年对自己是否愿望与他人合作等问题的归因。

1. 对合作本质的认知

为了了解青少年对有关合作内涵的看法，本章在前人研究的基础上将合作本质划分为合作概念、合作起源、合作过程、合作与能力和道德的关系四个方面。合作概念是指青少年对合作定义的把握，例如"我认为合作是协作配合"；合作起源指的是青少年对合作是如何产生的理解，例如"我认为合作是源于共同目标出现的"等；合作过程是指青少年对合作过程中双方之间利益分配问题的看法，是双方共享利益，还是一方获取利益；合作与能力和道德的关系是指青少年对合作与能力有关系，还是合作与道德有关系的看法，例如"我认为合作与道德有关，合作者的道德水平越高，青少年合作的可能性会越高，合作也会越成功"等。本章将从这四个方面详细剖析青少年对合作本质的认知情况。

（1）对合作概念的认知

研究表明，青少年对合作概念的把握会影响青少年在现实社会情境中的行为选择（崔丽莹，2010a）。那么，当前青少年对合作是如何界定的呢？本章根据内容和性质将合作内涵分为四个方面：手段因素、目标因素、关系因素、社会价值因素。手段因素反映的是合作中运用的具体途径和方法，例如"我认为合作是协作配合"；目标因素反映的是合作成员追求的共同目标，例如"我认为合作是实现共同目标"；关系因素反映的是合作中的人际关系，例如"我认为合作是人与人之间的沟通、交流"；社会价值因素反映的是合作在社会之中体现出来的价值和意义，例如"我认为合作是生活的必备品质"。

对青少年合作概念认知进行调查，结果如表 3-2 所示。首先，青少年选择目标因素的总次数最多，占总数的 35.4%，说明绝大多数青少年对合作概念的界定为"合作是成员追求的共同目标"；其次是手段因素（28.0%）、关系因素（24.4%）；社会价值因素选择总次数最少，占比仅为 12.2%，说明青少年对"合作在社会之中体现出的价值和意义"的认同度最低。从年级占比上可以看出，目标因素是唯一呈现上升趋势的因素，而其他因素并没有呈现出明显趋势。

表 3-2   青少年对合作概念的认知情况

四类因素	频次及占比						总频次及占比
	初一	初二	高一	高二	大一	大二	
社会价值因素	37（12.2%）	29（11.8%）	36（15.0%）	38（13.5%）	26（9.5%）	24（11.4%）	190（12.2%）
手段因素	69（22.8%）	65（26.4%）	71（29.5%）	85（30.1%）	88（32.3%）	57（27.2%）	435（28.0%）
关系因素	93（30.7%）	66（26.8%）	51（21.3%）	63（22.3%）	61（22.3%）	45（21.4%）	379（24.4%）
目标因素	104（34.3%）	86（35.0%）	82（34.2%）	96（34.1%）	98（35.9%）	84（40.0%）	550（35.4%）

（2）对合作起源的认知

合作是不是天生的？合作是如何产生的呢？是什么导致合作的形成？为了了解青少年对合作是如何产生的看法，本章在前人研究的基础上，将合作起源分为先天倾向、关系倾向、结果倾向和目标倾向。先天倾向是将合作看作一种与生俱来的气质；关系倾向是将成员之间的友善团结看作合作产生的前提；结果倾向是将最后的利益获得作为合作产生的前提；目标倾向是将共同目标作为合作产生的前提。笔者对青少年合作起源认知进行调查，结果如表 3-3 所示。青少年目标倾向的平均得分最高为 3.99 分，高于中间水平（3分）；其次是先天倾向（3.45 分）、结果倾向（3.16 分）；关系倾向的平均得分最低为 2.34 分，处于中下水平。这说明青少年更认同合作是源于共同目标的出现，而对于合作是源于成员之间的友好关系的认同度最低。同时，也发现随着年级的升高，各种倾向之间的平均分差值在不断缩小。

表 3-3　青少年对其他合作本质的认知情况　　　　（单位：分）

| 项目 | | 年级 | | | | | | 平均得分 |
		初一	初二	高一	高二	大一	大二	
合作起源	先天倾向	3.38	3.37	3.30	3.82	3.42	3.43	3.45
	目标倾向	4.36	4.05	4.01	4.06	3.75	3.69	3.99
	结果倾向	2.97	3.16	3.29	3.38	2.96	3.23	3.16
	关系倾向	2.23	2.22	2.43	2.56	2.32	2.29	2.34
合作过程	互惠倾向	4.00	3.73	3.44	3.34	3.52	3.40	3.57
	自私倾向	1.88	1.91	2.36	2.07	2.05	1.03	1.88
合作与能力和道德	能力倾向	3.65	3.48	3.71	3.73	3.53	3.66	3.63
	道德倾向	2.44	2.22	2.22	2.03	2.25	2.13	2.21

（3）对合作过程的认知

合作必然涉及合作所得利益的分配问题，为了了解青少年对合作过程中合作双方之间的利益分配问题的看法，本章根据合作与竞争的相关理论，将合作过程划分为互惠倾向与自私倾向。互惠倾向表示将合作过程看成成员之间互相帮助、互相得利的行为；自私倾向表示将合作过程看成以自身利益为主的行为。青少年对合作过程认知的分析结果，如表 3-3 所示。可以看出，青少年互惠倾向的平均得分最高为 3.57 分，高于中间水平（3 分）；自私倾向的平均得分最低为 1.88 分，处于低水平，这说明青少年更认同"合作过程是成员之间互相帮助、互相得利的行为"。例如，青少年认为在合作中要与成员共同分享成果等。从各年级平均分上看，随着年级的升高，青少年对互惠倾向的认同度整体呈现出下降趋势，自利倾向无明显变化。

（4）对合作与能力和道德关系的认知

谢晓非等（2000）发现，人们倾向于认为具有强烈竞争意识的人比具有合作意识的人更勤劳、能力更强，认为合作与能力之间具有关系。也有研究表明，道德水平越高，青少年合作的可能性会越高，合作也会越成功（McClintock，1972）。因此笔者提出疑问，合作到底是与能力有关，还是与道德有关呢？笔者对此进行了调查，其结果如表 3-3 所示，其中能力倾向是指青少年倾向于认为"合作与能力有关"，道德倾向是指青少年倾向于认为"合作与道德有关"。研究发现，青少年能力倾向的平均得分最高为 3.63 分，高于中间水平（3 分）；道德倾向的平均得分最低为 2.21 分，低于中间水平。能力倾向平均得分显著高于道德倾向。这表明青少年认为合作与能力之间存在明显关系，而合作与道德之间的关系并不明显。研究也发现随着年级的升高，道德倾向的平均分整体呈现出不断下降趋势，能力倾向无明显变化。

2. 对合作条件的认知

合作作为一种复杂的社会性行为，其形成需要个体或者组织具备一些基本条件，如认识到合作的益处、有效的沟通、采取各种角色行为等（高秀芝，1992）。那么在青少年看来，为了成功实现合作，小组和个人应该具备哪些条件呢？本章试图从合作的内在品质与合作的外在条件两个方面进行调查。合作的内在品质主要考察成功的合作中合作主体应该具备的个人特质；合作的外在条件主要考察要小组需要具备哪些条件才能成功进行合作。

（1）对合作的内在品质的认知

为成功实现合作，合作者作为合作主体应该具备什么样的内在品质呢？本章认为，应该包含能力品质、奋斗品质和关系品质。能力品质是指合作者应该拥有更高的合作技能；奋斗品质指合作者更需要努力上进的精神；关系品质则是指合作者应该与他人保持良好的关系。从表 3-4 可以看出，在对"合作主体应该具备怎样的品质"问题上，青少年选择能力品质的总次数最多，占 45.6%，说明绝大多数青少年认为"合作者拥有较高的合作技能"能够促进合作的成功实现；其次是关系品质（32.0%）；选择奋斗品质的总次数最少（22.4%）。据此推断，部分青少年认为"合作者努力上进的精神"往往并不作为合作成功的必备条件。在年级分布上，能力品质大体呈现出随着年级升高占比不断上升的趋势，其他品质没有明显变化。

表 3-4　青少年对合作内在品质的认知情况

三类因素	频次及占比						总频次及占比
	初一	初二	高一	高二	大一	大二	
能力品质	130（42.9%）	114（46.4%）	117（48.8%）	125（44.3%）	123（45.0%）	100（47.6%）	709（45.6%）
奋斗品质	59（19.5%）	48（19.5%）	56（23.3%）	73（25.9%）	66（24.2%）	47（22.4%）	349（22.4%）
关系品质	114（37.6%）	84（34.1%）	67（27.9%）	84（29.8%）	84（30.8%）	63（30.0%）	496（32.0%）

（2）对外在合作条件的认知

要成功实现合作，需要怎样的外在条件呢？本章认为应该包含四大类因素：目标因素、手段因素、关系因素和经验因素。目标因素要求小组应该具有共同目标；手段因素要求小组要有合作的方法和途径；关系因素要求小组具有良好的人际关系；经验因素要求小组拥有曾经合作过的经历。对小组成功合作需具备的条件进行调查，结果如表 3-5 所示。可以看出，青少年选择手段因素的最多（50.7%），说明大部分青少年认为小组要成功实现合作必须具备"合作的方法和途径"；其次是"关系因素"（24.9%）、"目标因素"（21.0%）；选择经验因素的最少（3.4%），在绝大多数青少年看来，"小组拥有曾经合作过的经历"并不是小组成功合作必须具备的条件。在年级分布上，手段因素是各年级选择最多的因素，几乎占到了每个年级总数的一半，其他因素无明显变化。

表 3-5 青少年对外在合作条件的认知情况

四类因素	频次及占比						总频次及占比
	初一	初二	高一	高二	大一	大二	
目标因素	57 (18.8%)	44 (17.9%)	54 (22.5%)	63 (22.3%)	62 (22.7%)	46 (21.9%)	326 (21.0%)
关系因素	92 (30.4%)	76 (30.9%)	58 (24.2%)	58 (20.6%)	62 (22.7%)	42 (20.0%)	388 (24.9%)
手段因素	148 (48.8%)	123 (50.0%)	120 (50.0%)	145 (51.4%)	135 (49.5%)	116 (55.2%)	787 (50.7%)
经验因素	6 (2.0%)	3 (1.2%)	8 (3.3%)	16 (5.7%)	14 (5.1%)	6 (2.9%)	53 (3.4%)

3. 对合作原因的认知

根据动机理论可知，合作动机是青少年选择合作的目的，是青少年合作的原动力。为了了解青少年与他人合作或不合作的动机，我们需要进行归因研究。本章根据合作者对自己、同伴、小组合作与不合作的归因，将合作的原因划分为班级建立合作小组的原因、自己不愿意与他人合作的原因、他人找你合作的原因、选择合作对象的原因四个方面来进行考察和分析。

青少年在合作原因上的基本认知，如表 3-6 所示。从班级建立合作小组的原因来看，"为班级获得集体荣誉"是选择最多的原因，占总数的 30.2%；其次是"让每个同学显示自己的能力"（27.6%）、"通过一起合作，让大家成为朋友"（26.8%）、"完成学习任务"（10.6%）；选择人数最少的是"这是班级安排，不太清楚"（4.8%）。这表明青少年在看待班级建立合作小组的原因时，最常将其归因为获得集体荣誉。

从他人主动找你合作的原因来看，选择"他需要我帮助他完成任务"的人数最多，占总数的45.9%；其次是"他想和我一起完成得更好，得到表扬"（22.2%）、"他是来提供帮助的"（18.5%）、"他是我的朋友"（11.2%）；选择人数最少的是"在我面前展示他的能力"（2.2%）。由此可见，大部分青少年对他人主动找自己合作的原因主要归因为他人需要帮助。

从自己不愿意与他人合作的原因来看，"不需要别人帮忙"选择的人数最多，占总数的31.3%；其次是"老师并没有提出与他人合作的要求"（22.4%）、"不喜欢对方"（22.0%）、"怕别人影响自己"（17.8%）；选择人数最少的是"害怕自己的成果被别人拿走"（6.5%）。

表3-6　青少年对合作原因的认知情况

题目	选项	频次及占比	题目	选项	频次及占比
班级建立合作小组的原因	完成学习任务	55（10.6%）	自己不愿意与他人合作的原因	不喜欢对方	114（22.0%）
	为班级获得集体荣誉	156（30.2%）		不需要别人帮忙	162（31.3%）
	让每个同学显示自己的能力	143（27.6%）		害怕自己的成果被别人拿走	34（6.5%）
	通过一起合作，让大家成为朋友	139（26.8%）		怕别人影响自己	92（17.8%）
	这是班级安排，不太清楚	25（4.8%）		老师并没有提出与他人合作的要求	116（22.4%）
他人主动找你合作的原因	在我面前展示他的能力	11（2.2%）			
	他是来提供帮助的	96（18.5%）			
	他需要我帮助他完成任务	238（45.9%）			
	他是我的朋友	58（11.2%）			
	他想和我一起完成得更好，得到表扬	115（22.2%）			

在合作中，青少年会选择怎样的合作对象？调查结果如表3-7所示，青少年认为人们最愿意合作的对象是"和自己相似的人"，占比高达44.4%；其次是"比自己好的人"，占比为30.3%；选择最少的是"比自己差的人"，仅为1.0%。

那么青少年在选择合作对象中，往往最看重对方哪一点呢？表3-7显示，选择"不会被别人看不起"的人数最多，占比为 64.9%；其次是"从对方那里学到本领"（17.0%）、"可以表现自己的优势"（8.1%）、"事情做得很好"（6.0%）；"帮助合作对象可以得到表扬"的占比最小（4.0%）。由此可见，大多数青少年在选择合作对象时更偏好于"不想被别人看不起"。

表 3-7　青少年对选择合作对象的类型以及原因的推断

题目	选项	频次及占比	题目	选项	频次及占比
你喜欢选择怎样的合作对象	比自己好的人	157（30.3%）	你选择合作对象最看重对方什么	事情做得很好	31（6.0%）
	比自己差的人	5（1.0%）		不会被别人看不起	336（64.9%）
	和自己相似的人	230（44.4%）		从对方那里学到本领	88（17.0%）
	无所谓	126（24.3%）		可以表现自己的优势	42（8.1%）
				帮助合作对象可以得到表扬	21（4.0%）

二、合作情感水平

合作情感是指在合作过程中产生的一种内心情感体验，即个体在合作中所带有的情绪态度，以及对外界肯定或否定的心理反应（孙卉，2012）。情感有积极的一面，也有消极的一面。合作积极情感反映的是青少年在合作中的积极情绪和态度，体现为"与人合作时会觉得很自由""受到成员的喜爱"等；合作消极情感反映青少年在合作中所带有消极情绪和态度，体现为"与人合作时会被孤立""不受成员喜欢"等。本章将从合作消极情感和合作积极情感两个方面分别进行考察和分析（表 3-8）。

表 3-8　青少年的合作情感水平情况　　　　　（单位：分）

项目	初一	初二	高一	高二	大一	大二	平均得分
合作消极情感	1.80	1.97	2.04	2.16	2.20	2.23	2.07
合作积极情感	4.30	4.15	4.13	3.92	3.88	3.95	4.05

1. 合作消极情感

从表 3-8 可以看出，青少年的合作消极情感平均得分为 2.07 分，处于中低水平，说明大多数青少年在与人合作时的"不主动完成任务""不愿与他人交流""消极怠工"等消极情绪或负面态度并不明显。从年级均值来看，青少年在合作中带有的消极情绪和态度，会随着年级的升高而不断增多。

2. 合作积极情感

从表 3-8 可以看出，青少年的合作积极情感平均得分为 4.05 分，处于较高水平，说明青少年在与人合作时表现出"积极主动""愿意分享成果""按时完成任务"等积极情绪，且总体上非常明显，例如会出现"觉得很自由""受到成员的喜爱""主动积极做事"等内心情感体验。可见，大多数青少年的合作积极情感处于较高状态，而这种较高的积极情绪和态度又可能会使合作的效果更好。在年级均值上，青少年在合作中带有的积极情绪和态度并无明显变化。

三、合作技能水平

合作技能是个体在学习、生活或社会活动中，愿意与他人进行协作、享受共同活动带来的乐趣，并能顾及他人利益、协调解决问题、协调关系的各种个性特征的总和。为了了解青少年的合作技能水平，笔者首先通过自我能力评价来调查青少年对自己合作能力的总体认知情况，其次测量青少年在合作技能维度的四个主要方面，即人际互动、冲突管理、情绪控制、组织领导上的表现。其中，人际互动是指人际交往中的互助互信，如"我愿意帮助合作同伴"等；冲突管理是指对人际冲突的管理，如"遇到不同意见时，我会多方面听取建议"等；情绪控制主要是指对自我情绪的调节，如"我能很好地控制自己的情绪"等；组织领导是指控制和组织管理能力，如"我善于分解组织任务，并加以合理地分配"等。

从表 3-9 可以看出，青少年的自我能力评价平均得分为 3.69 分，高于中间水平（3 分），表明大多数青少年认为自己有较高的合作技能，如"我能和别人愉快的合作""我与别人合作的效果很好"等。但也有小部分青少年对自己合作技能水平的评价并不高。从年级均值来看，各年级青少年的自我能力评价得分为 3.42—4.01 分，处于中高水平。从合作技能的四个维度来看，青少年合作技能四个维度的平均得分为 3.60—4.12 分，处于中高水平，表明青少年在人际互动、冲突管理、情绪控制、组织领导等方面的合作技能水平较高。比较而言，四个维度由高分到低分依次为：人际互动（4.12 分）、冲突管理（3.96 分）、情绪控制（3.85 分）、组织领导（3.60 分），说明大部分青少年更擅长"人际交往中的互助互信"。在年级均分上，人际互动、情绪控制和组织领导的均分呈现出下降趋势，冲突管理无明显变化。

表 3-9　青少年的合作技能水平情况　　　　（单位：分）

项目		初一	初二	高一	高二	大一	大二	平均分
自我能力评价		4.01	3.75	3.86	3.56	3.52	3.42	3.69
合作技能维度	人际互动	4.38	4.22	4.15	4.01	3.97	3.96	4.12
	冲突管理	4.25	4.02	4.03	3.89	3.73	3.81	3.96
	情绪控制	4.07	3.93	4.02	3.75	3.72	3.59	3.85
	组织领导	3.87	3.66	3.75	3.51	3.41	3.38	3.60

四、合作行为类型

李颖等（2012）根据合作主体产生行为的原因和范围，将其划分为学习合作行为、生活合作行为和社会合作行为。本章借鉴这一分类方式对合作行为类型进行研究。其中，学习合作行为是指存在于学习之中的合作行为，如"主动无私地给予同学学习上的帮助""加入形式多样的学习活动且双方共同进步"等；生活合作行为是指青少年与他人或集体合作产生的行为，如"与老师、同学开展合作""积极配合班级、学院、学校的各项工作"等；社会合作行为是指青少年参加合作活动而获得合作奖励的行为，如"参加集体类比赛中获奖且贡献较大""在集体活动中因自己表现好而受到表扬"等。

从表 3-10 可以看出，青少年的生活合作行为（4.04 分）、学习合作行为（3.90 分）、社会合作行为（3.58 分）得分均高于中间水平（3 分），且生活合作行为的得分最高，这表明青少年平时表现出较多的合作行为，尤其在生活中的合作行为表现最为突出。从年级分布来看，学习合作行为和生活合作行为随年级增高呈现出递减的趋势，社会合作行为无明显变化。

表 3-10　青少年的合作行为类型情况　　　　（单位：分）

项目	初一	初二	高一	高二	大一	大二	总体
学习合作行为	4.20	4.04	3.96	3.75	3.73	3.70	3.90
生活合作行为	4.34	4.04	4.18	4.00	3.87	3.83	4.04
社会合作行为	3.74	3.39	3.57	3.34	3.80	3.61	3.58

第三节　不同群体青少年合作行为特点及其差异

青少年合作行为存在个体差异，如由于男生和女生在心理、生理上的差异，其在合作中所带有的情绪和态度也会有所不同。同时，客观环境也会对青少年合作行为产生影响，有研究表明不同家庭教养方式在青少年合作行为上呈现出显著差异（毕珊娜，2010）。那么，个人基本属性与家庭基本属性不同的青少年，在其合作行为上究竟会存在怎样的差异呢？本章通过问卷调查，分析不同群体青少年合作行为的差异及其特点和规律。

一、青少年合作行为的差异性分析

1. 青少年合作行为的个人基本属性差异

本次调查主要考察了青少年合作行为在不同的性别、年级等个人基本属性上存在的差异。分析结果如表 3-11 所示。

表 3-11　青少年合作行为的个人基本属性差异检验　（单位：分）

项目	类别		性别			年级						
			男	女	p	初一	初二	高一	高二	大一	大二	p
合作本质认知	合作起源	先天倾向	3.46	3.46	0.987	3.38	3.37	3.30	3.82	3.42	3.43	0.030
		目标倾向	4.08	3.95	0.099	4.36	4.05	4.01	4.06	3.75	3.69	0.000
		结果倾向	3.12	3.18	0.569	2.97	3.16	3.29	3.38	2.96	3.23	0.048
		关系倾向	2.37	2.32	0.554	2.23	2.22	2.43	2.56	2.32	2.29	0.079
	合作过程	互惠倾向	3.49	3.65	0.446	4.00	3.73	3.44	3.34	3.52	3.40	0.000
		自私倾向	2.15	1.96	0.066	1.88	1.91	2.36	2.07	2.05	1.03	0.006
合作情感	合作积极情感		3.93	4.13	0.001	4.30	4.15	4.13	3.92	3.88	3.95	0.000
	合作消极情感		2.11	2.02	0.176	1.80	1.97	2.04	2.16	2.20	2.23	0.001
合作技能水平	自我能力评价		3.70	3.70	0.928	4.01	3.75	3.86	3.56	3.52	3.42	0.000
	合作技能维度	人际互动	4.04	4.17	0.019	4.38	4.22	4.15	4.01	3.97	4.12	0.000
		冲突管理	3.94	3.97	0.523	4.25	4.02	4.03	3.89	3.73	3.81	0.000
		情绪控制	3.83	3.87	0.533	4.07	3.93	4.02	3.75	3.72	3.59	0.000
		组织管理	3.54	3.65	0.141	3.87	3.66	3.75	3.51	3.41	3.38	0.000

项目	类别	性别			年级						
		男	女	p	初一	初二	高一	高二	大一	大二	p
合作行为类型	学习合作行为	3.85	3.94	0.130	4.20	4.04	3.96	3.75	3.73	3.70	0.000
	生活合作行为	3.99	4.09	0.087	4.34	4.04	4.18	4.00	3.87	3.83	0.000
	社会合作行为	3.56	3.59	0.625	3.74	3.39	3.57	3.34	3.80	3.61	0.000

（1）不同性别青少年的合作行为差异

表 3-11 显示，男生和女生在合作积极情感（$p=0.001$）上具有显著差异（$p<0.05$），女生的合作积极情感得分明显高于男生，说明女生在合作中所带有的积极情绪和态度高于男生。男生和女生在合作技能的人际互动（$p=0.019$）维度上存在显著差异，且女生的人际互动得分显著高于男生，表明女生相对于男生在合作的人际互动上做得更好。但是，男生和女生在合作本质认知、合作行为类型以及合作技能除人际互动以外其他维度上均不存在显著差异（$p>0.05$）。

（2）不同年级青少年的合作行为差异

表 3-11 显示，不同年级的学生在合作起源和合作过程上均存在显著差异。在合作起源上，高中学生在先天倾向、结果倾向、关系倾向的平均得分上均明显高于初中、大学学生，初中学生在目标倾向的平均得分显著高于高中、大学学生。在合作过程上，初中学生在互惠倾向的得分显著高于高中、大学学生，高中学生在自私倾向的得分明显高于初中、大学学生。从以上差异可以看出，年级与学生合作本质认知中的合作起源和合作过程具有明显的相关关系。

从合作情感来看，不同年级的学生在合作消极情感（$p=0.001$）、合作积极情感（$p=0.000$）上均有显著差异。具体而言，初中学生的合作积极情感得分明显高于高中、大学学生，说明初中学生在合作中的积极情绪和态度更多；同时，在合作消极情感得分上，大学学生显著高于初中、高中学生，且高中学生得分又明显高于初中学生，表明年级越高的学生在合作中的消极情绪和态度也会越多。

从合作技能水平来看，不同年级的学生在人际互动（$p=0.000$）、冲突管理（$p=0.000$）、情绪控制（$p=0.000$）、组织管理（$p=0.000$）、自我能力评价（$p=0.000$）上均存在显著差异。从得分看出，初中学生在人际互动、冲突管理、情绪控制、组织管理和自我能力评价平均得分上均高于高中、大学学生，且高中学生平均得分又显著高于大学学生。这说明年级较低的学生在合作技能水平上较高。

从合作行为类型来看，不同年级的青少年在学习合作行为（$p=0.000$）、生活合作行为（$p=0.000$）、社会合作行为（$p=0.000$）上均存在显著差异。从得分上看，初中青少年在学习合作行为和生活合作行为的平均得分均明显高于高中、大学青少年，且高中青少年在这两个维度上的平均得分又明显高于大学青少年，这说明初中青少年的合作行为更常出现在学习和生活之中。在社会合作行为维度上，大学青少年的平均得分明显高于初中、高中青少年，这表明大学青少年表现出的社会合作行为最为突出。

2. 青少年合作行为的家庭基本属性差异

本部分主要考察了青少年合作行为在不同的家庭经济情况、家庭教养方式、是否为独生子女、父母的文化水平等家庭基本属性上所存在的差异，分析结果如表 3-12 所示。

表 3-12　青少年合作行为的家庭基本属性差异检验　（单位：分）

项目	类别	合作起源				合作过程		合作与能力和道德		合作情感	
		先天倾向	目标倾向	结果倾向	关系倾向	互惠倾向	自私倾向	能力倾向	道德倾向	积极情感	消极情感
是否为独生子女	是	3.44	4.07	3.16	2.29	3.63	2.06	3.63	2.20	3.97	2.12
	否	3.48	3.91	3.15	2.42	3.52	2.00	3.62	2.25	4.10	2.00
	p	0.721	0.035	0.916	0.108	0.221	0.430	0.899	0.465	0.040	0.079
是否为单亲家庭	是	3.62	3.98	3.36	2.24	3.76	1.92	3.74	2.23	4.00	1.96
	否	3.44	4.00	3.13	2.36	3.57	2.05	3.62	2.22	4.06	1.07
	p	0.221	0.520	0.096	0.228	0.160	0.333	0.282	0.337	0.851	0.582
家庭教养方式	专制型	3.74	4.14	3.47	2.72	3.63	2.35	3.72	2.34	3.72	2.39
	权威型	3.44	3.97	3.11	2.31	3.58	1.99	3.60	2.18	4.07	2.02
	放任型	3.56	4.22	3.41	2.34	3.61	2.29	3.71	2.41	4.03	2.09
	忽视型	2.83	4.00	2.83	2.25	3.67	1.67	3.75	2.45	4.03	2.16
	p	0.076	0.249	0.062	0.038	0.979	0.008	0.454	0.174	0.009	0.024
家庭经济情况	不太好	3.58	3.76	3.02	2.48	3.32	2.16	3.70	2.22	3.75	2.40
	一般	3.41	4.00	3.15	2.32	3.63	2.01	3.61	2.23	4.04	2.02
	比较好	3.60	3.60	3.29	2.35	3.55	2.06	3.64	2.16	4.25	2.01
	p	0.294	0.054	0.364	0.500	0.150	0.521	0.670	0.773	0.000	0.000

续表

项目	类别	合作起源				合作过程		合作与能力和道德		合作情感	
		先天倾向	目标倾向	结果倾向	关系倾向	互惠倾向	自私倾向	能力倾向	道德倾向	积极情感	消极情感
父亲文化水平	研究生及以上	3.30	4.29	3.42	2.25	3.33	2.21	3.64	2.35	4.08	2.15
	本科	3.51	4.06	3.18	2.42	3.61	2.10	3.59	2.22	4.04	2.07
	专科	3.47	4.05	3.17	2.38	3.53	2.15	3.55	2.21	4.03	2.02
	高中或职高	3.37	3.99	3.17	2.32	3.67	2.02	3.67	2.23	4.07	1.99
	初中及以下	3.47	3.89	3.06	2.28	3.53	1.89	3.64	2.18	4.02	2.10
	p	0.857	0.233	0.638	0.674	0.590	0.167	0.754	0.924	0.969	0.760
母亲文化水平	研究生及以上	3.26	4.21	3.11	2.11	3.63	1.67	3.72	2.34	4.07	2.05
	本科	3.59	4.28	3.40	2.34	3.58	1.99	3.60	2.18	4.11	2.11
	专科	3.45	3.87	3.20	2.37	3.61	2.29	3.71	2.41	3.94	2.07
	高中或职高	3.34	3.91	3.00	2.38	3.67	2.35	3.75	2.45	4.12	1.92
	初中及以下	3.50	3.93	3.12	2.33	3.63	2.35	3.72	2.34	3.97	2.14
	p	0.433	0.050	0.074	0.788	0.778	0.012	0.923	0.806	0.154	0.132
父亲职业	工人、农民、无工作者	3.59	3.90	3.11	2.34	3.52	2.01	3.64	2.21	3.98	2.20
	个体户、服务人员	3.43	3.97	3.15	2.34	3.68	1.95	3.69	2.21	4.04	2.02
	企业白领	3.40	4.21	3.14	2.22	3.59	2.06	3.61	2.16	4.12	1.96
	教育/卫生/科研人员	3.46	3.88	3.14	2.50	3.50	2.14	3.49	1.98	4.08	2.16
	其他	3.46	3.96	3.19	2.39	3.52	2.07	3.58	2.38	4.00	2.07
	p	0.849	0.070	0.992	0.393	0.143	0.689	0.695	0.353	0.054	0.534
母亲职业	工人、农民、无工作者	3.68	3.91	3.26	2.41	3.43	1.82	3.66	2.10	3.99	2.14
	个体户、服务人员	3.43	3.96	3.03	2.37	3.59	2.01	3.63	2.27	4.03	2.06
	企业白领	3.45	4.15	3.09	2.25	3.61	2.05	3.63	2.13	4.13	2.01
	教育/卫生/科研人员	3.28	4.07	3.30	2.32	3, 75	2.14	3.55	2.39	4.05	2.09
	其他	3.45	3.96	3.23	2.36	3.57	2.12	3.62	2.22	4.02	2.03
	p	0.337	0.305	0.354	0.798	0.553	0.192	0.917	0.208	0.654	0.804

续表

项目	类别	自我能力评价	合作技能维度				合作行为类型		
			人际互动	冲突管理	情绪控制	组织领导	学习合作行为	生活合作行为	社会合作行为
是否为独生子女	是	3.78	4.11	3.91	3.79	3.60	3.92	4.11	3.57
	否	3.59	4.13	3.99	3.90	3.68	3.88	3.97	3.59
	p	0.003	0.779	0.131	0.095	0.050	0.041	0.021	0.753
是否为单亲家庭	是	3.86	4.15	4.02	4.01	3.75	3.96	3.98	3.49
	否	4.68	4.12	3.95	3.83	3.59	3.90	4.06	3.59
	p	0.168	0.173	0.183	0.071	0.349	0.273	0.248	0.310
家庭教养方式	专制型	3.62	3.82	3.71	3.66	3.30	3.77	3.89	3.43
	权威型	3.69	4.16	3.91	3.89	3.62	3.93	4.06	3.59
	放任型	3.89	4.04	3.92	3.69	3.81	3.79	4.13	3.55
	忽视型	3.69	4.22	3.96	3.83	3.50	3.88	4.04	3.97
	p	0.324	0.004	0.034	0.040	0.033	0.193	0.354	0.164
家庭经济情况	不太好	3.35	3.82	3.71	3.69	3.19	3.63	3.72	3.46
	一般	3.70	4.14	3.95	3.85	3.62	3.91	4.05	3.56
	比较好	3.88	4.23	4.17	3.98	3.80	4.04	4.25	3.74
	p	0.000	0.000	0.000	0.040	0.000	0.001	0.000	0.040
父亲文化水平	研究生及以上	3.83	3.79	3.97	3.90	3.70	3.78	4.06	3.55
	本科	3.70	4.13	3.98	3.89	3.62	3.87	4.07	3.47
	专科	3.82	4.17	3.91	3.90	3.64	3.97	3.98	3.60
	高中或职高	3.73	4.10	3.98	3.79	3.55	3.93	4.06	3.51
	初中及以下	3.59	4.17	3.94	3.86	3.60	3.93	4.07	3.78
	p	0.172	0.077	0.914	0.723	0.915	0.590	0.932	0.060
母亲文化水平	研究生及以上	3.96	3.91	4.07	3.71	3.60	3.70	4.10	3.57
	本科	3.79	4.13	4.04	3.90	3.67	3.91	4.09	3.52
	专科	3.73	4.12	3.92	3.85	3.61	3.89	4.07	3.59
	高中或职高	3.74	4.16	3.99	3.94	3.57	3.93	4.08	3.53
	初中及以下	3.56	4.10	3.89	3.76	3.59	3.90	3.99	3.66
	p	0.058	0.526	0.251	0.179	0.912	0.627	0.639	0.507
父亲职业	工人、农民、无工作者	3.48	4.04	3.79	3.67	3.38	3.83	3.86	3.63
	个体户、服务人员	3.76	4.18	4.01	3.94	3.66	3.98	4.11	3.63
	企业白领	3.82	4.16	4.05	3.99	3.67	3.96	4.11	3.57
	教育/卫生/科研人员	3.70	4.09	4.10	3.88	3.57	3.85	4.13	3.47

续表

项目	类别	自我能力评价	合作技能维度				合作行为类型		
			人际互动	冲突管理	情绪控制	组织领导	学习合作行为	生活合作行为	社会合作行为
父亲职业	其他	3.63	4.08	3.86	3.72	3.62	3.84	4.00	3.55
	p	0.050	0.405	0.050	0.050	0.137	0.192	0.590	0.686
母亲职业	工人、农民、无工作者	3.56	4.08	3.84	3.70	3.46	3.84	3.98	3.64
	个体户、服务人员	3.76	4.18	4.00	3.93	3.67	3.96	4.09	3.61
	企业白领	3.82	4.19	4.12	3.98	3.68	3.97	4.18	3.64
	教育/卫生/科研人员	3.74	4.11	3.94	3.85	3.58	3.88	4.01	3.51
	其他	3.61	4.05	3.86	3.76	3.57	3.84	3.97	3.50
	p	0.063	0.288	0.060	0.050	0.360	0.298	0.081	0.471

（1）是否为独生子女青少年的合作行为差异

表 3-12 显示，是否为独生子女在青少年合作起源的目标倾向（$p=0.035$）上存在显著差异，独生子女的得分显著高于非独生子女，这说明相对于非独生子女来说，独生子女对合作是源于共同目标的出现的认同度更高。是否为独生子女在青少年的合作积极情感（$p=0.040$）上存在显著差异，非独生子女的合作积极情感得分明显高于独生子女，表明非独生子女青少年在合作中的积极情绪和态度更多。是否为独生子女在合作的自我能力评价（$p=0.003$）上存在显著差异，独生子女在自我能力评价的得分明显高于非独生子女，这表明相对于非独生子女来说，独生子女能更清楚地判断自己合作能力的高低。是否为独生子女在青少年合作行为类型的学习合作行为（$p=0.041$）和生活合作行为（$p=0.021$）维度上均存在显著差异，独生子女青少年在学习合作行为和生活合作行为的得分明显高于非独生子女青少年，这说明独生子女在学习和生活中会表现出更多的合作行为。而是否为独生子女在青少年合作起源、合作过程、合作与能力和道德关系、合作消极情感、社会合作行为上均不存在显著差异。

（2）是否为单亲家庭青少年的合作行为差异

表 3-12 显示，是否为单亲家庭在青少年合作起源、合作过程、合作情感、合作技能维度、合作行为类型上均不存在显著差异，这说明是否为单亲家庭

与青少年的合作行为并不存在显著关系。

（3）不同家庭教养方式青少年的合作行为差异

表 3-12 显示，家庭教养方式在青少年合作起源的关系倾向（$p=0.038$）和合作过程的自私倾向（$p=0.008$）上存在显著差异。不同家庭教养方式下成长的青少年在合作起源的关系倾向得分由高到低依次为专制型（2.72 分）、放任型（2.34 分）、权威型（2.31 分）、忽视型（2.25 分），均低于中间水平（3 分），但相对于其他教养方式，专制型教养方式下的青少年对合作是源于成员之间的友好关系的认同度相对较高；不同家庭教养方式下成长的青少年在合作过程的自私倾向维度得分由高到低依次为专制型（2.35 分）、放任型（2.29 分）、权威型（1.99 分）、忽视型（1.67 分），均低于中间水平（3 分），相对来说，专制型教养方式下的青少年对合作过程是以自身利益为主的行为的认同度稍微高于其他家庭教养方式的青少年。家庭教养方式在青少年合作积极情感（$p=0.009$）、合作消极情感（$p=0.024$）上均存在显著差异，权威型教养方式下的青少年在合作积极情感上的得分明显高于其他教养方式下的青少年；专制型教养方式下的青少年在合作消极情感上的得分明显高于其他教养方式下的青少年，这表明相对于其他家庭教养方式，权威型教养方式下的青少年在合作中的积极情绪和态度更多，而专制型教养方式下的青少年在合作中的消极情绪和态度相对较多。家庭教养方式在青少年合作技能维度的四维度（$p=0.004$、0.034、0.040、0.033）上均存在显著差异，忽视型教养方式下的青少年在人际互动和冲突管理的得分显著高于其他教养方式下的青少年，权威型教养方式下的青少年在情绪控制的得分明显高于其他教养方式的青少年，放任型教养方式下的青少年在组织领导的得分显著高于其他教养方式的青少年，这说明不同的家庭教养方式会影响青少年合作技能的高低。而家庭教养方式在青少年合作过程、合作行为类型上均不存在显著差异，但从得分上可以看出，专制型教养方式下的青少年在学习合作行为、生活合作行为、社会合作行为上的得分均为最低，说明专制型教养方式下的青少年在以上这些类型中的行为不明显。

（4）不同家庭经济情况青少年的合作行为差异

表 3-12 显示，家庭经济情况在青少年合作积极情感（$p=0.000$）、合作消极情感（$p=0.000$）上存在显著差异，家庭经济情况比较好的青少年在合作积极情感上的得分高于家庭经济情况一般和不太好的青少年，而家庭经济情况

不太好的青少年在合作消极情感上的得分明显高于家庭经济情况一般和比较好的青少年，这说明家庭经济情况会影响青少年的合作情感水平。家庭经济情况在合作的自我能力评价（$p=0.000$）、合作技能现状的四维度（$p=0.000$、0.000、0.040、0.000）上均存在显著差异，家庭经济情况比较好的青少年在人际互动、冲突管理、情绪控制、组织领导和自我能力评价的得分均高于家庭经济情况一般、不太好的青少年，家庭经济情况一般的青少年又高于家庭经济情况不太好的青少年，表明家庭经济情况越好，青少年的合作技能水平也就会越高。家庭经济情况在青少年合作行为类型（$p=0.001$、0.000、0.040）上均存在显著差异，家庭经济情况比较好的青少年在学习合作行为、生活合作行为和社会合作行为的得分均明显高于家庭经济情况一般和不太好的青少年，表明相对于其他家庭经济情况的青少年，家庭经济情况比较好的青少年在学习、生活和社会中都表现出更多的合作行为。而家庭经济情况在青少年的合作起源、合作过程上不存在显著差异。

（5）不同父母文化水平青少年的合作行为差异

表 3-12 显示，母亲的文化水平在青少年合作过程的自私倾向（$p=0.012$）维度上存在显著差异。从得分上可以看出，母亲受教育水平越高，青少年在合作过程的自私倾向维度的得分就越低；母亲受教育水平越低，青少年在合作过程的自私倾向维度的得分就越高。母亲的文化水平在青少年合作起源、合作情感、合作技能维度、合作行为类型上均不存在显著差异，父亲的文化水平在青少年合作起源、合作过程、合作情感、合作技能维度、合作行为类型上均不存在显著差异。

（6）不同父母职业的青少年的合作行为差异

表 3-12 显示，父母的职业在青少年合作起源、合作过程、合作情感、合作技能维度、合作行为类型上均不存在显著差异。

二、不同群体青少年合作行为的发展特点及规律

通过以上对调查数据的处理与分析，本章将对不同群体青少年合作行为的发展特点及规律总结如下。

1. 不同群体青少年合作本质认知的特点及规律

研究发现，青少年对合作本质的认知在年级、是否为独生子女、家庭教

养方式、母亲文化水平上存在显著差异，但是在性别、是否是单亲家庭、家庭经济情况、父母的职业、父亲文化水平上没有显著差异。

从个人基本属性上看，可以发现：①不同年级青少年对合作起源的认知存在差异，初中学生对目标倾向的认同度高于高中、大学学生，而高中学生对结果倾向、关系倾向的认同度高于初中、大学学生。这说明由于社会阅历、心智水平等发展情况不同，不同年级的青少年对合作起源的认知也有差异，可见青少年对合作起源的认知是在不断发展完善的。②不同年级青少年对合作过程的认知存在差异，初中学生对互惠倾向的认同度高于高中、大学学生，高中学生对自私倾向的认同度高于初中、大学学生。这说明大多数初中学生在合作中注重成员间的互惠互利，而高中学生在合作中则更注重自身利益的获取。这可能与不同年级青少年的社会价值取向有关，因为主张不同取向者赋予自己的收益和他人的收益的重要性不同（De Cremer，Dewitte，2002）。

从家庭基本属性上看，可以发现：①非独生子女青少年在合作起源的目标倾向上得分明显高于独生子女青少年，这说明非独生子女青少年对目标倾向持有较高的认同度，认为合作源于共同目标的出现，这有可能是与非独生子女成长的家庭环境有关。②专制型教养方式下的青少年在合作起源的关系倾向和合作过程的自私倾向上均明显高于其他教养方式下的青少年，即专制型教养方式下的青少年更认同合作源于成员之间的友好关系，并且在合作中更注重自身利益的获取。这可能跟专制型这种严厉、高压、限制性强的教养方式有关。已有研究发现，专制型家庭中的青少年缺乏社会责任感，很多时候会为了个人利益而牺牲集体利益，专制型的父母也要求孩子绝对地服从自己，因而孩子会更看重合作双方关系的形成。③母亲文化水平为高中或职高、初中及以下的青少年在合作过程的自私倾向上明显高于其他母亲文化水平的青少年。这说明母亲受教育水平较低的青少年对合作过程是以自身利益为主的行为的认同度最高，并且母亲受教育水平越低，青少年在合作过程的自私倾向也就越高。陶沙和林磊（1994）的研究也显示母亲的受教育程度会影响青少年的社会化发展，母亲受教育水平越高，在教育青少年时会表现出较少的溺爱、惩罚等行为，青少年就越会具有社会责任感，以自我为中心的自私倾向会越少。

2. 不同群体青少年合作情感的发展特点及规律

研究发现，青少年合作情感在性别、年级、是否为独生子女、家庭教养方式、家庭经济情况上存在显著差异，但是在是否为单亲家庭、父母的文化水平、父母的职业上没有显著差异。

从个人基本属性上看，可以发现：①女生的合作积极情感得分明显高于男生。这说明女生在合作中所体验的积极情绪和态度较多，这可能与女性的移情能力要比男性高（Eisenberg，1998），女性情感丰富且细腻、情感体验较为强烈且持久（张萍，2012）等有关。②不同年级青少年在合作情感上存在差异，初中学生的合作积极情感得分显著高于高中、大学学生，高中学生的平均得分又明显高于大学学生，相反，大学学生在合作消极情感上的得分显著高于初中、高中学生。可见，随着年级升高，青少年在合作中的积极情绪体验在减少而消极情绪体验在增多，这有可能是因为大学学生受到了更多的外界环境影响，竞争意识增强，导致其在合作中更具有竞争意识，并且受外界消极压力的影响，从而使大学学生的合作缺乏主动性和积极性。

从家庭基本属性上看，可以发现：①非独生子女的合作积极情感得分明显高于独生子女。这表明非独生子女青少年在合作中的积极情绪较多。这可能是因为非独生子从小就有更多的机会接触同伴，受到同伴因素影响（孙卉，2012）；也可能是非独生子女因为有自己的兄弟姐妹，合作频率更高，因而合作积极性较高。②不同家庭教养方式下的青少年在合作情感上存在显著差异。相对于其他教养方式，专制型教养方式下的青少年在合作中的消极情绪更多；权威型教养方式下的青少年在合作中的积极情绪更多。不同家庭教养方式所采取的教育方法和手段不同，因而会对青少年的情感造成不同的影响，这与毕珊娜（2010）的研究成果一致，父母教养方式与青少年的情绪有关。③不同家庭经济情况的青少年在合作情感上也存在显著差异。研究显示，家庭经济情况比较好的青少年在合作积极情感上的得分明显高于家庭经济情况一般和不太好的青少年；家庭经济情况不太好的青少年在合作消极情感上得分明显高于家庭经济情况一般和比较好的青少年。由此可知，家庭经济情况越好，青少年在合作中的积极情绪也就越多，内心情感体验会越好，消极情绪也会更少。

3. 不同群体青少年合作技能水平的发展特点及规律

研究发现，青少年合作技能水平在性别、年级、是否为独生子女、家庭教养方式、家庭经济情况上存在显著差异，但是在是否为单亲家庭、父母的文化水平、父母的职业上没有显著差异。

从个人基本属性上看，可以发现：①女生的人际互动得分显著高于男生，说明女生更能做好人际交往中的互助互信，这与 Maccoby（1990）的研究具有一致性，他认为在社会化过程中女性是以人际关系为导向的。②初中学生在人际互动、冲突管理、情绪控制、组织管理和自我能力评价平均得分上均高于高中、大学学生，且高中学生的平均得分又显著高于大学学生。这体现出随着年级的升高，青少年的合作技能水平会降低，这一现象有点反常，这可能与青少年因年级升高而面临日益增大的人际交往压力，因此对提升自身合作技能水平的诉求增大有关，而并不是青少年本身的合作技能水平真的降低了。

从家庭基本属性上看，可以发现：①独生子女在自我能力评价的得分明显高于非独生子女。这有可能是与独生子女成长的家庭环境有关，这类家庭往往因为家里只有一个孩子而更加注重培养孩子与人合作的能力，同时也可能与独生子女的自我意识更强、自我评价更高有关。②不同家庭教养方式下的青少年在合作技能上存在显著差异。相对于其他家庭教养方式，忽视型教养方式下的青少年在人际互动和冲突管理上的得分最高；权威型教养方式下的青少年在情绪控制上的得分最高；放任型教养方式下的青少年在组织领导上的得分最高。出现以上差异，可能与各种家庭教养方式的教育方法和手段有关。忽视型教养方式下的青少年对父母的依赖性较小，更独立自主，更善于处理人际关系和矛盾冲突；父母对青少年采取放任型的教养方式，往往不会限制青少年的各种活动，在这种教养方式下的青少年社会性更高，因而组织领导他人的能力得会更强；权威型教养方式往往把孩子作为独立的个体，注重培养他们的自理、自制能力，对自己的情绪管控得会更好。③家庭经济情况比较好的青少年在人际互动、冲突管理、情绪控制、组织领导和自我能力评价的得分均高于家庭经济情况一般、不太好的青少年，家庭经济情况一般的青少年又高于家庭经济情况不太好的青少年。这体现出家庭经济情况越好，青少年的合作技能水平就会越高。笔者推断可能是因为家庭经济情况越好的青少年会有更多机会参加暑假训练营、交流项目等合作情境，在这种合作情境下能更好地培养和锻炼青少年的合作技能。

4. 不同群体青少年合作行为类型的特点及规律

研究发现，青少年合作行为类型在年级、是否为独生子女、家庭经济情况上存在显著差异，但是在性别、是否是单亲家庭、父母的职业、父母的文化水平、教养方式上没有显著差异。

从个人基本属性上看，可以发现：不同年级青少年在合作行为类型上存在显著差异。初中学生在学习合作行为和生活合作行为上平均得分均高于高中、大学学生，高中学生平均得分又高于大学学生，这表明年级越低，青少年在学习和生活中的合作行为会越多。大学学生在社会合作行为上平均得分均高于初中、高中学生，这说明大学学生在社会中表现出了更多的合作行为。

从家庭基本属性上看，可以发现：①独生子女在学习合作行为、生活合作行为上的得分明显高于非独生子女，这说明独生子女在学习和生活中表现出更多的合作行为。②家庭经济情况比较好的青少年在学习合作行为、生活合作行为、社会合作行为上的得分均明显高于家庭经济情况一般和不太好的青少年，家庭经济情况一般的青少年的得分又高于家庭经济情况不太好的青少年。这表明家庭经济情况越好，青少年在学习、生活、社会中就会表现出越多的合作行为。出现以上特点和规律的原因，可能是因为家庭经济情况越好，家庭对青少年的合作教育投资也就会越多，如参加更多的课外学习活动、交流项目、团队比赛等，从而使青少年在学习、生活和社会中产生了更多的合作行为。

第四章

青少年合作教育的现状与反思

第一节　调查的基本情况

20 世纪 80 年代至今，青少年合作教育从落地生根到渐成风尚，进行了多样化形式的尝试，效果也参差不齐。本章试图在调查研究的基础上，了解合作教育的实施现状，分析当下青少年合作教育中存在的问题及成因，从而为进一步改良合作教育提供实证支撑。

一、调查的目的与内容

本次调查的主要目的是了解青少年合作教育的具体过程及成效，并揭示教师、家长、社会等多元主体在培养青少年合作精神与合作技能中发挥的作用，从而为学校、家庭、社会的青少年合作教育提供更多的理论依据。基于此，本章分别编制了针对学生、教师、家长的青少年合作教育现状调查问卷，并主要围绕以下三个方面的内容展开调查：①合作教育认识的现状调查，包括学生对自我合作意识的评价、教师与家长对学生合作意识与能力的评价以及教师与家长对合作教育实施必要性的认识。②合作教育实施的现状调查，包括学生、教师、家长对合作教育实施过程以及对学校、家庭、社会合作教育氛围的评价。③合作教育成效的现状调查，包括学生、教师、家长对合作教育实施成效的评价、对合作教育过程主导主体的认识以及对合作教育低效成因的分析。

在上述调查目的和调查内容的基础上，构建了如图 4-1 所示的分析框架。

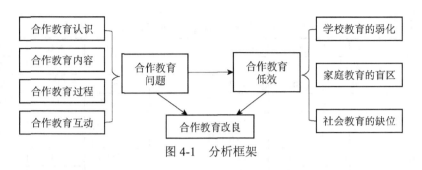

图 4-1 分析框架

二、调查对象

本次调查主要采用问卷调查和访谈的方式进行。按照调查对象的不同，调查问卷又分为学生卷、教师卷和家长卷。学生卷的调查对象为初一、初二、高一、高二、大一、大二的在校学生，每个年级随机选取两个班（一个文科班、一个理科班）的学生作为被试，共发放问卷 600 份，收回有效问卷 552 份，有效回收率为 92%，被调查学生基本信息，如表 4-1 所示。教师卷和家长卷则考虑到方便填答等原因，采用线上问卷的形式，分别收回 162 份和 289 份，被调查教师、家长基本信息分别如表 4-2 和表 4-3 所示。此外，从上述样本中随机抽取了部分学生、教师和家长代表进行访谈，共访谈学生 30 位、教师 27 位、家长 23 位。

表 4-1 调查学生基本信息统计表

项目	类别	人数	占比/%	项目	类别	人数	占比/%
性别	男	231	41.8	年级	初一	97	17.6
	女	321	58.2		初二	97	17.6
是否为独生子女	是	296	53.6		高一	79	14.3
	否	256	46.4		高二	92	16.7
是否为班干部	是	237	42.9		大一	103	18.6
	否	315	57.1		大二	84	15.2
父亲受教育程度	初中及以下	183	33.2	母亲受教育程度	初中及以下	195	35.3
	高中或职高	155	2.80		高中或职高	178	32.2
	专科	62	11.2		专科	63	11.4
	大学本科	129	23.4		大学本科	98	17.8
	硕士及以上	23	4.2		硕士及以上	18	3.3

表 4-2　调查教师基本信息统计表

项目	类别	人数	占比/%	项目	类别	人数	占比/%
性别	男	62	38.3	教龄	1—3 年	25	15.4
	女	100	61.7		4—6 年	13	8.1
目前任教	初中	66	40.7		7—10 年	18	11.1
	高中	54	33.3		10 年以上	106	65.4
	大学	42	26.0	学历	专科	38	23.5
在学校担任工作	学科教师	147	90.7		本科	83	51.2
	行政人员	15	9.3		硕士	22	13.6
是否为班主任	是	77	47.5		博士	19	11.7
	否	85	52.5				

表 4-3　调查家长基本信息统计表

项目	类别	人数	占比/%	项目	类别	人数	占比/%
性别	男	90	31.1	孩子是否为独生子女	是	192	66.4
	女	199	68.9		否	97	33.6
年龄	30—35 岁	11	3.8	受教育程度	初中及以下	53	18.3
	36—40 岁	86	29.8		高中或职高	84	29.1
	41—45 岁	126	43.6		专科	81	28.0
	46—50 岁	59	20.4		本科	67	23.2
	51 岁及以上	7	2.4		研究生及以上	4	1.4
孩子是否为班干部	是	131	45.3				
	否	158	54.7				

三、调查方法

本次调查主要采用问卷调查法。结合研究目的，通过以下三个步骤完成问卷的设定：①在参考大量与合作教育问题相关的文献资料和研究成果的基础上，经过认真分析、比较和筛选，找出适用的题项；②在文献梳理的基础上编制访谈提纲，对访谈的结果进行整理后，根据研究需要对题项进行补充，编制了最初的青少年合作教育现状调查问卷；③为了保证问卷通俗易懂、逻辑合理，将题项交由不同调查对象仔细审阅，对其中有问题的项目进行了适当的删除和修改，最终确定问卷。根据调查对象的不同，调查问卷内容也有所不同，分为学生、教师、家长三个版本。

1）学生卷（附录二）。主要包括五个部分：第一部分（A1—A4）是了解学校开展合作教育的情况，从学校的课程设置、教学模式等方面来考量；第二部分（B11—B5）调查学生开展合作教育的情况，包括学生在小组活动中的表现、教师在合作教育过程中发挥的作用等方面；第三部分（C1—C3）调查家庭合作教育的氛围；第四部分（D1—D2）是从学生的角度出发，了解合作低效的原因及合作教育的主导因素；第五部分则是了解学生的基本情况。

　　2）教师卷（附录三）。主要包括五个部分：第一部分（A11—A4）从教师的角度出发调查学校开展合作教育的现状；第二部分（B1—B6）是教师个人对学生合作意识与合作情况的评价；第三部分（C1—C4）是教师对合作教育成效的反馈；第四部分（D1—D3）是从教师的角度出发，了解青少年合作低效的愿意、合作教育的主导因素及改良措施；第五部分则是了解教师的基本信息。

　　3）家长卷（附录四）。主要包括四个部分：第一部分（A1—A53）调查家长对于合作教育的认知情况以及家庭的合作教育氛围；第二部分（B1—B4）调查家长对于孩子合作意识与能力的评价；第三部分（C1—C3）从家长的角度出发，了解青少年合作低效的原因、合作教育的主导因素及改良措施；第四部分则是了解家长的基本信息。

　　此外，还编制了青少年合作教育现状调查访谈提纲（附录五）。

四、数据分析与处理

　　采用团体施测和匿名填答的方式。借助 SPSS 22.0 统计软件进行数据管理以及描述性统计分析、单因素方差分析等。

第二节　青少年合作教育现状及存在的问题

一、渗透：学校内的合作教育

（一）调查结果分析

1. 学生问卷

学生问卷调查部分共设置了 20 道题（不包括基本情况），主要目的是了解学生对于合作教育的认识程度、在合作教育过程中的表现情况以及学校合作教育的氛围等。

（1）学生合作意识

学生具有一定的合作意识是良好合作行为的前提和基础。对学生合作意识的考察，主要从是否愿意以小组合作的形式进行学习和是否知道如何与他人进行合作两个方面来体现。如表 4-4 所示，学生大多具有一定的合作意识，合作教育已初见成效。

表 4-4　学生合作意识情况

题目	频次及占比				
	不符合	符合	确定	符合	非常符合
我愿意以小组合作的形式进行学习	10（1.8%）	25（4.5%）	55（10.0%）	279（50.5%）	183（33.2%）
我知道如何与他人进行合作	7（1.3%）	8（1.5%）	120（21.7%）	264（47.8%）	153（27.7%）

由表 4-5 可知，虽然在是否愿意以小组合作的形式进行学习这一维度上，男女生之间并无显著差异，但总体上来说，不同性别学生的合作意识存在显著性差异，且男生的合作意识比女生要稍强。

表 4-5　不同性别学生的合作意识的独立样本 t 检验

题目	女（n=321）	男（n=231）	t
我愿意以小组合作的形式进行学习	4.04±0.819	4.15±0.950	−1.43
我知道如何与他人进行合作	3.88±0.822	4.15±0.785	−3.92***
学生合作意识	3.96±0.713	4.15±0.752	−3.02***

注：***表示 $p<0.001$，下同。

由表 4-6 可知，不同年级学生的合作意识存在显著性差异，且随着年级的增长学生的合作意识反而略有下降。

表 4-6　不同年级学生的合作意识的 χ^2 检验

题目	年级						总计	χ^2	p
	初一	初二	高一	高二	大一	大二			
我愿意以小组合作的形式进行学习	4.34	4.23	4.33	4.04	3.87	3.71	4.09	80.249	0.000
我知道如何与他人进行合作	4.28	4.18	4.30	3.90	3.66	3.67	3.99	105.361	0.000
学生合作意识	4.31	4.20	4.32	3.98	3.77	3.70	4.04	118.792	0.000

（2）学生想通过合作学习在哪方面有所提升

如表 4-7 所示，学生主要想通过小组合作学习来锻炼自己的沟通与表达能力、更好地掌握所学知识、结识更多的朋友。在学校教育实践中，学生们通过课堂学习、班级管理及课外活动，熟悉了合作学习小组的构建、交流、展示等的过程，锻炼了自己的沟通与表达能力，也对所学知识有了更加深入全面的认识，结识了更多朋友。

表 4-7　学生最想通过小组合作学习获得哪些提升

题目	选项	频次	占比/%	个案占比/%
你最想通过小组合作学习获得哪些提升 [a]	提高我的学习兴趣	52	9.4	9.4
	提高我的学习效率	52	9.4	9.4
	培养我的合作能力	100	18.0	18.1
	使我更好地掌握所学知识	109	19.6	19.7
	锻炼我的沟通与表达能力	142	25.5	25.7
	结识更多的朋友	101	18.1	18.3
总计		556	100.0	100.7

注：a 值为 1 时制表的二分组。

（3）学校合作教育的氛围

如表 4-8 所示，学校教育氛围将从学校开设的课程、班级人数设置等四个方面体现。其中第二、四题为反向计分，分数越高，说明学校的教育氛围越不利于学生合作精神与技能的培养。按照利克特五点计分法，中等水平为 3 分，学校合作教育的氛围总体均分为 2.73 分，属于中下水平，可见学校的合作教育氛围还有待加强。

表 4-8　学生对学校合作教育氛围的评价

题目	M	SD
学校开设了一些培养合作技能和方法的课程	3.66	1.04
我认为学校开展专门的合作教育课程没有太大意义	2.23	1.09
学校给我们创造了很自由的学习空间	3.62	1.06
在班级设置上，学校没有采用 40 人以下的小班教学模式	3.44	1.28
学校合作教育的氛围	2.73	0.52

2. 教师问卷

教师问卷调查部分共设置了 27 道题，主要目的是了解教师对于合作教育的认识程度、教师对于学生在小组合作学习过程中表现情况的评价及学校合作教育的氛围等。

（1）教师对实施合作教育必要性的认知

由表 4-9 可知，在理念上，大部分教师已经开始意识到合作教育对学生的重要性及实施合作教育的必要性。教师认为，合作教育使得教师的教学方式发生了变化，学生的学习方式也有了相应的变化，课堂教学的氛围有很大的改观。

表 4-9　教师对实施合作教育必要性的认知

题目	频次及占比				
	很不符合	不符合	不确定	符合	非常符合
我认为学校不必为培养学生的合作意识与能力开设专门的课程	56（34.6%）	61（37.7%）	14（8.6%）	24（14.8%）	7（4.3%）
我认为对学生实施合作教育，将对他们的言行产生很大影响	5（3.1%）	3（1.9%）	11（6.8%）	90（55.6%）	53（32.7%）

（2）教师对学生的合作意识与能力的评价

如表 4-10 所示，教师从学生是否会主动采取合作的方式、在小组活动中学生的表现等五个方面评价学生的合作意识与合作能力。其中最后一个题项为反向计分，分数越高，说明学生参与小组活动越不够积极主动。教师对学生合作意识与合作能力的评价得分为 3.40 分，属于中上水平，可见大部分教师认为，目前学生已具备一定的合作意识与合作能力，遇到困难会主动寻求合作，在合作过程中也能够较好地与他人配合，达成目标。

表 4-10　教师对学生合作意识与能力的评价

题目	M	SD
学生的合作意识与合作能力较强	3.40	0.97
当无法独自完成任务时，学生会主动采取合作的方式	3.64	0.91
在小组活动中，学生能认真倾听他人的想法和意见	3.70	0.81
在小组活动中，学生乐于相互帮助	3.78	0.78
在小组活动中，学生有明确的角色与任务	3.77	0.80
通常，学生参与小组活动的积极性不高	2.98	1.06

（3）学校合作教育的氛围

如表 4-11 所示，学校教育氛围将从学校整体和教师两个层面共同体现，学校合作教育氛围的总体均分为 3.64 分，属于中上水平，可见，教师的合作教学素养有所提升，为学生作出一定的表率。但学校对于合作教育的专业指导较少，并且和家长合作共同教育的方式也较少，所以目前学校合作教育的氛围还有待进一步构建。

表 4-11　教师对学校合作教育氛围的评价

题目	M	SD
学校经常开展合作教育的相关活动	3.60	1.08
学校设有专业人员指导任课教师开展合作教育	3.20	1.12
我经常通过家校合作的方式进行合作教育	3.41	1.16
在课堂上，我经常通过小组合作等形式进行教学	3.93	0.94
我和其他教师之间经常相互交流教学经验	4.06	0.84
学校合作教育的氛围	3.64	0.75

（4）合作教育成效

如表 4-12 所示，在关于合作教育成效的看法上，多数教师认为实施合作教育后，对学生的帮助程度由大到小分别为合作能力、人际交往、语言表达、学习成绩。以前的教学模式是教师教、学生听，教师说什么，学生听什么。在实施了合作教育后，学生通过自己查找资料、同学之间相互合作，共同解决不懂的问题。在这一过程中，合作教育改变了以前过于依赖书本和教师的学习形式，不仅加深了学生对知识的理解，而且有助于学生掌握更好的学习方法和技巧。

表 4-12　合作教育成效

题目	频次及占比					M	SD
	没有帮助	帮助不大	一般	帮助较大	帮助很大		
学习成绩	0（0%）	10（6.2%）	40（24.7%）	85（52.4%）	27（16.7%）	3.80	0.79
语言表达	1（0.6%）	2（1.2%）	22（13.6%）	96（59.3%）	41（25.3%）	4.07	0.70
人际交往	1（0.6%）	1（0.6%）	17（10.5%）	93（57.4%）	50（30.9%）	4.17	0.68
合作能力	1（0.6%）	1（0.6%）	13（8.1%）	89（54.9%）	58（35.8%）	4.25	0.68

3. 家长问卷

如表 4-13 所示，家长对学校合作教育氛围的评价将通过学校开展的合作教育相关活动情况、老师与家长沟通孩子在学校与同学合作的情况两个方面表现，两题得分的均值分别为 2.66 分、3.93 分，总体处于中等水平。这说明家长认为学校平时较少开展合作教育的相关活动，但是老师还是会时常就孩子在学校与同学的合作表现情况跟家长进行沟通。

表 4-13　家长对学校合作教育氛围的评价

题目	频次及占比					M	SD
	很不符合	不符合	不确定	符合	非常符合		
我孩子所在的学校较少开展合作教育的相关活动	37（12.8%）	100（34.6%）	90（31.1%）	47（16.3%）	15（5.2%）	2.66	1.06
孩子的老师会经常与我沟通孩子在学校和同学合作的情况	1（0.3%）	27（9.3%）	39（13.5%）	147（50.9%）	75（26.0%）	3.93	0.89

（二）访谈结果分析

访谈同样分为学生、教师、家长三个主体，主要从对合作教育的认识、合作教育的过程及成效、学校合作教育氛围等方面展开，下面仅节选部分访谈记录。

1. 学生

问：你是如何看待采取合作的方式进行学习的？

张同学（大二，女，班长）：我认为合作学习的这种方式很好啊！说实话，高中的时候我将更多的精力放在准备高考上，很多时候都是自己学自己的，很少关注与其他同学合作学习。但是上大学之后，老师对这方面的要求比较多，常常布置小组作业，进行小组展示。我也是在这个过程中发现合作学习其实效率很高，获得感和成就感很高，因此我个人比较喜欢以合作的方式进行学习。而且合作精神也是团队精神的一部分，现在社会也比较倡导合作，我感觉大学生应该着重培养合作精神，多尝试以合作的方式进行学习。

邹同学（高三，男，非班干部）：听起来挺好的，但是现在马上就要高考了，感觉没有精力与其他同学进行合作学习，而且每个人学习的方式都不一样，现阶段我更喜欢自己学自己的，我认为一个人学习效率更高，也更安静。

王同学（初一，女，非班干部）：挺好的啊，一起做作业也算合作学习吧？跟小伙伴一起写作业感觉会有一种比着谁更快的感觉，这样写作业就会更快了，而且不会的题我们还可以商量一下，反正我感觉挺好的。

问：教师在课堂中是否有采取合作的形式进行教学呢？如果有，是如何组织的？（小组如何组建？规模为多少人？小组长如何推选？讨论过程中有什么困难？由哪位同学进行汇报总结？）

凌同学（大一，男，非班干部）：我们上课时，老师很喜欢采用分组方式教学，平时大家也是按照小组坐，因为老师上课时会布置一些讨论任务，按照小组坐更方便讨论。老师一般都让我们自由选择小组划分方式，想和谁一组就和谁一组，没有强制要求，一般一个小组六七个人吧，因为我们班一共33个人，差不多分为五个小组。一般小组长推选都是自荐或者投票选一个大家感觉比较靠谱的。小组汇报的话也是很民主，一般都是按照自愿原则，也有时候大家提前分好工，确定谁来汇报、谁来收集资料、谁来制作PPT等，然后就轮着来，所以最后大家都会有机会上场做汇报。小组长其实就是向老师提交小组材料或者分一下工，组织一下大家讨论，其他的和大家差不多，也不是说小组长就应该上台汇报或者做很多工作。

吕同学（高一，男，非班干部）：我们只有学习互助帮扶小组，就是一个学习好的和学习差的结成一个组，一个组就两个人，小组长的话当然就是学习好的啊，因为主要是学习好的帮助我们这种学习不太好的，平时讨论的话，可能他们学习好的太优秀了，我有时跟不上他们的思路，不过他们也挺好的，我的小组长就比较有耐心，她的作用就是提高我的学习成绩，先"富"带后"富"，大家一起进步吧！

问：你认为在学习中采取合作的方式效果如何？

周同学（高一，女，班干部）：我们班设置了帮扶小组，我带一个成绩稍微不太好的同学。这种小组让我感觉可以更加巩固所学吧，其实帮助其他同学的时候，也加深了自己对知识的理解与掌握，因此挺好的。还可以帮助同学进步，这样对整个班级都很好，一个班集体大家都很优秀就很好啊！

韩同学（大二，女，非班干部）：效率比较高，分工合作，各展所长，事半功倍，而且收获很多，因为可以同时学到其他同学负责的部分。另外，小组学习其实也是锻炼自己人际交往能力的过程，可以让自己学会和不同性格的人在一起相处。

问：你认为学校的合作教育开展得如何？

杨同学（大二，男，非班干部）：学校好像很强调合作教育，要不然也不会设置那么多精品课程和精品教室了，而且老师也很喜欢分小组布置任务，然后让我们做小组展示，整体来说，我们学校的合作教育开展得挺好的。

张同学（高三，男，非班干部）：我感觉一般吧，因为我们班里人很多，有70多人，叫作高考冲刺班，分组也不太方便。虽然学校强调大家一起学习，互相帮助，但是实际上效果一般，其实也可以理解，因为我们已经高三了，一些形式上的东西就不怎么看重了，最重要的是好好复习，然后完成很多卷子和习题册。可能高一、高二小组学习比较好吧，他们比较有空闲时间，而且每个班人数大概在四五十人，分组好分一些。

笔者通过对学生的访谈，发现大部分学生对于合作教育持有积极正面的态度，但也有部分同学持有一种无所谓，甚至排斥的态度。对合作教育积极性相对较低的是高三学生群体，这可能因为高三的课业、升学压力较重，学生没有过多精力用于合作学习，更偏向于自己独立学习；也可能与竞争有一定关系，有些同学认为与他人合作、分享知识会降低自己的优势，对自己不利，因而不愿意与他人合作。同时，访谈还发现，大学与中学的合作教育模式存在较大差异：大学教学中的合作教育相对成熟，教师相对更重视，在教学、科研等方面的应用更为广泛，大学生群体也比较接受小组合作这种学习模式。而中小学的合作教育开展得不是很顺利，多数时候是同学自发组成学习帮扶小组，老师仅做提倡要求，并不强制要求学生以小组合作的方式展开学习，而在采取小组合作学习的班级中，由于有些班级人数较多，老师也难以兼顾所有小组的学习情况。此外，笔者根据对班上开展合作学习模式的同学的访谈发现，学生普遍认为合作学习的方式效果比较好，对自己帮助较大，愿意继续以合作学习的方式进行学习。

2. 教师

问：您了解合作教育吗？如果了解，那么您是通过什么渠道了解到的？

卢老师（高一语文教师，男，班主任）：了解，现在学校和教育部都很提倡合作教育，学校经常在开教师大会时强调这一点；了解途径就是学校的相关文件，自己也会在网上进行学习，毕竟要跟上时代的潮流嘛！

胡老师（初二英语教师，男，非班主任）：有一些了解，就是让学生在合作中学习吧，主要是分小组，多让学生发挥主动性，多展示自己，锻炼他们的能力；学校会强调的，而且这也是一个主流趋势，就像"生本教育"一样，最近很提倡分小组学习。

问：在您授课的过程中，重视学生们的合作教育吗？您是如何组织合作教育的呢？

谢老师（大学教师，女，非班主任）：我比较重视，合作精神和能力在当今社会很重要，在学校通过合作教育的方式来培养是比较好的，我希望我的学生在学校时就能掌握这个能力，这样对他们以后的工作乃至生活帮助都会很大。我组织合作教育的方式主要就是让学生分组学习。我个人很喜欢让学生分组合作学习，学生的想法很新颖，创造力也很强，让他们分组学习并汇报成果，有时候还会让我有所学习，对我有所启发。

黄老师（高三政治教师，男，非班主任）：我个人是比较重视的，但是同学们尤其是我教的高三的学生们似乎有些抵触，每次我一布置小组作业，大家都会叹气，甚至有同学反映没时间做小组作业，自己的卷子都做不过来。其实我也能理解，毕竟应试教育下这些学生的压力确实很大，所以尽管我重视，但是为了给学生减轻一点负担，有时候我会尽量少布置小组作业。

问：合作教育会影响您的教学进度吗？实施合作教育后，学生是否有很大的变化？

肖老师（大学教师，男）：说实话，会影响我的教学进度，因为课时有限，如果将太多时间留给学生做小组学习或展示，课程内容会讲不完，尤其到期末就要赶进度。但是又不能不让学生做小组展示，因为我发现学生的合作能力普遍较强，小组作业质量很高，展示的时候毫不怯场，很让我佩服。而且通过小组合作学习，学生之间的沟通和交流也加强了，表达能力也有了一定的提升，求知欲和探索欲被激发，学习更有劲头。虽然影响教学进度，但是对于学生来讲，小组合作学习确实是更有益处的。

宋老师（高一语文教师，女，班主任）：有一定影响，因为我让学生进行小组汇报时，往往有些小组想要展示的内容太多，但我又不忍心打断，就比较耽误课程进度，不过对课程的影响也不会太大，因为很多小组的学习任务都是同学们在课下进行的，然后把书面成果交给我，我只不过是要花很多时间批复，但是上课还是可以保证的。学生责任意识提高了，因为每个人承担的小组角色不同，为了整个小组的成绩，每个同学都很用心做自己的任务，查阅很多资料，掌握知识的深度也有所提高。

问：在您看来，目前学校对于青少年是否开展了较有针对性的合作教育呢？您认为有必要设置合作教育相关的活动或课程吗？有专业人员来学校对教师开展合作教育进行过经验介绍和指导吗？

梁老师（大学教师，女，教务处老师）：学校很重视合作教育，因此设置了一些提升学生合作能力的素质选修课，如"大学生领导力开发团体辅导""大学生团体沙盘体验"等，供同学们选修。此外学校在专业课设置上也强调老师们要让学生们多多进行小组合作与展示，合作能力对于当代学生很重要，也是将来工作必备的能力，因此设置合作教育相关的活动或课程有必要。目前学校还没有邀请专业人员来学校对教师开展合作教育进行过经验介绍和指导，但是学校鼓励教师间相互交流经验，日后学校也打算邀请专业人员来学校对教师开展合作教育进行经验介绍和指导，以提高学校师生对合作教育的重视程度。

王老师（初三教师，男，班主任）：目前学校对青少年没有开展较有针对性的合作教育，现在学校没有专业人员来学校对教师开展合作教育进行过经验介绍和指导，但是我认为，设置与合作教育相关的活动或课程是有必要的，因为通过合作教育培养学生的合作精神与能力是比较有效且便捷的，而且学生的可塑性很强，合作教育的成效也更有利于体现。

通过对教师的访谈，笔者发现教师们对于合作教育的了解渠道较为单一，了解过程相对被动；教师们普遍较为重视合作教育，他们主要是通过小组合作学习的模式来开展合作教育的；同时教师们也普遍反映，由于教学任务要求以及课时限制，虽然采用小组合作学习的模式对提升学生综合能力的成效明显，但确实存在合作教育影响教学进度，导致教学负担重而必须压缩课程内容的情况。最后，访谈发现，教师们从合作教育对学生的长远发展来看，均认为学校设置与合作教育相关的活动或课程相当有必要，但遗憾的是，除了部分大学开设较有针对性的合作教育课程外，中小学普遍没有开设相关课程，也没有邀请专业人员来学校对教师开展合作教育的指导和经验介绍，这正是学校层面需要继续加强完善合作教育的地方。

3. 家长

问：您认为学校有没有必要加强合作教育呢？与孩子的老师有过这方面的交流吗？

庞爸爸（41岁，互联网公司员工，大专学历）：我认为学校还是有必要加强合作教育的，现在的孩子独生子女较多，很多时候不太懂得与别人相处，有的时候也比较自私，我感觉开展合作教育其实有利于改善这方面的问题。我与孩子的老师交流得比较少，很多时候就是在微信群里布置作业时或者开家长会时简单交流一下，但是没有过关于这方面的交流。

赵爸爸（48岁，个体职业，初中学历）：合作教育是教孩子们怎么合作的吗？那我感觉挺有必要的，现在社会上打交道，只考虑自己是不行的，跟别人一起做事情既省力又可以交朋友，孩子们应该多学学，不能只会一个人上网玩手机，多学学跟别人合作挺好的。我跟老师好像没有交流过这方面的内容，平时都是关于孩子学习成绩的交流。

何妈妈（39岁，公务员，大学学历）：有必要的，可以培养孩子的合作能力，让孩子学会怎样与他人合作。而且孩子比较听老师的话，我们做家长的说这些他们也不爱听，总感觉唠叨，让老师们去教，效果应该会好一些。老师没有跟我讲过这方面的事，交流的话也基本就是聊聊孩子的学习成绩和在校表现之类的。

通过对家长的访谈，笔者发现家长们普遍对合作教育持有积极正面的态度，认识到了合作教育对于孩子发展的益处，因此认为学校有必要加强合作教育，而且对学校开展合作教育寄予了较高期望。但是，在现实中普遍存在着家校沟通少、信息不对称的情况，在这方面并没有形成家校合力，这也是现实中合作教育推行困难的一个重要原因所在。

二、延展：学校活动的外溢

（一）调查结果分析

1. 学生卷

（1）学生对家庭合作教育氛围的评价

如表4-14所示，家庭合作教育氛围从父母辅导课业情况、父母与朋友交往情况、家人分工完成家务三个方面体现。其中，"父母很少辅导我完成作业"

为反向题，反向计分，分数越高，说明家庭的教育氛围越不利于学生合作精神与合作技能的培养。家庭合作教育氛围的总体均分为 2.86 分，处于中下水平，可见家庭合作教育的氛围还有待进一步加强。

表 4-14　学生对家庭合作教育氛围的评价

题目	M	SD
父母很少辅导我完成作业	3.62	1.22
父母的朋友经常来家里做客	2.56	1.07
在家里，我会和家人一起分工合作，共同完成家务	3.64	1.04
家庭合作教育的氛围	2.86	0.68

（2）合作教育过程中的主导

如表 4-15 所示，41.8%的同学认为，社会整体氛围的营造在实施合作教育过程中起主导作用，其次是家庭教育（31.9%）和学校管理（26.3%）。

表 4-15　学生对合作教育过程主导的认识

题目	频次及占比		
	学校管理	家庭教育	社会整体氛围的营造
在实施合作教育过程中，你认为什么应该起主导作用？	145（26.3%）	176（31.9%）	231（41.8%）

2. 教师卷

如表 4-16 所示，48.8%的教师认为，社会整体氛围的营造在实施合作教育过程中起主导作用，其次是学校管理（32.1%）和家庭教育（19.1%），与学生问卷结果略有不同。

表 4-16　教师对合作教育过程主导的认识

题目	频次及占比		
	学校管理	家庭教育	社会整体氛围的营造
在实施合作教育过程中，你认为什么应该起主导作用？	52（32.1%）	31（19.1%）	79（48.8%）

3. 家长卷

（1）家长对合作教育的认识

由表 4-17 可知，有近 70%的家长对合作教育的内容有一定的了解，近 90%的家长认为合作教育对于孩子的发展很重要，近 75%的家长认为学校应为培养孩子的合作意识与技能开设专门课程。这充分说明，合作教育的重要性已开始为家长们所认可。

表 4-17　家长对合作教育的认识

题目	频次及占比				
	很不符合	不符合	不确定	符合	非常符合
我对合作教育的内容有一定的了解	3 (1.0%)	13 (4.5%)	71 (24.6%)	159 (55.0%)	43 (14.9%)
我认为合作教育对于孩子的发展很重要	2 (0.7%)	1 (0.3%)	38 (13.1%)	140 (48.5%)	108 (37.4%)
我认为学校不必为培养青少年的合作意识与技能开设专门课程	96 (33.2%)	119 (41.2%)	32 (11.1%)	28 (9.7%)	14 (4.8%)

（2）家长对家庭合作教育氛围的评价

如表 4-18 所示，家长对家庭合作教育氛围的评价将通过家庭中合作做家务、教育孩子与他人合作、家长对孩子与小伙伴争执的处理情况等三个方面表现出来，三个题的得分分别为 3.80 分、4.28 分、4.20 分，总体得分较高。这说明大部分家长认为自己家庭的合作教育氛围较好，教养方式、交流氛围、父母的表率作用等都将影响着孩子合作人格的形成和发展。

表 4-18　家长对家庭合作教育氛围的评价

题目	频次及占比					*M*	*SD*
	很不符合	不符合	不确定	符合	非常符合		
在家里，我和爱人经常合作做家务，并让孩子参与其中	9 (3.1%)	28 (9.7%)	26 (9.0%)	175 (60.6%)	51 (17.6%)	3.80	0.947
我经常教育孩子要学会与他人合作	1 (0.3%)	2 (0.7%)	9 (3.1%)	179 (62.0%)	98 (33.9%)	4.28	0.591
孩子与小伙伴有争执时，我不会过多干涉，而是引导他们协商解决	5 (1.7%)	2 (0.7%)	10 (3.5%)	185 (64.0%)	87 (30.1%)	4.20	0.693

（3）家长对孩子合作意识与能力的评价

如表 4-19 所示，家长对孩子合作意识与合作能力评价的四个题项分数均较高，与之前家长们对家庭合作教育氛围的评价一致，这也说明良好的家庭合作教育氛围将潜移默化地培养孩子的合作意识与能力。

表 4-19　家长对孩子合作意识与能力的评价

项目	M	SD
我的孩子会妥善处理与同伴之间的矛盾	3.98	0.63
孩子乐于与人交往，积极参加集体活动	4.11	0.68
孩子愿意主动与同学、朋友分享自己的玩具、书本等	4.17	0.62
孩子的合作意识与合作能力都较强	3.90	0.73

（4）合作教育过程中的主导

如表 4-20 所示，在实施合作教育过程中起主导作用的是社会整体氛围的营造，其次是家庭教育和学校管理。可见在实施合作教育过程中的主导主体上，学生、教师、家长达成了一致，均认为社会整体氛围的营造至关重要。因此在社会教育环境上，我们应转变片面强调竞争的风气，持续推进教育改革。

表 4-20　家长对合作教育过程主导的认识

题目	频次及占比		
	学校管理	家庭教育	社会整体氛围的营造
在实施合作教育过程中，你认为什么应该起主导作用？	60（20.8%）	91（31.5%）	138（47.7%）

（二）访谈结果分析

以下节选的部分访谈记录主要从学生、教师、家长三个主体来考察家庭、社会合作教育氛围等方面的内容。

1. 学生

问：你认为现在社会重视合作吗？

谢同学（初三，女，非班干部）：我觉得不够重视吧。现在要升高中了，家长和老师都是盯着成绩，以前开展的合作学习都没怎么弄，更不用说合作参加比赛和活动了。不过我们同学之间还是会一起学习的，还可以一起讨论问题。

林同学（高一，男，班干部）：应该还是算重视的吧，要不然学校也不会刚过了一个学期就给我们划分合作学习小组。我们班每周一下午最后一节课都会讨论一下大家的安排和分工。

陈同学（大四，女，非班干部）：我觉得是越来越重视吧！上大学之前专注于准备高考，学习之外的信息没空关注，对于社会有多提倡合作是真的没有什么概念。上大学之后才发现，宏观的社会环境和周围的学习环境都有所改变，至少从我个人来看，我们这个社会对于合作已经有了重视，虽然尚未达到普遍共识的程度，但是已经对不少人产生了影响。从我周围的情况来看，其实我们的生活和学习已经开始和合作挂上钩了。我刚刚考了研，在考研的过程中我和研友也不是仅仅自己学自己的，大家会自发地共享复习资料，相互修改作文，等等。回过头来看，就算这一年没有常规的课程，没有老师要求一定要小组合作，我们也自觉自动地参与进去了。

通过对学生的访谈发现，对于"社会是否重视合作"这一问题，大学生和中学生的态度存在鲜明的差别：中小学生由于学业压力，更多的是将精力放在埋头苦读上，对于社会中合作氛围的感受不多；而大学生由于有更多的自由支配时间，不仅能在学习、科研、社团等活动中经常性地开展合作，也能初步感受到社会各界对合作的重视程度在不断提高，社会的发展越来越需要具有合作精神和合作能力的人才。

2. 教师

问：您认为现在社会重视合作吗？

严老师（初一语文教师，女，班主任）：这是一个主流趋势，毕竟合作还跟许多方面的能力有关，例如说沟通、理解、求同存异之类的综合素质。学校要求我们学习的相关文件也是在回应这个时代潮流的要求。但是就我个人的工作经验来看，整个社会对于合作的重视和提倡还远远不够，现在还是缺乏一种持久的合作文化。我们学校方面在使劲地推进合作教育，但是总是缺乏一些支持力量和活动平台。

赵老师（高二英语教师，男，非班主任）：合作精神和能力在现代社会只会越来越重要，所以中学阶段就要开始学习怎样合作，这对于学生以后的发展是很有帮助的。现在不是以前了，一张高分的成绩单远远不够，你不会交流，综合素质就说不过去。高中阶段课业压力大，也没有多少时间来培养合作能力，英语课堂上适当多一些交流和讨论，我认为也算是补救方式了。但是有的学生和家长不够配合，他们还是喜欢自顾自地闭门造车。没办法，现在社会氛围就是这样，竞争激烈，急功近利，学生的负担太重了。

刘老师（大学教师，男，班主任）：总体上讲，我认为现代社会对合作还是越来越提倡的。大数据、云计算等信息通信技术的发展，对我们社会的交流方式可以说产生了颠覆性的影响。在一个扁平、分散、网络化的空间里，没有谁能够掌握所有的信息和资源，不合作就没有出路。可以看到，不管是国际问题治理、经济合作还是科技创新，社会的方方面面早就离不开合作了。这是一个特别积极的大背景。但是我们也要看到，社会中一些人对于合作还存在一些误解，比如说趋利逐利的价值观念就是一个特别大的阻碍，还有就是对于合作的理解并不正确，认为提倡合作就是在否定正当竞争的意义等，这些错误观念都是目前值得注意的一些消极因素。

通过对教师的访谈，我们可以看出，教育工作者们对于合作教育在社会中受重视程度的看法总体上是积极向好的。来自初中、高中、大学等不同学段的教师对于合作在社会发展中的重要性持有基本共识，普遍认为这是一种社会趋势。同时，对于合作教育尚未得到足够重视这一点，教师们给出的理由主要有两点：一是急功近利、单打独斗、重竞争轻合作等不当价值观念的阻碍；二是社会对合作教育的支持力度不足，对青少年合作精神与合作能力的提升缺少系统性的培养。

3. 家长

问：您最关心孩子哪一方面的成长？

赵爸爸（48岁，个体职业，初中学历）：首先是身体健康，平安顺利。大学生了，该做什么，怎么努力，孩子自己是有方向的，做家长的只希望他能够安排好自己的学习和生活，其他的事情我们想管也管不上。

何妈妈（39岁，公务员，大学学历）：人生是场马拉松。我一直认为孩子的身心健康无论如何是放在首位的。在这个前提下，孩子能够多看书，多出去走走，拓展视野也很有必要。再就是和老师、同龄人好好相处，好好学习。

庞爸爸（41岁，互联网公司员工，大专学历）：现代社会的竞争太激烈了，我就是吃了学历低的亏，肯定是希望孩子能有个好成绩，尤其是在数学、英语上。现在初中把基础打好了，后面才能上个好学校。我准备给孩子报个数学辅导班，请老师专门辅导一下，看看他是不是个学奥数的苗子。

问：您的孩子经常与同龄儿童玩耍吗？

张妈妈（40岁，无业，初中学历）：家里两个孩子。老大性格很内向，朋友也不多。这都怪我们家长，她还小的时候我们工作都忙，没空带她出去玩。所以有了老二以后，我们很注意这方面的问题，一直鼓励她多交朋友，平时也会和老师了解孩子和同学相处得好不好。

刘爸爸（35岁，大学教授，博士学历）：孩子经常会和同龄人玩耍，我们家长也会有意识地鼓励孩子多和小伙伴交流。同龄人之间共同活动和玩耍能够帮助小孩子建立友谊，获得尊重，这是父母的爱所不能取代的，对他们的健康成长太重要了。

康妈妈（39岁，保险公司员工，本科学历）：孩子周末也会和同学一起出去学习，在学校人缘也不错，这方面我不太担心。偶尔孩子和同学也会发生矛盾，我对我家孩子的要求就是与人为善，不要太斤斤计较，别人有什么好的、优秀的地方一定要学习，千万不要去过分放大别人的缺点。

问：您与孩子的相处模式是怎样的？和孩子怎样交流？

陈爸爸（45岁，国企员工，大专学历）：孩子今年刚上大学，和他妈妈交流得比较多，每个星期都会打电话聊半个小时。我经常出差，工作比较忙，平时就是微信上简单聊两句，也不知道怎样和孩子交流。好多情况还是他妈妈跟我说我才清楚。

刘妈妈（47岁，个体职业，高中学历）：我和孩子是好朋友。孩子从小就和我很亲，可以说在她的成长过程中我也在成长。安排家里的事情的时候，我会跟孩子讲清楚，把她的爱好也考虑进去；孩子遇到困难了，我会鼓励她、相信她；我也会好好给孩子做榜样，双重标准是不行的……总而言之，做个好家长太不容易了。

吴妈妈（40岁，公务员，本科学历）：我家孩子正处在青春期，叛逆得很。我们现在都没办法坐下来好好聊一下。用他的话说，我一点也不了解他。可是他还小，我对他的要求都是为了他好，为了他未来着想啊。孩子正处在初中三年级这种紧要关头，我对他学习成绩上提出点要求算过分吗？

问：您关注合作教育吗？认为它有意义吗？为什么？

赵爸爸（48岁，个体职业，初中学历）：没怎么听说过，这个应该不考试吧？孩子教育上的事情啊，我真的不了解。这些问题交给学校就很好，老师们是专业的，懂这些。

张爸爸（43 岁，工程师，大学学历）：我知道这个概念。家长会的时候孩子老师提到过这个概念。我个人觉得非常不错，光竞争是不行的，不知道怎样与人合作，以后离开了学校怎么能够在团队里面工作呢？我跟孩子说，'你是班干部，老师动员你们合作学习啊、搞活动啊你都要积极点儿，只有好处没有坏处'。当然了，学习成绩也不能放松。

余妈妈（45 岁，小学教师，大学学历）：关注。我本身就是一个教育工作者，这几年合作教育是个潮流，我们校领导也在要求我们改变一下教学方式。可能要在小学开展合作学习还为时尚早，但是早点儿开始熏陶肯定也是有帮助的。

问：您认为家庭在合作教育中的作用是什么？

刘妈妈（47 岁，个体职业，高中学历）：合作教育我没有搞得很清楚，但是家庭不管在什么教育上都太重要了。我的孩子如果在学校不能好好学习，不能和同学相处，我们做家长的肯定是要负责任的。不能说把孩子送到学校了，那么教育他就成了老师的事情。老师也没法把全班孩子是什么性格、具备哪些能力都了解得很透彻。

刘爸爸（35 岁，大学教授，博士学历）：家庭肯定是孩子接受教育的第一个环境。父母怎么养育、教导孩子对孩子的影响是很关键的，尤其是在合作教育这种涉及品德的教育上。不同的父母和家庭氛围，肯定会教出具有不同合作能力的孩子。

问：您是否有意识地培养孩子的合作意识和合作能力？

吴妈妈（40 岁，公务员，大专学历）：平时没有太在意，确实是我们家长的疏忽，在孩子教育上，我不怎么关心这些学习成绩之外的东西。但是这也是没办法的事情，中学几年的学习这么紧张，孩子哪里有空来应付额外的事情呢？上了大学再说吧。

康妈妈（39 岁，保险公司员工，本科学历）：这方面我确实不太懂，和老师交流的时候老师好像提过要搞小组学习，我也没太注意。合作能力的话，我觉得首先得从自信和人际交流说起，培养孩子的表达能力和理解能力总是没错的。

张爸爸（43 岁，工程师，大学学历）：最近几年我越来越觉得合作太重要了，加上老师也是这么说，我觉得以后应该注意培养孩子的合作能力。我会鼓励他多去合作，在家里也尽量多给他发表意见的空间。

问：能否举出一件您和孩子合作完成一件事的例子？（时间、地点、原因、过程等请简要说明）

刘妈妈（47岁，个体职业，高中学历）：提起和孩子一起完成的一件事，我记得应该是孩子小时候和她一起做手抄报。当时是上小学，老师要求做一期介绍中国传统文化的手抄报。这件事情我记得太清楚了，因为周末两天我和孩子哪儿也没去，就在家里找资料、设计版面、画插图。孩子有点追求完美，设计好的版面她老是半途而废，有时候就有些不耐烦了。我也很生气，做事情老是狗熊掰玉米怎么行呢？为了这个我还批评了她。不过还好，孩子还是很能听进去的，她很快就调整了情绪，接受了我的建议。

问：您认为现在社会重视合作吗？

何妈妈（39岁，公务员，大学学历）：国际上都在提倡共商共建共享了，就算现在还没那么重视，以后也会越来越重视的。观念的改变肯定是很慢的，但是这是个大趋势。合作的观念普及了，对孩子的合作教育肯定才会落实。

郑爸爸（46岁，个体职业，高中学历）：现在还不够重视，这是我们社会发展的问题。应该是社会风气的原因吧，太急躁了，又没有分享、承担的意识。现在做什么事情是靠一个人单打独斗就能完成的？一个人是没办法独自存活的，总会有依靠别人、需要别人的时候，各人自扫门前雪怎么行呢？

通过对学生家长的访谈，笔者发现大部分家长对合作和合作教育持有积极正面的态度，但是也有部分家长表现出无所谓甚至排斥的态度。持相对负面态度的家长基本上对合作教育了解得不多，他们主要顾虑的问题是：在课业繁重的现实情况下，孩子是否有精力去学习如何合作；合作学习是否对提高孩子学习成绩和综合素质有明显成效；等等。此外，访谈还发现，家长的学历和自身经历也会影响他们对合作及合作教育的看法。通常，受教育程度高、接触过合作教育概念的、对社会前沿比较了解的家长更倾向于接受和支持合作教育。

三、不足：合作教育中的问题

通过问卷调查及访谈，我们发现合作教育实践中存在执行不当、互动无序等问题，学生、教师、家长三方对于青少年的合作意识、合作教育的实施有着不同程度的认知或误解，从而导致实践上也有所分歧。

（一）合作教育认识的内涵偏差

从表 4-21 可以看出，在"同学之间合作效率不高的归因"上，多数学生、教师和家长都一致将同学们之间合作效率不高的主要原因归结于学生本身，次要原因归结于家庭或社会氛围。从表 4-22 可以看出，在"谁应该在实施合作教育过程中起主导作用"这个问题上，学生、教师和家长都认为社会整体氛围的营造应该起主导作用，其次是家庭或学校管理。可见，学生、教师和家长在这两个问题上并没有形成统一的认识，教师和家长并未完全认识到学生在合作教育中的主体性地位，而对合作教育内涵的理解也存在一定的偏差。

表 4-21　同学之间合作效率不高的归因　　（单位：%）

题目	调查对象		
	学生	教师	家长
学生自身合作意识缺乏，没有意识到合作的重要性	68.7	30.2	52.6
学校合作教育方式落后，合作教育内容与社会现实脱节，效用不明显	7.8	19.8	2.8
家庭对合作教育不够重视，学校、家庭和社会在合作教育中没有形成合力	10.3	28.4	27.0
社会氛围中竞争、利己等观念产生了不好的影响	13.2	21.6	17.6

表 4-22　谁应该在实施合作教育过程中起主导作用　　（单位：%）

类别	调查对象		
	学生	教师	家长
学校管理	26.3	32.1	20.7
家庭教育	31.9	19.1	31.5
社会整体氛围的营造	41.8	48.8	47.8

目前多数教师知道合作教育的重要性，也期待能够在兼顾学生成绩的同时，多组织实施合作教育的相关活动。但考虑到活动的可行性、学生功课紧张和升学率的压力等多方面因素，合作教育的相关实践活动很少能够真正有

效开展，即便开展也容易存在重形式、轻内涵的问题，因此，小组合作是否真正有效、是否促进了学生合作认知的发展和合作人格的升华都有待考量。与此同时，有些教师并不明确指导合作教育的具体操作规则，虽然想要培养学生的合作意识与能力，却找不到合适的方式和方法，因而无从下手。家庭教育方面也存在着类似的问题：一方面，有的家长一心只希望孩子能考出好成绩、考上重点学校，对于孩子的合作意识与能力并不十分看重；另一方面，有的家长虽然重视却不知如何教育，寄希望于学校和老师的努力，而忽略了自身的言传身教和家庭教育的重要性。

（二）合作教育内容的构建失衡

当前的课堂教学中开始逐步实施合作教育，并且部分应用了诸如小组成绩分工、小组游戏竞赛、小组互助等合作教育理论中的一些经典策略，但是"不合作"或"合作低效"的现象仍屡屡发生。从内容上看，当前合作教育仍然缺乏科学理论和先进方法的指导，尤其是缺乏从合作认知机制上入手进行合作情感、合作态度和价值观的教育。近年来，越来越多的研究者，开始探讨个体的自身因素，如认知、情绪和人格等对合作决策的影响（崔丽莹，2010b），而在以提升合作行为为主要目的合作教育中，青少年人格和认知上的因素并未受到应有的重视。目前所实施的合作教育中，其内容主要侧重于课堂教学和掌握课程知识，而忽视了班级管理、社团活动、文体比赛等形式的集体活动，忽视了学生合作意识与合作技能的培养。

在合作教育的目标体系中，合作技能属于"知识和技能"这一层面，在习得合作技能、掌握合作过程、培养合作情感态度三个层次中处于基础地位。但在实际教学中，教师经常忽略这一基础环节，把对合作技能一无所知的学生安置在一个小组中，直接开始下达合作学习任务，造成了学生小组交流过程中的障碍。

问：老师会专门教大家一些合作技巧吗？

学生A：应该不会吧，我们都是布置了任务直接让大家进行的。

学生B：有时候班会课上会有提及，但没有专门教大家合作技巧什么的。

部分教师在小组合作开始之前会简要提出发言交流的要求和规则，但总体而言，在小组合作学习的课堂上，学生的一些基础素质培养没有得到应有的重视，例如：①独立思考、承担个人责任的能力。合作教育要求青少年个体在独立思考的基础上形成自己初步的认识，在分工合作中有效完成自己的任务。②人际交往、沟通交流的能力。尊重他人立场，理解他人想法，不随便打断别人发言，有理有据地表达自己的想法……合作的进行有赖于这些与人交流的品质和能力。③协调配合、处理冲突的能力。组员之间能够优势互补，妥善处理组内冲突。这些品质和能力对于合作能力的提升大有裨益，是综合素质教育中的重要部分。

此外，合作技能教育在集体活动和学生自主管理中缺少用武之地。合唱比赛、运动会集体项目、戏剧文化节等课余活动是培养学生合作能力的绝佳场合。在轻松的校园氛围中，如果同学们相互配合，就能在课堂之外体会合作的趣味。但在现实中，学校压缩集体活动的时间，极大地限制了青少年从中培养合作能力的可能。很多班级并没有较好地发挥班委会的作用，无法实现真正的自主管理。班主任直接管理班级事务，学生的沟通、协调和合作能力没有得到充分发挥，这不利于合作能力的培养。

（三）合作教育过程的执行不当

1. 准备阶段

1）小组组建不合理。合作学习小组作为课堂合作学习的基本单位，小组构建是否合理直接影响组内同学间的沟通效率，进而影响组内学生的表现及合作成效。目前，对于小组安排，不少教师在客观上也试图按照合作学习小组分组的原则，兼顾学生各个方面的差异，但是在实际操作过程中，还是存在着诸多不合理因素：①在划分小组时，学生学习成绩指标的影响太大，没有考虑到组内成员能力和素质上的参差分布，使得合作小组不能给每一个成员以平等的展现机会，破坏了合作的初衷；②班级规模太大导致小组规模太大或者组数太多，教师无暇顾及所有小组学生的合作状态和学习效果；③无法保证小组间水平相当，不利于激发小组学习的积极性；④在合作学习小组长的任命中，教师过多地考虑了学生的学习成绩，偏爱学习优秀的学生，使得组员间课堂参与机会不平等。这些都导致了小组合作开展过程成员之间信任程度低、沟通不力，组间竞争形同虚设等问题。

事实上，小组合作学习并不是合作教育的固定、唯一形式，合作也并不是小组学习的必然产物，不能简单持有"只要采取了小组的形式来进行学习，学生之间自然而然就会合作"的观点。若仅安排学生坐在一起，简单划分小组，然后随意布置一些学习任务要求小组讨论或完成，不仅不会产生良好的合作学习效果，也无法产生高质量的同伴关系和友谊，更无法提升和发展学生的沟通协调能力、合作能力等。

林同学（男，15岁，高二理科生）：小组怎么组建的？这没什么好说的吧，一般就是前后左右四个人……小组长的话基本上是随便选的吧，一般谁成绩好就选谁。

2）合作情境不明确。合作情境的构建对于合作结果具有十分重要的影响，有些教师在平时的教学中没有为学生制定合作规则和树立合作意识，在合作前也没有清楚明白地告知学生合作的目标和任务，使得合作情境不明朗。

如表 4-23 所示，约 1/4 的同学表示老师没能在小组讨论前明确本次合作学习的目标和要求。在未明确确立合作的目标、任务及规则的情况下，教师提出问题后立即让学生讨论，导致有的小组两三个人同时抢着发言，谁也不听谁的；有的小组始终只有一两个人发言，其他人一言不发，心不在焉；有的小组互相推诿，谁也不想发言；有的小组则借机聊天说笑，致使小组合作学习无法深入开展，缺乏进一步的交流与碰撞。

表 4-23　老师明确合作目标和要求的情况

题目	频次及占比				
	很不符合	不符合	不确定	符合	非常符合
小组讨论前，老师会明确宣布合作的目标和要求	7 (1.3%)	8 (1.4%)	120 (21.7%)	264 (47.9%)	153 (27.7%)

设置合理的教学情境应当能够激发、调动学生的积极性，使得学生能够主动参与、思考，从而使得知识的汲取和情境的熏陶融汇在一起，达到教师与学生之间、教与学之间的互动和共鸣。

沈老师（小学班主任）：……合作教育的确在注重个体成绩的教育体制中比较缺乏，除了课堂教学要求合作活动之外，其他的合作教育活动不好设计。我们班上曾经有过几次尝试，但效果都不太好。

3）运用时机不恰当。在新课程改革的推动下，广大教师争相在课堂上采用小组合作学习的方式。但由于缺乏一定的培训和专业的指导，教师实施合作教育的目的仅仅是为了追求学习方式的多样化，而忽视了教学内容的特点和学生的实际情况，导致了小组合作学习在课堂中的滥用。主要表现为：在一节课中安排了多次小组合作学习，虽然表面上很热闹，但对于实际课堂教学来说并没有很大帮助；选取的合作学习时机与教学内容搭配不恰当，有些教学内容适合学生自主探究，有些则适合教师讲解，盲目地选择小组合作讨论方式不仅造成了教学时间的浪费，也很难达到预期的教学效果。

合作学习并不是包治一切问题的万能药，并不是任何课程、任何内容、任何学生都适用小组合作学习。误用和滥用不仅不能达到合作教育的成效，反而会影响教学进度，限制学生自主学习的空间，得不偿失。

2. 实施阶段

1）问题讨论不充分。问题讨论主要在三种情况下进行：①在教师下达合作任务之后明确合作目的与任务；②在分头收集资料后进行头脑风暴、集思广益；③在交流汇报之前进行最终总结。这三个层次的讨论情况考验着小组成员的交流与合作程度，反映了小组成员合作的配合程度和协调程度，往往决定了最终的成效。

由表 4-24 可知，在讨论过程中，有 73.2% 的同学愿意积极提出自己的想法，93.3% 的同学愿意认真倾听其他同学的发言。可见同学们在小组讨论过程中的主动性、积极性、参与性都比较高。教师在呈现问题后应留给小组足够的思考与讨论时间，避免有的小组还未真正进入学习主题就结束。小组讨论得不充分，不但无法达到合作教育的目的，也容易挫伤学生合作学习的热情，从而在以后的小组讨论中敷衍了事。

表 4-24　讨论过程中，同学的讨论情况

题目	频次及占比				
	很不符合	不符合	不确定	符合	非常符合
在讨论过程中，我愿意积极提出自己的想法	5（0.9%）	26（4.7%）	117（21.2%）	260（47.1%）	144（26.1%）
在讨论过程中，我愿意认真倾听其他同学的发言	3（0.5%）	6（1.1%）	28（5.1%）	306（55.4%）	209（37.9%）

2）个人责任未落实。在集中的小组讨论之外，是分散的个人责任。从

Slavin R. E.、Johnson 兄弟等对合作学习因素的讨论来看,个人责任至关重要,它决定了合作学习内容的质量和水准。如果小组的每个同学都有明确的分工和责任,所有成员各司其职,那么整个学习和讨论的过程中"搭便车"现象将会大幅度减少,有效避免了部分同学借机聊天、说笑或开小差的现象。实际上,小组合作学习中,每个个体的学习与思考都非常重要,小组合作学习是小组成员间的思维碰撞,是在自己独立思考过后对他人看法的借鉴、吸纳,以最终形成集体智慧并解决问题。因此,如果合作中不能落实个人责任,学生个体将缺乏思考与学习的主动性、积极性,不仅影响小组合作学习的效果,也会对学生的独立性产生影响。

3)教师指导干预不当。由表 4-25 可知,有近 60%的教师在课堂中不会参与学生的小组讨论,这正体现了在合作教育的实施阶段,教师缺乏对小组合作情况的指导和干预。教师将学习的任务下达给学生后,往往仅关注小组合作学习的结果,而忽视了对合作过程的监督,导致讨论交流中的过程混乱,并进而引发课堂秩序的混乱。另外,教师过分干预小组学习进程的情况同样存在。如果在合作学习的具体流程和细节上,教师没有给学生留足发挥的余地和创造的空间,则容易损伤学生的积极性和能动性。教师缺乏或过分指导和干预,都会带来小组合作的种种问题,如参与机会不平等、沟通不力、出现"搭便车"现象等,导致小组合作学习的效果受到影响。

表 4-25 讨论过程中,老师参与小组讨论情况

题目	频次及占比				
	很不符合	不符合	不确定	符合	非常符合
在讨论过程中,老师通常不参与我们的讨论	60(10.9%)	163(29.5%)	164(29.7%)	111(20.1%)	54(9.8%)

3. 交流评价阶段

目前课堂教学的交流评价阶段,小组间交流汇报成果的人选确定随意;评价形式单一,以教师评价为主而缺乏小组内部、小组之间的互评;评价内容上偏重于对学生个体、小组合作学习结果的评价,而忽视了对小组集体、学习过程与方法的评价。这些都使教师难以明确发现小组合作学习过程中的不足,使学生难以积极参与到合作学习之中。由表 4-26 可知,有近一半的小组在汇报成果时不会轮流发言。另外,也有近一半的同学表示,交流阶段缺

乏小组之间的互评，未能充分发挥小组互评提高课堂教学参与率、发挥学生主体性地位的作用。

表 4-26　交流评价阶段小组情况

题目	频次及占比				
	很不符合	不符合	不确定	符合	非常符合
小组汇报成果时，小组成员会轮流发言	21（3.8%）	66（12.0%）	15（27.2%）	19（35.7%）	11（21.4%）
小组汇报结束后，小组之间会对汇报成果进行互评	30（5.4%）	91（16.5%）	160（29.0%）	177（32.1%）	93（16.8%）
小组合作的情况，会作为评定我们成绩的标准之一	59（10.7%）	92（16.7%）	153（27.7%）	170（30.8%）	78（14.1%）

从访谈中笔者发现，小组汇报发言人的选择其实相当随意，没有达到充分锻炼小组内每位成员的本意。

问：你们平常小组汇报的时候，发言的同学是怎么选出来的？

学生 A：这个嘛……一般是让成绩好的同学发言（指向旁边的学生 B）。但有的时候，是看谁"人缘好"（笑），我们其实是想"整"他一下……

有学者曾提出把个人竞争变为小组竞争，把个人计分改为小组计分，把小组总体成绩作为奖励学生的依据，从而达到小组成员共同进步的效果（王坦，高艳，1996）。目前，多数课程都会参考"小组表现"来给出最终成绩，这使得学生经常要和同学共同思考、配合解决问题。但在课堂中，当开展小组活动后以小组为单位进行汇报交流时，小组代表站起来发言大多是"我认为……""我觉得……"，而不是"我代表我们小组汇报一下我们的看法……"，小组发言往往代表的是个人意见，而不是小组交流的结果。教师对小组汇报的评价也常常是"你说得很对""你的见解很到位"。显然，教师更偏重于对学生个体的评价，而忽略了对学生所在小组集体的评价。

另外，教师也更偏重对小组合作学习结果的评价，忽略了对学习过程与方法的评价。由于教师较少关注学生的学习态度、学习习惯、参与程度以及创新意识、实践能力，特别是较少关注那些平时性格内向、少言寡语的学生，这种不公正、不全面的评价极易挫伤学生参与合作学习的积极性、主动性，难以很好地发挥"评价促进发展"的功能。此外，合作学习通常作为教学的补充，仅仅进行到授课过程中的分组讨论这一步，超过半数的同学都不认为或不确定小组合作的情况会作为评定他们成绩的标准之一（表 4-26），同学在合作学习中的表现情况难以在课程的最终成绩中得到体现，这不利于激励和调动学生主动参与小组合作学习的热情。

（四）合作教育互动的低效、无序

观察当下的合作教育实践，学校教育、家庭教育、社会教育三方之间没能形成有序、有效的互动与协同，这在很大程度上影响了合作教育实施的成效。

从学校层面上看，我们在校园文化与教师培养等方面都缺乏对合作意识的宣传。一方面，在考试成绩、升学压力的背景下，校园文化建设多以"学习"为主题，较少涉及品德教育方面，关于合作教育的相关内容更是寥寥，且大多单一乏味，难以引起学生的兴趣，进而使合作教育成效大打折扣。另一方面，学校缺乏对任课教师开展专业的合作教育培训，直接影响了合作教育效果。目前教师接受的培训主要以教学、班级管理为主，较少涉及合作教学的专业指导。而教师作为开展合作教育的重要因素，在开展课堂合作学习的过程中仍然存在着不少问题，如教学观念上故步自封，未能深入理解合作学习的目的，因此在课程目标、课堂设计和课堂教学等方面出现了不同程度的偏差；盲目复制西方合作教育模式，导致合作教育"只见形式，不见成效"；教学实践中过度使用小组合作，挤压了大量授课时间，打乱了正常的教学节奏，也浪费了师生的精力和时间；匆忙开展合作学习，缺乏对合作所需的基本素养，如交流表达、信息提炼与整合、求同存异等品质的培养；等等。

从家庭层面上看，当前家庭教育中也缺乏对青少年合作人格的培养。家庭是青少年社会化的首要途径之一，也是进行合作教育的最初阵地。家长在日常生活中的一言一行、一举一动，都是孩子们学习和模仿的榜样。身为孩子的第一位启蒙老师，家长在教育过程中具有重要作用。在日常生活中，家务分工方式、与朋友之间的相处模式等都在潜移默化地影响着孩子对合作的认知。但是有的家长并不重视合作的重要性，一心只盯着孩子的学习成绩，期盼他们能考入重点学校，出人头地；有的家长讷于言辞，不懂得如何与孩子沟通交流；有的家长在物质层面上竭尽所能满足孩子的需求，却忽视了精神层面的教育；还有的家长将所有教育工作推给学校和老师，忽略家庭教育的重要性。然而囿于教育观念不同、缺乏沟通等原因，教师与家长相互抱怨"不负责任"的现象并不少见，前文的调查也印证了这一点。

与合作教育低效密切相关的还有社会合作教育的缺位。我国传统文化中的消极因素以及当前崇尚竞争的社会氛围并不利于青少年合作意识的唤醒与合作能力的提升。中国传统文化中"各人自扫门前雪，哪管他人瓦上霜""鸡犬之声相闻，老死不相往来""三个和尚没水吃"的小家意识以及"窝里斗""互相拆台"等不良习性，在一定程度上阻碍了社会合作风气的形成。同时，在处处有竞争、人人谈竞争的当今社会，合作意识及合作行为的培养被逐渐淡化。社会主体在教育改革中参与意识不够，使得合作教育实施过程中的社会参与存在参与主体不够广泛、参与客体范围过窄、社会参与手段过少等问题。再加上随着西方一些不良思想涌入我国，个人主义、拜金主义、享乐主义盛行，传统文化与现代文化冲突与融合并存，社会信任匮乏，过分强调竞争而忽视合作的社会氛围余音犹在，是否选择合作、如何进行合作均依赖于自身的道德自律，因此合作教育受全社会重视的程度仍有待加强。

第三节　青少年合作教育低效与重构研究的缘起

一、低效：学校、家庭和社会三者行动的不一致

学校是影响青少年成长成才的主要场域，直接影响着青少年的个性和心理发展；家庭是社会的基本单位，对青少年合作精神和合作能力的培养负有最基础的责任；社会环境则是青少年成长和社会化的宏观环境和重要依托。三者之间的有序、有效配合，在青少年品德教育和综合素质教育方面发挥着关键性作用。正如苏霍姆林斯基所说，没有家庭教育的学校教育和没有学校教育的家庭教育，都不可能完成培养人这样一个极其细微的任务。家庭与学校、学校与社会、家庭与社会在合作教育上进行的合作尝试太少，缺少配合的默契，至今尚未形成青少年合作教育的有效合力，在很大程度上制约了合作教育的进一步发展。

（一）学校教育的弱化

1. 校园文化重智轻德

学校教育作为青少年接受教育的主要渠道，在青少年合作教育中起着关键性作用，而不少学校合作教育却常常目标不清、流于形式。一方面，合作

教育与诚信、礼仪、友善等德育目标不同，在学校的品德教育和综合素质教育方案中缺乏明确的定位和评价标准，使得教师在目标定位上忽视了合作教育的重要性。另一方面，合作这一品质的培养仅仅作为德育口号之一，没有分解到学业表现、课外活动、班级管理等教育的各个环节，合作教育实践易流于形式，使得学生难以通过行动真正锻炼合作能力。

学校合作教育所存在的以上问题，应当归咎于学校教育的价值观，即合作教育低效与重智轻德、重视竞争忽视合作的校园文化氛围有关。应试教育下，学校教育过于重视升学率、就业率等各项指标，教师教学上一味追求成绩，重"授业"而轻"传道"，重"教书"而轻"育人"，很大程度上忽视了学生在德、智、体、美等方面的全面发展，忽视了对青少年合作人格的培养，造成学生之间激烈竞争多于合作共享。就是因为唯有重学业成绩、重升学率才能换取学校更好地发展这种观点的存在，才使有的学校管理者和教育工作者倾斜了学校教育的天平。在这种环境之下，小组合作学习流于形式不可避免，更不必谈合作学习之外的合作教育。

2. 教师实践缺乏科学指导

就教师层面而言，教师没能适时干预和合理推动合作。合作教育虽然以青少年为实施对象，但合作教育的基本理念、操作程序和策略，都是通过教师来主导的，这就要求教师在合作教育的过程中，保持对小组合作进展的密切关注，及时纠偏。如果教师未能及时回应学生在合作教育中的进步或不足，学生将难以通过反馈来改变自己的行为，而如果合作能够得到奖励和反馈，学生就会倾向于继续合作。

另外，教师没有在课堂学习、班级管理和社团活动中创设各种有利于促使合作产生的情境。根据调查和访谈结果，教师在合作教学的内容设置上大同小异，未能体现出不同学习阶段对合作要求的差异；在学习之外的班级管理和社团活动中把控过严，未能给予学生充分的自主权，这些都不利于调动学生合作的积极性。

（二）家庭教育的盲区

1. 长辈溺爱的家庭环境

家庭教育的重要意义已被多位教育学家认可，正如苏霍姆林斯基（1992）

所说,"要认识自己父亲身上的那些道德财富,这是任何东西都无法替代的荣誉课",苏霍姆林斯基强调了亲人的影响力和表率作用。家庭教育的缺失和忽视会对青少年产生深刻影响,并且家庭教育疏漏的影响还会进一步蔓延到学校教育中。在合作教育上,这种缺失表现得更加明显。

有些青少年缺乏与人合作的意识和能力,很大程度上源于长辈溺爱的家庭环境。主要体现在:父母长辈缺乏爱的分寸,无条件地满足孩子的一切要求,导致孩子习惯以自我为中心,严于律人,宽以待己;有些家长事事替孩子操办,干预孩子与同龄人之间的冲突与合作,导致在孩子身上或多或少地表现出不合群、自私、霸道等现象。这样的家庭环境显然不利于青少年的分享、谦让和宽容等品质养成,而这些品质恰恰与合作人格的培养密切相关。

2. 家长对合作教育不够重视

父母是孩子的第一任老师,家庭是孩子的第一所学校。当前,父母在对孩子的教养方式和期望上,往往更加注重学习成绩,而忽视了对孩子合作精神与合作能力的培养。根据调查和访谈结果,大多数家长虽然表现出对孩子合作交流能力的关心和关注,但却都不是非常重视,没有意识到尊重、理解和妥协等合作性价值取向在孩子合作精神与合作能力培养中的重要作用,更不必说他们会在学习、游戏和亲子互动中刻意培养孩子的合作能力了。

问:家庭中家长重视你在合作中的表现吗?

学生 A:家长一般会叮嘱我和同学搞好关系,也不会说特意关注合作表现吧,肯定还是最关心成绩嘛。

学生 B:不太会……他们比较在意的是我这次考试有没有考好……

同时,在家庭教育中,很多父母也忽视了孩子与同伴交流中合作的重要性。孩子与同伴之间的互动本来是发展其合作精神的绝佳途径,但是很多父母没有意识到同龄人之间的交流、配合和理解等问题的重要性,没有给予孩子更多与同龄人接触的机会,没有鼓励孩子与其他人进行大胆地交流,没有让他们体会到分享、合作、共同担当的快乐,自然无法让孩子意识到合作的必要性与重要性,更无法在孩子与同伴相处的过程中教给孩子面对差异和处理矛盾的办法。

（三）社会教育的缺位

生活在社会这个大环境中，没有人是一座孤岛。社会大背景对青少年的影响是潜移默化而又根深蒂固的。首先，社会文化环境缺乏合作的氛围，表现在合作教育思想历史传承的不到位、传统合作教育不能完全适应现代社会发展的要求两方面。中国传统的道德文化体系建立在儒家思想的文化基础上，其中涌现出诸多与合作教育精神契合的思想，如孔子提出的"三人行必有我师"，《学记》倡导的敬业乐群、教学相长，南宋书院中广泛流行的师友切磋等，到了近代也还有陶行知、刘隽杰等几位教育家秉承和推广学生互教互学的教育理念。但自此以后直到20世纪80年代，由于多方面的原因，合作教育在我国缺乏继承和推广，长期处在空白的状态，这使得良好的传统在合作教育的当代发展中加持不够。另外，传统的合作教育虽然在书院盛行的南宋和教育资源紧缺的民国有所实践，但总体上看，它零散地出现在儒家教育思想中，没有诞生出独立的合作教育观，对合作教育实践的指导作用有限。

此外，社会氛围中的消极因素对合作教育也产生了负面影响。随着经济全球化的发展，我国社会发展逐渐与国际接轨，欧风美雨的侵袭和社会转型的阵痛使得各种个人主义、功利主义、实用主义的观念一度喧嚣尘上。青少年良好合作品质的形成与社会氛围的影响分不开，青少年本身的认知判断能力尚不成熟，再加上功利、浮躁等不良社会习气的熏染，易使其产生抵触和排斥心理，反而更认同重智轻德、重视竞争、轻视合作等理念，这不仅无益于合作精神的培养，也降低了家庭和学校合作教育的成效。

二、重构：回归教育

根据当前合作教育中凸显的问题及其背后成因，笔者试图论述重构合作教育的意义与方向。

（一）全面发展：提升个体的综合素质和能力

从人的成长发展来看，青少年阶段是奠定综合素质基础的关键时期，这个阶段培养起来的价值观和行为模式对整个人生影响深远。Johnson（1983）认为：如果学生不能够把所学的知识和技能应用于与他人的合作互动之中的话，那么这些知识和技能都是无用的。合作是青少年应当具备的良好素质之一，合作教育改良的首要意义就是提升青少年个体的合作能力和水平，并且经由这一目标的达成，实现相关综合素质的全面提升。具体而言，就是青少年通过学习合作，不仅习得合作技能和知识，掌握合作过程和方法，培养合作态度和价值观，更在这一过程中学会主动发现问题、自由地进行讨论、敢于表达自己的想法、开展自我反思等。总之，合作教育对于青少年个人成长成才的意义是综合性的、全方位的。

20 世纪 90 年代，合作学习专家王坦（1994）就提出，合作学习不仅使学生获得认知方面的发展，而且使学生在学习过程中得到乐趣，满足学生的心理需要，突出了教学的情意功能。一直以来，我们对合作教育都抱有这样的期许。但反思我国当下的合作教育现状，合作学习的形式虽已走入万千课堂，但大都作为完成教学任务的辅助和中小学公开课程的工具，并未成为一种独立的教学模式；内容上，也侧重于掌握课程知识，而缺乏对合作人格和合作认知等内在因素的关注，在独特的情意功能和非认知品质的培养上只起到了点缀的作用。改良合作教育，关注其在综合素质培养上的隐性价值和长远价值，是改变学生品质脱节、寻回课堂情意功能的重要手段，是促进学生全面发展、提升其综合素质的重要途径。今后的改良目标，不仅要关注观念和方法上的进步，更应聚焦学生综合素质的提高，关心智力品质和非智力品质的共同发展。

（二）革故鼎新：创新合作教育的理论和实践

从合作教育主体自身的发展踪迹来看，当前的合作教育存在着内忧外患："家庭—学校—社会"的外部环境支持乏力，学生内在的合作人格、认知和品质的培养不足。由教师、学生、环境条件等元素构成的合作教育系统，本应是一个学生与学生、教师与学生、教师与教师、主体与环境和谐合作的系统。而目前合作教育的实施存在认识上的内涵偏差、内容上的构建失衡、过程中的执行不当等问题，从教育对象到教育者再到教育环境，合作教育的整体系统都需要改良和升级。

改良现行的合作教育是对合作教育理论和实践的创新。从理论层面看，它能重塑合作教育价值观，丰富教学互动的相关理论，形成具有中国特色的、完整的合作教育理论体系。改良合作教育的关键是认可和推广以学生为中心的教学理念。从以教育者为核心到以受教育者为核心，不仅是合作教育模式的转变，更是合作教育价值观的转变。从学生的需求和状态出发，研究学生的合作学习状况和机制，将学生的课堂参与、学业成绩、品德表现和人际交流作为衡量和调整教学的准绳。从实践层面看，改良现行的合作教育将有利于重塑师生角色和互动过程，创新课堂组织形式和合作教育实践模式。教师在课堂上的一切行为，几乎都发生在同伴群体相互作用的情境之中（盛群力，1992）。改良合作教育需将多边互动和协同合作的理论深入到整个教育系统的运行中，让学生、家庭、教师、学校管理人员、社区、社会都密切参与到合作教育中来，创设合作教育的共同愿景，共同支持和推进合作教育的发展。

（三）面向未来：构建合作教育的共同体联盟

构建家庭、学校和社会的共同体，从教育环境上重构合作教育在青少年教育中的角色定位。随着时代的进步和发展，社会对合作的要求在不断变化，合作不再仅仅是课堂教学的目标，已逐渐成为一种生活态度和学习方式，这要求整个社会和每个家庭都加入合作精神和合作能力的倡导和培养之中。只有把整个社会纳入到合作教育的范围内，创设合作教育的共同愿景，实现合作教育的各方协同，在家庭、学校和社会三者合力之下构建合作教育共同体，才能最大限度地支持和推进合作教育的发展。

具体做法如下：①加强学校教育。尊重学生主体地位，与家庭、社会密切合作，共同关注青少年合作。学校应当建立合作教育工作责任制；教师应尊重学生在合作教育中的角色，选择最合适的教育内容，创设生动的教学情境，同时以身作则，加强与其他教师之间的交流与合作，加强家校共育，密切了解不同学生学习合作的情况。②回归家庭教育主阵地。家长从言传到身教，自幼年时期、自点滴之处注重合作人格、认知和品质的培养，给予孩子正确的引导，也塑造互相尊重、生动活泼的家庭交流氛围，同孩子一起共同成长。③注重社会教育。在全社会形成崇尚合作精神的社会风气，在社会对人才和品德的评价中，应当凸显出合作的权重，这样才能为学校合作教育提供一个更加优良的环境，使学校的合作教育事半功倍。

◆◆◆ 第三篇 ◆◆◆
/ 机　理　篇 /

第五章

青少年合作行为的形成机理

第一节 理论建构：青少年合作行为形成的内在机理

作为一种亲社会行为，合作行为是青少年社会交往中不可或缺的环节，对青少年未来的发展也起到举足轻重的作用。第三章基于调查数据探讨了青少年合作行为的现状与问题，研究结果显示青少年存在"不合作"的现象，具体表现为青少年认为合作不重要从而导致缺乏合作的情况出现，或是在合作过程中受到各种因素的影响从而导致出现合作质量不高的问题，即强合作能力、弱合作意愿或弱合作能力、强合作意愿的现象。那么，如何解决这些现实问题呢？仅仅了解青少年合作行为的现状与问题还不够，我们还需要知道青少年不合作现象背后的行为机制，打开合作行为形成的"黑箱"，揭示青少年合作行为形成过程的内在逻辑。这不仅有利于解决当前青少年"不合作"的问题，而且能够通过增强青少年合作行为过程的薄弱点来提高其合作水平。

从现有研究来看，分析影响青少年合作行为形成的影响因素的研究较多，探讨其背后作用机制的研究却很少，以多学科理论整合的角度进行的研究更为缺乏。因此，基于前两篇的理论分析，本章试图将心理学、社会学和教育学领域的研究整合起来，以青少年的状态性合作为结果变量，社会信息加工（social information processing model，SIP）、人格特质作为前因变量，特质性合作为调节变量，构建青少年合作行为形成的内在机理模型（图5-1）。

构建该模型的主要目的：①考察状态性合作的形成是否以社会信息加工

为核心因素；②探究特质性合作是否调节社会信息加工与状态性合作的关系；③检验人格特质对特质性合作的影响及其对社会信息加工与状态性合作关系的调节作用。可见，该模型不仅可以揭示社会信息加工如何影响状态性合作，以及这种影响的决定性变量有哪些，而且可以揭示特质性合作与状态性合作的关系，以及人格特质对合作行为形成的影响。

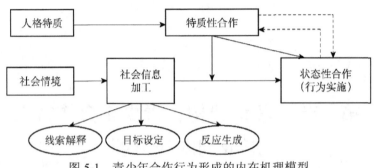

图 5-1　青少年合作行为形成的内在机理模型

为了便于理解，我们在假说形成部分又把上述模型拆分成了三个小模型：①状态性合作的发生机制模型，旨在探索社会信息加工是否为影响状态性合作形成的核心因素，即试图揭示状态性合作的生成机理；②特质性合作的调节作用模型，旨在分析特质性合作与状态性合作的关系，以及特质性合作对状态性合作的影响，即特质性合作是否对社会信息加工和状态性合作的关系具有调节效应；③人格特质影响效应模型，探索人格特质是否会影响个体的社会信息加工和合作行为水平。

第二节　实证研究一：状态性合作的发生机制

一、问题的提出

合作是一种社会性行为，它既表现出一种即时的、冲动的、外显的行为决定，也表现出比较稳定、持久、内隐的人格特性。青少年在不同情境中所作出的合作策略选择是不同的，即是否合作取决于当时的社会事件或社会情境，这时的合作就呈现一种状态性。比如 Mischel（1968）的研究发现，儿童的合作选择取决于当时的社会事件或社会情境，如果顺从可以得到奖励，拒绝会带来惩罚，那么受制于制度的约束，儿童就会选择合作。Bay-Hinitz 等（1994）也发现，儿童在合作性游戏中会表现出更多的合作行为，而在竞争游戏中会表现出更多的攻击性行为。这样的合作行为就被看作是一种状态。另外，合作也被看作是一种稳定的特质，是个体人格结构的一部分，这种特质是个体的一种属性，不轻易受环境因素的影响。Kelley 和 Stahelski（1970）认为，竞争型人格与合作型人格是稳定的个体特质。谢晓非等（2006）也认为，合作与竞争可以被看作是一项稳定的人格倾向，潜在地影响着个体的合作与竞争行为。关于"合作是一种状态还是一种特质"的讨论，从研究者的设计中可以推知：如果研究者热衷于探讨情境目标或奖惩效果，可推断其将合作更多地看作是一种状态，倾向于认为合作是和情境息息相关的，可以通过情境来加以控制和调整；如果研究者聚焦于探讨合作的内在动机或者价值取向，探讨父母价值观或教养方式对儿童合作倾向的影响时，可推断其将合作更多地看作是一种人格特质，倾向于认为合作是相对稳定的，具有跨情境的一致性和时间上的连续性。Sermat 和 Gregovich（1966）发现，当个体的合作特质发展成熟时，在遇见竞争环境时还是会表现出竞争行为，但回到合作环境时，同样会表现合作行为。这说明个体在表达合作时，既呈现了状态性也呈现了特质性，故本章认为合作是状态性合作和特质性合作的统一。

那么，状态性合作是怎样发生的？它发生的条件是什么？为了完整地揭示青少年合作的认知决策过程，探寻青少年状态性合作形成的内在心理机制，本章引入社会认知理论和社会信息加工模型（SIP 模型），试图分析青少年在面对不同合作情境时的社会信息加工过程（SIP 过程）。SIP 简单来说就是信息的输入—处理—输出（荆智，2014）。与传统的、固定的静态认知过程不同，SIP 模型将个体的认知过程分为线索编码、线索解释、目标设定、反应生成和行为实施五个阶段，是一个可变化的、动态的过程。线索编码是指个体在接收社会信息时，经由注意力与感觉而知觉到社会线索的存在，并将接收到的线索编码后，输入短时记忆中。线索解释是指个体对于编码的线索进行解释，赋予其社会信息意义，与此同时，个体会从数据信息库的记忆图式中提取可能的解释来分析线索，也有可能对社会信息产生新的理解。目标设定是指线索解释后，个体会针对情境选择目标或预期结果。目标即个体心中想要达到的结果，个体会有预先导向的目标，并且针对情境中的刺激修正或建立新的目标。在设定目标之后，个体会从长时记忆中搜寻过去曾用过的与该目标相关的反应或者建立新的反应，但这些相关的反应不一定只是与个体设定的目标相关，也可能与线索解释、个体本身的行为目标多寡及规则有关。在反应生成之后，个体就会做出符合自身认知的行为，包括口头表达和具体动作，这就是 SIP 的行为实施阶段，这也是对前期心理过程的结果展示。由于线索编码与解释都是青少年对情境信息的输入过程，是从外界接收信息并简单理解的过程，故本章将线索编码与线索解释合并起来研究，只探讨线索解释、目标设定、反应生成和行为实施四个阶段，同时用行为实施来反映和测量状态性合作水平。

根据现有研究，大多数学者分析了不同个体的 SIP 特点，却很少有人运用 SIP 模型反过来探讨合作行为的形成机制问题。比如，青少年状态性合作发生的认知决策过程是怎样的？不同青少年状态性合作发生的过程有哪些差异？是否可以通过提升个体的 SIP 水平来提高其合作水平？基于此，本章试图引入 SIP 模型中的线索解释、目标设定、反应生成和行为实施等维度，运用实证分析方法探讨状态性合作的发生机制。

综上所述，本章提出合作情境下状态性合作的发生机制模型（图 5-2），尝试分析在合作情境下 SIP 过程对状态性合作的影响，探讨线索解释、目标设定、反应生成与状态性合作行为实施的关系。

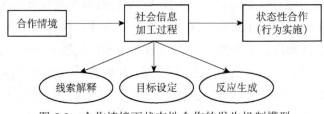

图 5-2　合作情境下状态性合作的发生机制模型

二、研究方法

1. 被试

本章通过分层抽样的方式，从成都三所高校选取在校学生作为被试，收回有效问卷为 308 份。其中男生 61 人，占比 19.80%，女生 247 人，占比 80.20%；大一 94 人，占比 30.52%，大二 80 人，占比 25.97%，大三 116 人，占比 37.66%，大四 18 人，占比 5.85%；文科 243 人，占比 78.90%，理工科 65 人，占比 21.10%。

2. 研究工具

本章的研究工具是"青少年合作行为形成机理问卷"（附录六）。其中 A 部分是假设合作情境 SIP 问卷，目的是测量青少年在面对合作情境时的 SIP 过程，该问卷的编制借鉴了学者林磊（2008）的"假设冲突情境 SIP 问卷"和谭晨（2006）的"假设合作情境 SIP 问卷"，将问卷划分为线索解释、目标设定、反应生成和行为实施四个阶段。具体解释如下：

线索解释主要测量被试对接收到的信息进行整理与理解的能力。包括：理解他人的合作目的，即目的归因（A11）；考量自己的合作倾向（A12）和帮助倾向（A13）；对合作对象的合作容忍度（A14）；是否有合作对象偏好（A15）。

目标设定主要测量被试在不同情境中确立正确目标的能力。包括：对合作目的的选择（A21）；对他人的合作意图进行推断（A22）；考量自己的简单任务合作倾向（A23）和复杂任务合作倾向（A24）；选择合作的条件包括任务（A25）和人物（A26）；希望通过合作得到怎样的回报即合作回报预期（A27）。

反应生成主要测量被试在不同情境中，生成合理反应的能力。包括：不同合作情境下的自我情绪预期（A31、A37）与他人情绪预期（A32、A38），对合作的短期结果预期（A33、A39）与长期关系预期（A34、A310），对自己完成合作任务的判断与信念即自我执行效能感（A35、A311），是否在意他人评价（A36、A312）。

行为实施主要测量被试的状态性合作行为的实施情况。该问卷设置了 A41、A42、A43 三个题目来询问被试是否实施合作行为。

在答案计分上，根据林磊和谭晨的标准划分为积极回答记 4 分或 3 分，一般回答记 2 分，消极回答记 1 分，最后根据公式（计分=a×5/a）将其统一为利克特五级评分法。SIP 合成分数采用累加法计算，即将每个被试在假设合作情境中线索解释、目标设定和反应生成的得分进行累加，得到 SIP 的合成分数。SIP 合成分数代表青少年社会信息加工水平的相对高低，分数越高，其社会信息加工水平在群体中所处的位置就越高。该问卷的 α 系数为 0.71。

3. 研究程序

由经过培训的相关专业的硕士研究生主持，采用统一的指导语，通过团体施测和编号填答的方式进行。施测时以年级为单位，统一发放线上问卷并当场回收。

4. 数据录入与整理

全部问卷回收后进行初步核查，排除不认真作答的被试，然后将问卷数据导出并使用 Excel 软件进行管理。原始数据整理、核对、转换完成后，运用 SPSS 22.0 进行统计分析。

三、数据分析与结果

1. 青少年的社会信息加工特点及个体差异

根据行为实施的取值水平将样本划分为合作/不合作两个组。首先取行为实施三个测量题项（A41、A42、A43）的均值来反映状态性合作水平，求得总体样本的得分为 2.90 分，然后将个体中高于 2.90 分的划为合作组，低于 2.90 分的划为不合作组。由表 5-1 可知，合作组青少年得分的均值为 3.21 分，不合作组的均值为 2.39 分，且合作组青少年与不合作组青少年的状态性合作水平有显著差异。在性别上，合作组青少年的状态性合作水平存在显著的性别差异，男生的状态性合作水平高于女生；不合作组青少年也存在显著差异，但相反的是，女生的状态性合作水平高于男生。在年级上，合作组与不合作组的青少年都没有显著差异，说明年级不是影响青少年状态性合作行为的主要因素；但从均值上看，合作组与不合作组的青少年状态性合作水平都有随年龄增大而升高的趋势。在专业上，合作组的青少年状态性合作水平没有显著差异；但不合作组的青少年状态性合作水平有明显差异，文科生的状态性合作水平高于理工科学生，可见即使同为不合作组，不同专业的青少年也表现出不同的合作特点。

表 5-1　合作/不合作青少年在性别、年级与专业上的均值与方差检验

组别	总体		性别			年级					专业		
	M	F	男	女	F	大一	大二	大三	大四	F	文科	理工科	F
合作组	3.21	602.52**	3.27	3.20	2.60*	3.18	3.23	3.22	3.27	0.64	3.22	3.19	0.25
不合作组	2.38		2.29	2.41	1.88*	2.31	2.41	2.41	2.38	0.65	2.42	2.26	5.86*

注：*表示 $p < 0.05$，**表示 $p < 0.01$，下同。

将不同性别、专业、年级青少年的 SIP 各变量进行卡方检验，为了更好地加以区分，将"李月答应合作时"的各变量后标注 1，将"李月拒绝合作时"

的各变量后标注 2,结果如表 5-2 所示。在性别上,线索解释阶段的目的归因、合作容忍度、合作对象偏好,目标设定阶段的任务的合作条件性、合作回报预期,反应生成阶段的自我情绪预期 1、自我执行效能感 1、他人评价 1 和自我情绪预期 2、他人情绪预期 2、短期结果预期 2、长期结果预期 2、他人评价 2 呈现显著差异。可见,性别的差异主要体现在反应生成阶段,反应生成主要是指对不确定性结果的一种态度,男生、女生对未来态度的不同,导致这种差异较大。在专业上,线索解释阶段的目的归因、帮助倾向,目标设定阶段的自我意图推断、简单任务合作倾向、任务的合作条件性,反应生成阶段的自我情绪预期 1、他人情绪预期 1、自我执行效能感 1、他人评价 1 和自我情绪预期 2、他人情绪预期 2、短期结果预期 2、长期结果预期 2、自我执行效能感 2 呈现显著差异,说明不同专业的青少年在社会信息加工各阶段都有不同的表现。在年级上,目标设定阶段的复杂任务合作倾向、合作回报预期,反应生成阶段的自我情绪预期 1、他人情绪预期 1、短期结果预期 1、他人评价 1 和自我情绪预期 2、他人情绪预期 2、短期结果预期 2 呈现显著差异。可见,不同年级的青少年在反应生成阶段表现出显著性差异,不同年龄的青少年对待合作的心态是不同的。

表 5-2 不同性别、专业和年级青少年的 SIP 变量的卡方检验

项目	性别	专业	年级		项目	性别	专业	年级
目的归因	12.74**	10.78*	15.33		自我情绪预期 1	7.79*	15.23*	1.70*
目标选择	4.91	3.99	7.83		他人情绪预期 1	6.05	8.22*	1.70*
自我意图推断	4.90	11.61*	14.87	答应合作	短期结果预期 1	4.01	1.59	6.62*
他人意图推断	2.52	4.40	16.99		长期结果预期 1	7.15	3.41	7.45
合作倾向	4.29	5.53	6.66		自我执行效能感 1	10.71*	15.93**	3.75
帮助倾向	4.79	14.28*	18.53		他人评价 1	14.29**	18.51*	3.96*
简单任务合作倾向	8.54	11.30*	16.66		自我情绪预期 2	10.78*	23.11**	2.51*
复杂任务合作倾向	3.96	4.60	44.65**		他人情绪预期 2	12.68*	18.25**	9.36*
合作条件性-任务	17.81**	33.58*	10.40	拒绝合作	短期结果预期 2	15.16*	10.74*	3.93*
合作条件性-人物	4.91	3.20	19.94		长期结果预期 2	8.43*	12.33*	6.44
合作容忍度	12.16*	8.64	9.73		自我执行效能感 2	3.56	12.75*	2.92
合作回报预期	12.40*	7.08	24.85*		他人评价 2	15.27**	3.88	0.09
合作对象偏好	21.25**	27.41	15.98					

2. 社会信息加工对青少年状态性合作的影响

对社会信息加工各阶段变量和状态性合作（行为实施）进行相关分析。表 5-3 显示，线索解释、目标设定、反应生成与行为实施两两之间呈显著正相关，说明 SIP 过程与状态性合作的实施有一定的联系；不难看出，SIP 过程中线索解释与目标设定、线索解释与反应生成、目标设定与反应生成两两相关，说明社会信息加工各阶段是相互关联的，而不是独立的。

表 5-3   SIP 各阶段相关性分析

项目	线索解释	目标设定	反应生成	行为实施
线索解释	1			
目标设定	0.31*	1		
反应生成	0.25*	0.27*	1	
行为实施	0.13*	0.06*	0.08*	1

以社会信息加工各阶段为预测变量，行为实施为因变量作回归分析。在回归分析时，控制了性别、年级与专业等控制变量的影响，结果如表 5-4 显示。线索解释、目标设定和反应生成能显著正向预测状态性合作的发生，三者一起可以解释因变量变异的 27%。

表 5-4   SIP 各阶段对行为实施的回归分析

项目		B	SE	β	t
第一步	性别	−0.08	0.08	−0.07	−1.04
	年级	−0.04	0.03	−0.08	−1.32
	专业	−0.15	0.08	−0.13	−2.01*
第二步	线索解释	0.05	0.01	0.28	5.35***
	目标设定	0.04	0.01	0.31	5.77***
	反应生成	0.02	0.01	0.10	1.90*
$R=0.53$	$R^2=0.28$;	调整后的 $R^2=0.27$;		$F=19.49***$	

3. 合作/不合作青少年的社会信息加工差异分析

（1）合作/不合作青少年社会信息加工阶段的差异分析

笔者分别对合作/不合作组青少年的社会信息加工各变量进行分析，求均值、标准差并进行卡方检验，结果如表 5-5 所示。首先，来看合作组青少年的情况，在线索解释阶段，样本的合作对象偏好得分偏高，而帮助倾向得分偏低，说明青少年在合作时会更愿意选择能够帮助自己的合作伙伴，而不愿意选择与需要自己帮助的对象合作。在目标设定阶段，样本的目标选择、自我意图推断与任务的合作条件性较高，而简单任务合作倾向与合作回报预期分数相对较低，说明青少年在面对是否合作时会更多考虑任务的难易程度，并且认为合作的回报不是很高。在反应生成阶段，可以明显看到李月拒绝合作时的各变量均值比李月答应合作时的略低，说明合作组青少年在遇到合作情境时，其情绪预期、结果预期、自我执行效能感与他人评价等变量也会呈现较高水平；合作组青少年在遭到拒绝时，其情绪预期、结果预期、自我执行效能感与他人评价等变量也会呈现较低水平。

表 5-5 合作/不合作组青少年 SIP 各变量的均值、标准差与卡方检验

项目	合作组		不合作组		χ^2	项目		合作组		不合作组		χ^2
	M	SD	M	SD				M	SD	M	SD	
目的归因	3.77	1.44	2.75	1.48	35.83**	答应合作	自我情绪预期1	4.38	0.69	3.89	1.00	28.39
目标选择	4.01	1.01	3.17	1.12	41.31**		他人情绪预期1	3.95	0.76	3.54	0.78	21.99**
自我意图推断	4.21	0.80	3.80	0.95	15.97**		短期结果预期1	3.97	0.61	3.84	0.64	4.05
他人意图推断	3.88	0.79	3.41	0.92	21.93**		长期结果预期1	3.81	1.04	3.57	0.87	17.18**
合作倾向	3.14	1.02	2.63	0.92	20.20**		自我执行效能感1	3.58	0.62	3.35	0.70	10.01**
帮助倾向	2.81	0.90	2.53	0.91	6.86		他人评价1	4.24	0.94	3.60	0.94	32.10**
简单任务合作倾向	2.81	1.22	2.54	1.22	5.64	拒绝合作	自我情绪预期2	3.71	0.81	3.57	0.86	3.21
复杂任务合作倾向	3.71	1.07	3.35	1.18	9.15*		他人情绪预期2	2.95	0.52	3.03	0.56	8.83*
合作条件性－任务	4.37	0.86	4.23	0.94	3.05		短期结果预期2	2.62	0.52	2.66	0.71	8.63**
合作条件性－人物	3.55	1.05	3.46	0.91	6.18		长期结果预期2	3.59	1.14	3.81	1.20	5.27
合作容忍度	3.58	1.00	3.47	0.99	1.96		自我执行效能感2	3.37	0.75	3.19	0.75	5.85
合作回报预期	2.24	1.03	2.44	1.06	2.97		他人评价2	3.09	1.12	3.45	0.86	18.92**
合作对象偏好	4.57	0.95	4.34	1.22	7.25							

接下来，看不合作组青少年的情况，在线索解释阶段，合作对象偏好得分较高，而目的归因、合作倾向与帮助倾向的得分偏低，说明不合作青少年在决定是否合作时更偏重合作对象的选择。在目标设定阶段，样本的简单任务合作倾向与合作回报预期的得分较低，说明不合作组青少年对合作回报的期望也不高，并且不太愿意把简单的任务以合作的形式完成。在反应生成阶段，不合作组的青少年在遇到合作情境时各项变量的均值相对较高。但当李月拒绝合作时，各变量的均值没有明显变化，说明当不合作组青少年遇到不合作情境时的反应，包括情绪预期、结果预期、自我执行效能感与他人评价等变量与合作情境相比，没有明显变化。

最后，看合作/不合作组青少年的差异，线索解释阶段的目的归因、合作倾向，目标设定阶段的目标选择、自我意图推断、他人意图推断、复杂任务合作倾向，反应生成阶段的他人情绪预期1、长期结果预期1、自我执行效能感1、他人评价1和他人情绪预期2、短期结果预期2、与他人评价2呈现显著差异，而线索解释阶段的帮助倾向、合作容忍度、合作对象偏好，目标设定阶段的简单任务合作倾向、合作条件性、合作回报预期，反应生成阶段的自我情绪预期1、短期结果预期1和自我情绪预期2、长期结果预期2、自我执行效能感2没有显著差异。这说明合作/不合作青少年在社会信息加工各阶段存在一定的差异，但是在帮助倾向、容忍度选择与合作对象偏好这类体现青少年价值观的选项上差异不是很明显，这可能与传统的合作教育有关，传统的合作教育提倡以"共赢""互助"为目标。

（2）合作/不合作青少年 SIP 合成分数的生成及比较

根据马艳（2004）等作的有关攻击性儿童和亲社会儿童在假设挑衅情境以及假设分享情境中社会信息加工差异的研究，已经验证有关 SIP 合成分数的有效性及其在不同类型样本中的信效度。SIP 合成分数是为了简化后续分析，主要步骤就是将青少年在 SIP 各变量上所得分数进行累加，从而对青少年的整体 SIP 特点进行分析，具体生成步骤如下：

SIP 合成分数=A11+A21+A22+A12+A13+A23+A24+A25+A26+A14+A27+A15+A31+A32+A33+A34+A35+A36+A37+A38+A39+A310+A311+A312。

从表 5-6 可知，合作/不合作组的青少年在 SIP 合成分数上存在显著差异，因此可以认为本章使用的 SIP 合成分数是有效的。从总体上看，合作组分数明显高于不合作组。比较而言，在性别上，女生的 SIP 合成分数略高于男生；

在专业上，文科的 SIP 合成分数略高于理工科学生；在年级上，各年级的 SIP 合成分数差异并不明显。

表 5-6　合作/不合作青少年的 SIP 合成分数的卡方检验

项目	性别		专业		年级				χ^2
	男	女	文科	理工科	大一	大二	大三	大四	
合作组	87.98	88.75	88.88	87.45	89.58	87.63	88.78	86.07	248.22*
不合作组	81.44	82.66	82.79	81.24	82.56	80.83	83.04	82.99	

四、讨论

1. 青少年的社会信息加工的特点与差异

在线索解释阶段，从性别来看，目的归因、合作容忍度、合作对象偏好这三个变量存在性别上的明显差异，这可能由于男生、女生对待合作的态度不同，目的归因自然也就不同；女生更加包容，合作容忍度水平就越高；女生更喜欢选择比自己更出色的合作对象，故在合作对象偏好上也和男生有一定的差异。从专业来看，帮助倾向、目的归因在专业上存在显著差异，可见，不同专业的青少年在归因上存在不同的风格；另外，不同专业学生的帮助训练不一样，故帮助倾向也存在差异。从年级来看，线索解释各变量在年级上不存在显著差异。在目标设定阶段上，任务的合作条件性、合作回报预期在性别上存在显著差异；自我意图推断、简单任务合作倾向、任务的合作条件性在专业上存在显著差异；复杂任务合作倾向、合作回报预期在年级上存在显著差异，由此可知，不同性别、不同年级的青少年对合作回报的预期不同，不同专业的青少年对简单任务的合作倾向不同，不同年级的青少年对复杂任务的合作倾向不同，不同性别的青少年对任务的合作条件性的选择不同。

在反应生成阶段：①情绪预期和结果预期在性别上呈现显著差异，这可能由于女生相较于男生情感更加细腻、丰富，对情绪的预期自然也更加强烈，而女生更倾向于理想化的结果，男生更倾向于现实一点的结果，故结果预期也存在性别差异；②情绪预期在专业上呈现显著差异，可见，不同专业的教学目标与教学环境不同，导致不同专业的学生情绪稳定性不同，对自我或他人的情绪预期也就不同；③自我情绪预期与结果预期在年级上存在显著差异，这可能由于年级越高对情绪的管理能力越强，对未来情绪的预测也会不同。总之，不同的青少年在 SIP 过程中表现出明显的个体化差异。

2. 社会信息加工对青少年状态性合作的影响

本章通过问卷考察状态性合作的发生条件，发现线索解释、目标设定和反应生成能够显著地影响状态性合作的发生。表 5-5 显示，状态性合作的行为实施与 SIP 过程的线索解释、目标设定和反应生成阶段都具有显著正相关性，说明 SIP 过程与状态性合作的发生有直接联系，并且各阶段间也有一定的正相关。其中，线索解释与目标设定、线索解释与反应生成、目标设定与反应生成都呈现显著性正相关，说明 SIP 过程各阶段的变量具有高度关联，青少年的 SIP 过程是一个连续的、关联的过程。①在线索解释阶段，当个体面对某一合作情境时，个体只有准确地理解他人的合作目的，提升对合作的容忍度和合理选择合作对象，才能高水平地进行状态性合作。②在目标设定阶段，要求个体根据具体情境合理选择合作目标，准确推测他人和自我意图，提升自我简单和复杂合作倾向，使得状态性合作能够顺利进行。③在反应生成阶段，状态性合作的发生要求青少年在选择是否合作时，能够清晰地认识自我情绪预期和他人情绪预期，对合作的短期结果与长期关系有积极的评估，对自己完成合作任务有较高的判断与信念，不要过多在意他人评价。综上所述，社会信息加工显著地正向影响状态性合作的发生，并且对状态性合作的发生起决定性作用，故 SIP 过程是状态性合作发生的核心因素。

3. 合作/不合作青少年的社会信息加工差异分析

在线索解释阶段，不合作组的得分明显低于合作组，即合作个体在线索解释阶段更能觉察他人的需要，较少发生敌意归因且社会适应性更强。线索解释阶段的数据表明，在面对假设合作情境时，合作个体比不合作个体的线索解释更客观，更体现善意归因倾向。在目标设定阶段，题项上包括目标选择（如"李月此时最想要的是什么"）和意图推断（如"对李月来说是件容易的事吗"）。选项上则分为三种，①纯粹工具性取向，即不管如何，达到自己的目的就好；②纯粹关系性取向，即只要能够维持关系，妥协也行；③兼顾工具性目标和关系性目标，即了解对方行为背后的想法，让对方心服口服地接受自己的建议。不同个体在此阶段的反应出现了显著差异，结果显示，与合作组比，不合作组更容易选择工具性和关系性兼具的目标，且不合作组的得分均低于合作组，这在一定程度上说明不合作组个体倾向选择纯粹的工具性取向，以满足自己的需要为首选。本章认为，目标是行为的中介，那些经常提出与情境或社会要求不符的目标的青少年在合作情境中将面临更多的困难。另外，在假设合作情境中，不合作组的青少年更可能选择逃避的目标，而较少选择增进关系的目标。反应生成阶段的测验分为实施"合作"与"不合作"两种，让被试对每种策略进行自我情绪预期、他人情绪预期、短期结果预期、自我效能感、他人评价和长期关系预期等方面的评价。研究发现，在反应生成阶段的自我效能感的评判上，不合作组表现出低社会适应性，即对武力或独断的策略表示出足够的自信；而对于协商策略，则表现出较低的自我效能感。由表5-6可以看出，不同青少年的SIP合成分数呈现显著差异。合作通常指个体之间发生的互动过程，在这样的对称性互动中，合作双方没有明显的对错之分，故普遍认为这种差异主要是由合作/不合作青少年社会适应能力不同造成的。

五、结论

在对调查数据进行处理与分析的基础上，笔者得出以下结论：①合作行为是状态性合作和特质性合作的统一。为了弄清楚合作行为的形成过程到底是怎样的，本章首先将其划分为状态性合作和特质性合作，并提出合作行为是两者统一的观点。其中，特质性合作是个体由于各种因素影响而形成的不易改变的人格特质，而状态性合作则是个体面对不同情境所作出的行为策略。②社会信息加工是状态性合作发生的核心因素。本章引入社会认知理论和SIP模型，认为SIP过程（包括线索解释、目标设定、反应生成三个阶段）是状态性合作（即行为实施）形成的认知条件和心理机制。研究发现，合作/不合作青少年在社会信息加工各阶段与状态性合作的行为实施上存在显著差异，且社会信息加工水平直接影响状态性合作行为的发生。③合作/不合作青少年的社会信息加工特点存在差异。合作青少年的线索解释、目标设定与反应生成水平显著高于不合作青少年，因此，对青少年的SIP过程进行针对性训练，有助于提高其状态性合作水平。

第三节 实证研究二：
合作行为形成——由状态到特质

一、问题的提出

上文提到，合作是状态性合作与特质性合作的统一。然而，第二节仅讨论了社会信息加工这个变量对状态性合作的影响，并没有探讨特质性合作在其中发挥的作用，故本节主要探讨特质性合作对青少年合作行为形成的影响及其内在机制。所谓特质性合作，实质上是个体身上经常出现的、渐趋稳定的一种人格特质，是合作的静态结构成分。它反映了个体的合作倾向性，包括个体在合作过程中表现出的包容性、互惠性和合群意愿（谢晓非等，2006）。其中，包容性是指社会主体对社会客体包容的特性，这里是指个体对合作对象、合作事件的包容程度；互惠性在这里是指个体在合作过程中相互沟通、相互协商的程度；合群意愿是指一种愿意与他人乃至群体在一起的倾向。Sermat 和 Gregovich（1966）发现，合作者在竞争情境下会表现出竞争行为，但一旦遇到合作情境，他们又很容易表现出合作行为，这种"回弹"现象可能与个体的人格特质有关。Kelley 和 Stahelski（1970）认为，存在合作者和竞争者两种稳定的个体类型，且个体从合作到竞争维度上存在稳定的个体差异。在心理学领域，合作主流的研究范式是通过两难情境实验来实现的，但著名心理学家 Argyle（1991）认为，通过实验来定义合作过于狭窄，他扩展了前人对合作的定义，将其解释为：在工作、闲暇或社会关系中，为追求共同目标，享受共同活动所带来的快乐，或只是为了加深彼此关系，以一种协调的方式一起行动。这种类型的定义将合作的定义扩展到了人格、价值观和动机等层面。本节引入谢晓非等（2006）对合作人格的定义及量表，用以测量青少年的特质性合作水平。

根据社会信息加工理论的推导，个体的合作倾向是会受到认知过程影响的，然而上文分析表明，个体的合作倾向也同样受到自身的价值观、思想观念和人格的影响。特质性合作作为个体一种稳定的人格特质，是否会影响个体状态性合作的实施，是否会影响社会信息加工与状态性合作之间的关系呢？同时，从长期来看，特质性合作是每一次状态性合作体验日积月累的结果。在无数次的情境选择中，青少年对某一合作行为选择产生依赖，状态性合作逐渐形成稳定状态，并演变成特质性合作，可以推断特质性合作与状态性合作之间存在着密切的联系。

综上，笔者提出图 5-3 所示的概念模型，尝试分析青少年特质性合作对状态性合作的影响效应，并探讨特质性合作对社会信息加工和状态性合作关系的影响作用机制。

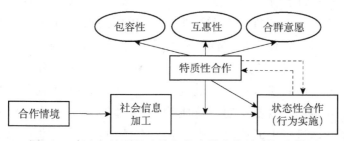

图 5-3　青少年特质性合作与状态性合作关系概念模型

二、研究方法

1. 被试

详见第五章第二节被试部分。

2. 研究工具

研究工具同样是"青少年合作行为形成机理问卷"（附录六），A 部分的介绍详见第五章第二节研究工具部分。

参考谢晓非等（2006）编制的"合作与竞争人格倾向"问卷中的合作分量表，笔者自编了参考合作人格倾向问卷，即"青少年合作行为形成机理问卷"的 B 部分，共 13 个问题，包含 3 个维度，即包容性（B11—B15）、互惠性（B21—B24）和合群意愿（B31—B34），以测试青少年合作人格倾向。采取 5 点计分，由"很不符合"到"非常符合"，分别计 1—5 分，得分越高，表示被试合作人格倾向水平越高。该问卷的 α 系数为 0.73。

3. 研究程序

详见第五章第二节研究程序部分。

4. 数据录入与整理

详见第五章第二节数据录入与整理部分。

三、数据分析与结果

1. 青少年特质性合作的发展特点

调查发现，青少年特质性合作的均值为 3.46 分，高于中间水平（3 分），说明青少年特质性合作水平处于较高水平。从分维度来看，青少年的包容性均值为 2.99 分，而互惠性与合群意愿的均值都大于中间水平（3 分），可以看出，青少年特质性合作中包容性特质水平略低于互惠性与合群意愿这两个维度（表 5-7）。近年来受独生子女的人际环境的影响，青少年在成长过程中缺乏包容性训练，故青少年在合作过程中的包容性需要大力提升。另外，笔者以包容性、互惠性、合群意愿、特质性合作为因变量，分别以性别、专业、年级为自变量，进行卡方检验（表 5-7）。在性别差异上，总的来说，特质性合作存在边缘性差异（$p < 0.1$），而在互惠性、合群意愿两个维度的得分上存在显著差异（$p < 0.05$），女生得分均高于男生，可见女生组的特质性合作平均水平高于男生组。在专业差异上，文、理工科的青少年不仅在特质性合作上呈现出显著差异（$p < 0.05$），在包容性、互惠性和合群意愿三个维度上也均呈现显著差异，且文科生的得分均高于理工科学生。可见不同专业的青少年差异是非常明显的，这可能是由长期的培养方式不同造成的。在年级差异上，总的来说，特质性合作同样呈现出显著差异（$p < 0.05$），即不同年级的青少年特质性合作水平差异明显。具体而言，青少年在包容性上的得分不仅年级差异明显（$p < 0.05$），且呈现随年级上升而上升的趋势；而在互惠性和合群意愿两个维度上存在边缘性差异（$p < 0.1$），说明包容性维度会随着年级的升高而变化，即年级越高，包容性就越强。

表 5-7　不同性别、专业、年级青少年特质性合作及其因子的均值、标准差与卡方检验

项目		包容性	互惠性	合群意愿	特质性合作
总体	M	2.99	3.66	3.85	3.46
	SD	0.65	0.70	0.65	0.56
性别	男	2.98	3.46	3.55	3.31
	女	3.00	3.71	3.93	3.50
	χ^2	20.36	27.94*	45.07*	53.74

续表

项目		包容性	互惠性	合群意愿	特质性合作
专业	文科	3.02	3.74	3.94	3.52
	理工科	2.92	3.53	3.34	3.24
	χ^2	32.22*	40.12*	45.25*	53.29*
年级	大一	2.90	3.67	3.91	3.46
	大二	2.92	3.53	3.72	3.34
	大三	3.07	3.81	3.96	3.59
	大四	3.11	3.21	3.43	3.22
	χ^2	85.21*	60.72	49.64	147.64*

2. 特质性合作与状态性合作的相关分析

特质性合作与状态性合作的相关分析结果显示：状态性合作与特质性合作及其3个维度均呈现显著性相关（表5-8）。总的来说，特质性合作与状态性合作的相关系数为0.70，表现出强相关，验证了上文推导的状态性合作实施的累积会使个体逐渐形成特质性合作，同时特质性合作作为青少年的一种合作人格，也潜移默化地影响着状态性合作的实施。接着，状态性合作与特质性合作的各因子的相关分析如下：状态性合作与包容性的相关系数为0.78，为显著正相关，说明包容性越高，状态性合作的水平越高；状态性合作与互惠性的相关系数为0.54，为显著正相关，说明个体间的顺利沟通与协商有助于状态性合作的实施；状态性合作与合群意愿的相关系数为0.42，为显著正相关，由于合群意愿在一定程度上反映了青少年的合作心理，因此合群意愿越高的青少年，往往合作行为水平越高。

表5-8　特质性合作与状态性合作的相关分析结果

项目	包容性	互惠性	合群意愿	特质性合作
状态性合作	0.78*	0.54*	0.42*	0.70*

3. 特质性合作的调节效应分析

由上文可知，社会信息加工会影响状态性合作的发生；反过来，特质性合作也会影响状态性合作的发生。那么，特质性合作是否通过调节社会信息加工与状态性合作的关系间接影响状态性合作的发生呢？为了检验这一效应，按照温忠麟等（2005）的方法，利用分层回归分析，遵循以下步骤，对特质性合作的调节作用进行检验：①除性别、年级、专业外，将所有变量进行标准化处理；②以状态性合作为因变量，分别以 SIP 合成分数和特质性合作为预测变量进行回归分析；③以状态性合作为因变量，SIP 合成分数×特质性合作为预测变量进行回归分析。如果回归效应显著，说明预测变量具有调节效应；同时，当 $R_2^2 > R_1^2$ 时，说明预测变量的调节效应显著。从表 5-9 可以看出，特质性合作显著正向调节社会信息加工与状态性合作的关系（$p < 0.05$），且 $R_2^2 > R_1^2$，说明调节效应明显。从分维度上来说，首先，线索解释显著正向调节社会信息加工与状态性合作的关系（$p < 0.001$），且 $R_2^2 > R_1^2$，说明调节效应显著。这说明特质性合作水平高的青少年在线索解释阶段具有一定的优势，能准确理解他人合作目的，从而达成状态性合作。其次，目标设定显著正向调节社会信息加工与状态性合作的关系（$p < 0.05$），且 $R_2^2 > R_1^2$，说明调节效应显著。最后，反应生成显著正向调节社会信息加工与状态性合作的关系（$p < 0.001$），且 $R_2^2 > R_1^2$，说明调节效应显著。可见，特质性合作水平高的个体更容易建立高水平的反应，促进状态性合作的发生。

表 5-9　特质性合作对社会信息加工与状态性合作关系的调节效应

项目	步骤	预测变量	β	R^2	F
社会信息加工	1	SIP 合成分	0.07	0.00（R_1^2）	0.76
		特质性合作	0.01		
	2	SIP 合成分数×特质性合作	0.10	0.02（R_2^2）	2.90*
线索解释阶段	1	线索解释	0.12	0.01（R_1^2）	2.58*
		特质性合作	0.01		
	2	线索解释×特质性合作	0.10	0.06（R_2^2）	7.91**
目标设定阶段	1	目标设定	0.08	0.00（R_1^2）	1.69*
		特质性合作	0.08		
	2	目标设定×特质性合作	0.06	0.01（R_2^2）	1.40*
反应生成阶段	1	反应生成	0.08	0.00（R_1^2）	0.78*
		特质性合作	0.02		
	2	反应生成×特质性合作	0.11	0.01（R_2^2）	0.15**

四、讨论

1. 青少年特质性合作的发展特点

调查发现，青少年特质性合作均值为 3.46 分，高于中间值 3 分，说明青少年特质性合作总体上处于较高水平。这可能因为：一方面，青少年从小受中国传统文化教育的影响，如"众人拾柴火焰高""团结就是力量"等观念的影响；另一方面，当前我国对青少年的合作教育也很重视，并通过各种方法不断强化他们的合作意识，使得他们在生活、学习中懂得与人合作。但是，青少年特质性合作水平仍有较大的提升空间。包容性因子的均值低于特质性合作的均值，说明青少年在生活、学习中对合作事件的包容性不够，容易因为各种问题导致合作不能顺利完成。而互惠性和合群意愿两个因子的均值都高于特质性合作的均分，说明青少年的合作主要是由于互利互惠与想要合群两个因素引起的。

同时，青少年特质性合作呈现出显著的个体差异性。从性别上看，青少年特质性合作的互惠性与合群意愿呈现显著差异，女生的互惠性与合群意愿水平均高于男生，说明女生更偏向于合作人格，男生更偏向于竞争人格。这可能是由长期以来男女分工的差异导致的。比如，远古时期，女性长期从事采集工作，需要集体行动；而男性从事狩猎活动，更需要激发其攻击性行为。从年级来看，青少年特质性合作在年级趋势上的变化有明显差异，特别是包容性维度的变化，年级越高，包容性越强。从专业上看，青少年在特质性合作水平及其各维度上均表现出显著差异，且文科生的特质性合作水平均高于理工科学生，这种差异可能是由不同专业青少年的思维习惯、培养方式和学科属性不同引起的。比如，文科生更注重人际交往能力的培养，善于与人沟通；而理工科学生更擅长研发工作、理性考虑问题；等等。

2. 特质性合作与状态性合作的关系

作为一种亲社会行为，合作存在特质和状态两种形式。在特质层次上，合作被看作是一种稳定的合作特质、持久的个性倾向，其出现与维持不受环境因素的影响；在状态层次上，合作被看作是即时的行为实施，是一个短暂的过程。研究发现，个体的特质性合作与状态性合作呈现强相关关系，其中包容性、互惠性、合群意愿与状态性合作都呈现显著的正相关关系。可见，特质性合作水平高的个体在各种情境中更容易、更频繁、更强烈地表现出合作意愿和实施合作行为。而更频繁表现出合作意愿、实施合作行为的个体更容易形成稳定的特质性合作，即合作行为的持续实施使原有的特质性合作得到进一步的深化、巩固，导致合作水平的飞跃，使更高层次的合作得以最终实现。这一发现与魏辉彦（2014）的研究结果一致，他认为特质性合作可以看作是一种人格，状态性合作可以看成是一种体验过程。一方面，青少年的特质性合作在具体的情境中会以状态性合作的形式表现出来；另一方面，状态性合作的日积月累会使青少年形成稳定的合作人格，即特质性合作。

3. 特质性合作的调节作用分析

在分析了特质性合作与状态性合作的关系之后，探讨特质性合作在状态性合作形成机制中的影响效应显得尤为重要。研究发现，特质性合作与社会信息加工对状态性合作都有正向影响。特质合作水平越高，状态性合作水平就越高；社会信息加工水平越高，状态性合作水平也越高。为了进一步探讨特质性合作的影响机制，本节分析了特质性合作对社会信息加工及其各阶段与状态性合作的关系的调节效应。结果显示，特质性合作对社会信息加工与状态性合作的关系具有显著的正向调节效应。具体而言，在线索解释阶段，特质性合作水平高的个体更能够理解他人的合作目的，合作容忍度更强，从而增加了状态性合作发生的可能性；在目标设定阶段，特质性水平高的青少年能够理解他人的合作倾向，推断他人的合作意图，使状态性合作更加顺利；在反应生成阶段，特质性合作水平高的个体有着较强的情绪管理能力，自我执行效能感强，因此能更好地推进状态性合作的实施。综上所述，特质性合作能够正向调节社会信息加工与状态性合作的关系。

五、结论

在对调查数据进行处理与分析的基础上，笔者得出以下结论：①青少年特质性合作处于较高水平，且不同性别、专业和年级青少年的特质性合作水平存在差异。通过分析不同青少年特质性合作的均值、标准差和卡方检验，结果显示不同性别、专业和年级的青少年在特质性合作上存在显著差异。②特质性合作正向调节社会信息加工与状态合作的关系。特质性合作对状态性合作是否有影响？其作用机制又是怎样的？研究发现，特质性合作与状态性合作呈现显著的强相关关系，特质性合作不仅正向影响状态性合作，而且对社会信息加工与状态性合作的关系具有正向调节效应。③状态性合作的日益积累会形成稳定的特质性合作。特质性合作是个体的一种人格结构，状态性合作是个体行为实施的过程。如果说个体特质性合作的变化是质的变化，那么状态性合作的变化便是量的变化。所谓量变产生质变，当个体频繁地实施状态性合作，随着合作次数的累积，个体的特质性合作就会自然而然地产生。

第四节　实证研究三：
人格特质对合作行为形成的影响

一、问题的提出

本章第三节提到特质性合作实质上是个体身上经常出现的、渐趋稳定的一种人格特质，是合作的静态结构成分。王丽（2003）发现，人格特质中的同伴关系、社会期望、人际信任和自尊能有效预测青少年的亲社会行为。而合作行为属于亲社会行为的范畴，因此可以推测，这些因素也将对合作行为产生一定影响。王娜（2004）也提到，人格特质中的某些因素可以直接影响合作行为，可以通过不同的情境和各异的认知风格间接影响合作行为。严进（2007）的研究进一步证明了此观点，他指出人际信任是群体合作的基础，人际信任是典型的人格特质，是指个体在人际互动中建立起来的对互动对象言语或书面承诺的一种概括化期望。自尊、自信和自强是个体自我价值感的体现，自我价值感是指个体认为自己的才能和人格在社会中备受重视，在团体中备受好评的情感体验。王丽（2003）也发现自尊作为一种核心变量，可以通过给同伴关系、社会期望、人际信任等施加积极影响，从而激发出更多的亲社会行为。林彬（2002）提出观点采择能力与合作目标认识有密切联系。所谓观点采择能力是指青少年对观点的理解与提取的能力，并且能够在此基础上与他人进行交流，在头脑中将自己的观点与他人的观点、自我的特征与他人的特征进行比较，进而对事件进行准确推断的能力。在合作过程中，青少年需要理解他人观点，并对他人观点的正确性进行判断。因此，个体的观点采择能力不同，其特质性水平也不同。此外，成就动机的不同，也会影响青少年对合作的投入，如追求个人成就感的动机强烈程度不同，对个人任务的关注程度也就不同，从而影响合作投入的多少（金丹，2007）。

综上所述，本章选取自我价值感、观点采择能力、人际信任水平、成就动机四个维度对人格特质进行考察。以往国内对观点采择方面的研究比较偏爱学龄前儿童，对青少年的研究相对匮乏。本章试图综合考虑这些因素对青少年合作行为的影响。所要回答的问题包括：当下青少年的自我价值感、观点采择能力、人际信任水平、成就动机等人格特质水平如何？不同性别、专业、年级的青少年在这些人格特质上是否存在差异？这些人格特质对青少年的特质性合作水平是否产生影响？这些人格特质如何影响个体的社会信息加工和状态性合作？

综上，笔者提出人格特质影响力模型（图 5-4），并尝试分析青少年的人格特质是否对特质性合作与状态性合作有直接影响，青少年人格特质是否通过对社会信息加工与状态性合作关系的影响来间接影响状态性合作的发生。

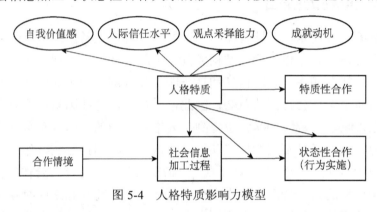

图 5-4　人格特质影响力模型

二、研究方法

1. 被试

详见第五章第二节被试部分。

2. 研究工具

本章的研究工具主要是人格特质量表，即"青少年合作行为形成机理问卷"的 C 部分，共 14 个问题，具体包括：

1）自我价值感（C11—C13）。采用 Rosenberg（1965）编制的自尊量表（self-esteem scale，SES），该量表主要测量儿童的自我价值和自我接纳的总体感受，我们在使用时由专业的心理学教授将其修改为合乎青少年的答题语境。

2）观点采择能力（C21—C24）。借鉴崔丽莹（2010a）编制的观点采择量表。该量表包括认知采择和情感采择两个测量维度。认知采择是指个体对他人信息加工过程的理解与反馈，情感采择是指个体对他人态度、情绪的感知与理解。共计 4 个题目，其中认知采择包括 2 个题目（C21—C22），情感采择包括 2 个题目（C23—C24）。

3）人际信任水平（C31—C33）。采用 Wrightsman（1964）编制的人性哲学量表中的"值得信任"（trustworthiness）分量表。

4）成就动机（C41—C44）。采用 T. Gjesme 和 R. Nygard 编制、叶仁敏和 Hagtvet（1992）翻译的成就动机量表（achievement motivation scale，AMS）。该量表的社会认可度较高，可用来测定追求成功的动机（Ms）和回避失败的动机（Mf）两种动机。共计 4 个题目，其中 Ms 分量表包含 2 个题目（C41—C42），Mf 分量表包含 2 个题目（C43—C44）。

采取 5 点计分，由"很不符合"到"非常符合"，分别计 1—5 分。本章中，问卷的 α 系数为 0.83。

3. 研究程序

详见第五章第二节研究程序部分。

4. 数据录入与整理

详见第五章第二节数据录入与整理部分。

三、数据分析与结果

1. 青少年人格特质的发展特点

调查发现，青少年人格特质中自我价值感的中间值是 10.5 分，观点采择能力的中间值为 12 分，人际信任水平的中间值为 10 分，成就动机的中间值为 13 分。从表 5-10 可以看出，青少年人格特质中这四个维度的均值都略高于中间值，说明青少年的人格特质水平整体处于较高水平。同时，以自我价值感、观点采择能力、人际信任水平和成就动机为因变量，分别以性别、专业、年级为自变量，进行卡方检验。表 5-10 显示，在性别上，女生的均值都略高于男生，这可能与女生在日常生活中更注重培养自身的品质有关，如提升自我价值感、增强人际信任等。同时笔者也发现除成就动机外，其余三个维度均在性别方面呈现出显著差异（$p < 0.05$），说明不同性别的青少年在人格特质上的表现不同。在专业上，文科生的均值水平也略高于理工科学生，并且除成就动机外，其余三个维度在专业上也表现出显著差异（$p < 0.05$）。这可

能是由于文理科学生培养方式的不同而造成了人格特质的差异。在年级上，人际信任水平和成就动机表现出显著性差异（$p < 0.05$），这可能是由于年级越高，青少年追求成功或回避失败的动机就越强烈所引起的；同时，随着年级的升高，个体间的信任水平也会逐渐下降。

表 5-10　不同性别、专业、年级青少年特质性合作及其因子的均值、标准差与卡方检验

项目		自我价值感	观点采择能力	人际信任水平	成就动机
总体	M	11.28	15.32	10.44	13.08
	SD	2.08	2.55	1.70	1.98
性别	男	10.56	14.28	10.15	13.05
	女	11.46	15.58	10.51	13.20
	χ^2	44.40**	46.09**	19.26*	19.48
专业	文科	11.50	15.63	10.65	13.11
	理工科	10.46	14.17	9.66	13.07
	χ^2	33.95**	39.05**	36.61**	19.14
年级	大一	11.36	15.33	10.78	13.27
	大二	10.91	14.83	10.14	12.94
	大三	11.60	15.89	10.59	13.07
	大四	10.39	13.83	9.00	12.83
	χ^2	36.46	53.07	46.45*	58.47*

2. 人格特质对社会信息加工与合作水平的影响

接下来分析人格特质对 SIP 过程与合作水平的影响，其中合作水平的衡量包括状态性合作和特质性合作水平。由表 5-11 可知，自我价值感高、观点采择能力强、人际信任水平高和成就动机强烈的个体，其社会信息加工水平、特质性合作水平和状态性合作水平的均值也较高。另外，青少年不同水平的自我价值感、观点采择能力、人际信任、成就动机在 SIP 过程、特质性合作和状态性合作上均表现出明显的差异（$p < 0.05$）由此可见，青少年人格特质的自我价值感、观点采择能力、人际信任与成就动机水平不同，青少年的社会信息加工水平和合作水平也不同。具体表现如下：当个体表现出高自尊倾向、自我能力评价较高时，其在 SIP 过程中就更能合理选择合作目标，最后自我执行效能感就越强，特质性合作和状态性合作的水平也越高；观点采择能力强的个体在 SIP 过程中更能理解他人意图、推断他人合作倾向，从而有利于特质合作水平和状态性合作水平的提高；人际信任水平越高，对合作对

象的包容程度、对合作结果也会有更好的预期，同样的，特质性合作和状态性合作的水平也越高；当个体成就动机越强烈时，在 SIP 过程中就会更加注重合作的结果，从而促进特质性合作的形成和状态性合作的发生。

表 5-11　不同人格特质水平的均值、标准差和 t 检验

项目	社会信息加工			特质性合作			状态性合作		
	M	SD	t	M	SD	t	M	SD	t
自我价值感高	87.51	7.25	2.93*	3.65	0.58	6.39**	2.95	0.57	1.74*
自我价值感低	85.19	6.61		3.27	0.47		2.85	0.47	
观点采择能力高	87.46	7.15	3.13*	3.65	0.60	7.19**	2.98	0.59	2.42*
观点采择能力低	84.97	6.64		3.22	0.45		2.83	0.46	
人际信任水平高	88.30	7.08	4.97**	3.62	0.62	5.02**	2.90	0.59	0.14*
人际信任水平低	84.46	6.45		3.31	0.44		2.89	0.46	
成就动机高	87.80	7.04	3.13*	3.57	0.58	2.90*	2.92	0.55	0.76*
成就动机低	85.30	6.85		3.39	0.51		2.87	0.48	

3. 人格特质的调节效应分析

为了研究人格特质对社会信息加工与状态性合作的关系的调节作用，笔者按照温忠麟等（2005）的方法，采用分层回归分析，遵循以下步骤对人格特质的调节作用进行检验：①除性别、年级、专业外，将所有变量进行标准化处理；②以状态性合作为因变量，分别以社会信息加工、人格特质各维度为预测变量进行回归分析；③以状态性合作为因变量，社会信息加工×人格特质各维度为预测变量进行回归分析。结果如表 5-12 所示，自我价值感的回归系数表现出边缘性差异（$p<0.1$）；观点采择能力的回归系数表现出显著差异（$p<0.05$）；人际信任水平的回归系数表现出显著差异（$p<0.001$）；成就动机的回归系数表现出显著差异（$p<0.001$）。可见，人格特质中的 4 个维度对社会信息加工与状态性合作的关系均具有正向调节作用，并且，所有维度的 R_2^2 均大于 R_1^2，说明这 4 个维度对社会信息加工与状态性合作关系的调节作用显著。具体而言，当个体的自我价值感越高，状态性合作水平就会越高；观点采择能力越强，状态性合作越能够顺利进行；人际信任水平越高，状态性合作实施的可能性越高；个体追求成功或回避失败的动机越明确，状态性合作发生的概率就越大。

表 5-12　人格特质对社会信息加工与状态性合作关系的调节效应

项目	步骤	预测变量	β	R^2	F
自我价值感	1	SIP 合成分数	0.02	0.01（R_1^2）	0.08
		自我价值	0.01		
	2	SIP 合成分数×自我价值	0.05	0.02（R_2^2）	0.84
观点采择能力	1	SIP 合成分数	0.02	0.06（R_1^2）	0.08*
		观点采择	0.01		
	2	SIP 合成分数×观点采择	0.05	0.07（R_2^2）	0.30*
人际信任水平	1	SIP 合成分数	0.02	0.01（R_1^2）	0.08**
		人际信任	0.01		
	2	SIP 合成分数×人际信任	0.06	0.03（R_2^2）	0.39**
成就动机	1	SIP 合成分数	0.03	0.01（R_1^2）	0.83**
		成就动机	0.71		
	2	SIP 合成分数×成就动机	0.03	0.03（R_2^2）	0.65**

四、讨论

1. 青少年人格特质的发展特点

研究发现，青少年人格特质中自我价值感、观点采择能力、人际信任水平和成就动机的均值都略高于中间值，说明青少年的人格特质都处于较高水平。这可能是由于当下高校重视素质教育所致，素质教育是一种以提高受教育者诸方面素质为目标的教育模式，它重视人的思想道德素质、能力培养、个性发展、身体健康和心理健康教育。人格特质的培养作为素质教育的重要一环，显然是十分重要的，因此，当下青少年的人格特质水平普遍较高。从个体差异来看，不同性别的青少年在自我价值感、观点采择能力与人际信任水平上存在显著差异，女生的人格特质水平均值略高于男生。女生的直觉反应速度快，即敏感性强，更易觉察他人的情绪、想法等，而男生知觉反应速度较慢，更擅长在理解透彻的基础上思考问题，因此男生和女生在这些维度上表现出差异。不同专业的青少年同样在自我价值感、观点采择能力与人际信任水平上存在显著差异。从培养方向来看，文科生多倾向于管理型人才方向培养，而理工科学生以后多是实干型人才，管理型人才和实干型人才对人格特质的要求不同，故而产生差异。不同年级的青少年在人际信任水平和成就动机上表现出显著差异，随着年级的变化，个体的知识面增加、得失心加重，导致其信任程度和成就动机程度都会发生变化。总体来说，青少年的人格特质处于较高水平，并且在不同性别、专业和年级上都存在一定程度的差异。

2. 人格特质对社会信息加工与合作水平的影响

研究发现，人格特质水平不同的青少年在社会信息加工与合作水平（特质性合作和状态性合作水平）上存在显著差异。从自我价值感来看，自我价值感不同的青少年的合作水平不同，可能是那些对自己有着积极的情感和评价，认为自己是有能力的、重要的、成功的和有价值的青少年，会为了体现这种价值，主动作出一些能够得到社会赞许的行为，如合作、助人、分享或谦让。而低自我价值感的青少年由于对自己的能力和价值持有消极的评价，因为担心他人不喜欢或者看不起自己，而更可能在合作、助人等需要表现自我的场合中选择退缩。同时，自我价值感不同的青少年的社会信息加工水平上也具有显著差异。研究发现，个体的自我价值感在 SIP 过程中所起的作用主要表现在反应生成阶段，当个体的自我价值感越强烈，反应生成阶段的自我情绪预期和自我执行效能感水平就越高，所以自我价值感在反应生成阶段对个体所作的决定具有较强的影响。从观点采择能力来看，不同个体的合作水平存在显著差异，观点采择能力越强的个体合作水平越高。同时，其在社会信息过程中最主要的差异体现在线索解释阶段，这是因为观点采择能力要求个体必须首先能够发现自己与他人观点之间潜在的差异并加以区分，在区分的基础上对他人的观点作出准确的推测，因此，观点采择能力越强的个体，在线索解释阶段的信息编码能力也会越高。从人际信任水平来看，SIP 过程的差异主要体现在目标设定阶段，这是因为目标设定是个体设置想要达到的预期结果，只有个体在人际互动过程中建立起来的对合作对象的言辞承诺或书面、口头陈述的可靠程度的期望越高，那么其所设置的目标就越高。同时，不同人际信任的个体在合作水平上也存在显著差异，当个体达到较高的人际信任水平时，其特质性合作和状态性合作水平也会越高。从成就动机来看，个体同样在合作水平上存在显著差异，个体追求成功或回避失败的动机越明确，越容易促进特质性合作的形成和状态性合作的发生。同时，成就动机不同的个体在 SIP 过程中的主要差异体现在目标设定阶段，目标设定阶段包括对简单（复杂）任务合作倾向和回报预期测量，当个体认为某个事件的成功率越高时（即个体的成就动机越高时），个体的合作倾向和回报预期也就越高。

3. 人格特质的调节效应分析

研究结果显示，人格特质（自我价值感、观点采择能力、人际信任水平、成就动机）对社会信息加工与状态性合作的关系具有正向的调节效应。具体而言，人际信任水平和成就动机的调节作用最为明显。这是因为，一方面合作是个体间的交往行为，人与人之间的信任显得尤为重要，只有个体间达到较高的信任水平时，才能形成较高水平的状态性合作行为；另一方面，成就动机是指个体追求自己认为重要的、有价值的力量和念头，当个体的成就动机越高时，追求合作成功的念头也就越强烈，因而状态性合作水平越高。同时，观点采择能力也具有显著的正向调节效应。当个体能够准确推断他人想法时，就可以更加灵活地协调合作伙伴间关系、调节合作进程等，因此，高观点采择能力能够加强社会信息加工对状态性合作的正向影响。比较而言，自我价值感的调节作用仅表现出边缘性显著水平，虽然自我价值感越高个体的社会信息加工与状态性合作水平也越高，但这种调节效应并不是很明显。总的来说，个体的人格特质水平不仅能够直接影响其状态性合作水平，而且能够通过正向调节社会信息加工与状态性合作的关系而间接影响状态性合作水平。

五、结论

在对调查数据进行处理与分析的基础上，笔者得出以下结论：①人格特质影响个体的社会信息加工和合作行为水平。一方面，具有高自我价值感、高观点采择能力、高人际信任水平、高成就动机的青少年在社会信息加工上表现得更出色；另一方面，良好的人格特质对青少年合作行为形成具有促进作用，即高水平的人格特质有利于高水平的特质性合作的形成，也能促进状态性合作的发生，使个体更乐意、更擅长实施状态性合作行为。②人格特质正向调节社会信息加工与状态性合作的关系。SIP过程直接影响状态性合作的发生，而人格特质在影响青少年的 SIP 过程的同时，也正向调节社会信息加工与状态性合作的关系，促进状态性合作的发生，即人格特质可以正向加强社会信息加工对状态性合作的影响。

第六章

青少年合作行为形成的动力机制

第一节　理论建构：青少年合作行为形成的动力机制

　　青少年在面对社会困境的时候，如何维持长久的合作？其合作行为形成的条件和动力因素是什么？这些问题的解决将有助于深化青少年合作行为形成发展的动力因素及其作用机制的理论研究，也有助于从现实角度进一步推动青少年合作行为的高水平发展。本书第五章主要探讨的是青少年的合作行为是如何形成的，即个体在特定情境中，如何对信息进行加工，从而作出实施或不实施合作的行为决策过程。然而，仅仅知道青少年合作行为是如何形成的还不够，如果能够进一步了解合作行为形成背后的作用机制，将更加有利于对青少年合作行为形成进行干预和引导，推动青少年合作行为健康发展。本章试图将心理学、社会学和教育学领域的研究整合起来，以青少年合作行为形成的内在动力因素和外在动力因素为前因变量，以合作行为为结果变量，构建青少年合作行为形成的动力机制模型（图6-1）。构建该模型的主要目的：①探讨回报特质、价值取向、博弈策略与信任预期等内在因素是否对青少年合作行为产生影响，以及有怎样的影响；②探讨奖励制度、惩罚制度、压力知觉和情境归因等外在因素是否对青少年合作行为产生影响，以及有怎样的影响；③探讨这些动力因素影响青少年合作行为的作用机制，即影响路径究竟是怎样的。可见，该模型不仅试图揭示青少年合作行为形成的内在动力因素及其作用机制，同时也试图揭示青少年合作行为形成的外在动力因素及其作用机制。

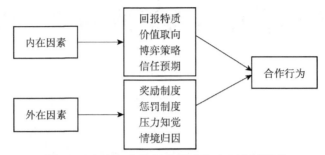

图 6-1　青少年合作行为形成的动力机制模型

为了更好地理解研究内容，笔者在假说形成部分又把上述模型拆分成两个小模型：①青少年合作行为形成的内在动力机制模型，旨在分析青少年的回报特质、价值取向、博弈策略与信任预期对合作行为的影响效应，并探讨博弈策略在其中的中介效应机制。②青少年合作行为形成的外在动力机制模型，旨在分析奖励制度、惩罚制度对青少年合作行为产生的影响，并探讨压力知觉、情境归因在其中的中介效应。

第二节　实证研究一：回报特质、价值取向、博弈策略、信任预期的影响效应

一、问题的提出

合作是青少年社会性发展的一个重要方面，是其社会互动和学习的一种主要形式与途径。作为一种重要的亲社会行为品质，合作已成为青少年社会性教育的重要组成部分。但是当前青少年中存在着合作意识淡薄、合作能力缺乏和"搭便车"盛行等现象（李颖等，2012），而低水平的合作意愿也制约了青少年合作行为的产生。随着社会的发展，合作将越来越显现出其存在的必然性和重要性。如何培养青少年的合作行为及其特质，使之更好地适应未来社会的要求，是每个青少年教育工作者所面临的一个重要任务（李幼穗，孙红日，2001）。

在过去几十年对合作行为的研究中，一种得到广泛关注且普遍采用的技

术是博弈困境实验。博弈困境描述了个人利益和群体利益存在冲突的情景，它关注当人们面对某种风险和不确定性时如何作出决策和判断，而如何使人们都采取合作行为、达到群体利益最大化是其研究的焦点（Dawes，2000）。博弈困境这一现象广泛存在于现实世界中，也充斥在青少年生活的方方面面，只要青少年在互动中作出选择，就是在进行博弈，也会因此陷入一种叫作"囚徒困境"的博弈情境。在博弈情境中，青少年需要学习何时、何地以及如何合理地运用合作策略来协调自己与他人的行为，而不是一味地坚持僵硬的合作。此时，合作行为可以理解为一种亲社会行为，是通过抑制自我利益最大化的冲动从而满足集体利益最大化的决策表现（Rand，2016）。

有学者指出，博弈困境是分析青少年合作行为的有效工具，博弈均衡所追求的从冲突到协作、从自利到互惠符合青少年的发展需求和社会性教育的规律（孙昕怡等，2009）。但以往的研究主要关注成年人在博弈困境中的合作行为选择，已有的对青少年的研究又更多注重对一般合作意识或能力的测查和培养干预，且多以自评或他评的方式测量合作行为，缺乏对真实个体与集体利益冲突情境中个体的合作决策与行为的考察（何茜茜等，2017）。因此，本章通过对青少年在公共物品困境中的行为反应及其影响因素进行探讨，分析在有自私动机的情况下青少年怎样才能通过社会博弈而自发产生合作，以期引导青少年表现出更多的合作行为，更好地适应社会的要求。

1. 博弈困境中的合作行为决策

在现代社会中，任何一种需要群体合作的工作都会让人们面临两难的抉择，即必须在最大化个人利益与最大化群体利益之间作出选择。背叛行为往往能使个人获得更高的利益，但一旦所有人都选择背叛，那么每个人的获益将少于所有人选择合作行为时得到的收益，这就是博弈困境。在博弈困境中，人们并不知道什么是最好的策略，其行为决策往往受到两种动机的影响：一是"贪婪"，即想获得更多的个人利益和搭别人贡献的"便车"；二是"害怕"，即担心自己的贡献或合作行为由于他人的贪婪而"打水漂"（马剑虹，2008）。在两难情境下作决策选择时，有些人会更多考虑群体利益而较少考虑个人利益，表现出不同于理性人假设的非理性决策，其部分原因是由于个人的利他行为。Hardin（1968）最早阐述了自我利益和集体利益之间冲突所引发的问题，他假设人本质上是自私自利的。然而心理学的研究表明，人们会限制自己不以自私的方式行动。这样，我们研究的问题不再是要限制人的自私性，而是如何在现有情境的基础上考虑人们既可能利己也可能利他，从而最大限度地促进合作（刘长江等，2007）。

博弈策略是博弈困境中青少年合作行为产生的中介，是成功合作的关键环节之一。在合作中，青少年能否实施适宜、有效的博弈策略对于合作行为维持以及合作的顺利进行都有重要的影响。在社会困境中，常见的博弈策略有：①无条件合作策略（简称合作策略），即不管对方合作或不合作，自己都会合作。这种条件下是无条件的宽容，容易受到对方的剥削。②无条件背叛策略（简称背叛策略），即不管对方合作或不合作，自己都会背叛。这种条件下是完全的吝啬，属于绝对利己主义。③"一报还一报"策略（简称回报策略），即第一步合作，然后重复对方上一步的选择。这种条件下遵从"一报还一报"原则，对合作和背叛都进行回报。研究表明，回报策略能使被试做出最多的合作行为，而背叛策略却使被试做出最少的合作行为（Axelord，Dion，1988）。回报策略能够取得成功不是靠打倒对方，而是靠从对方引出对双方都有好处的合作，实现个体理性与集体理性的统一从而实现互利共赢。有研究显示，与合作相比，当前学生更崇尚竞争，在没有专门引导的情况下，学生在合作策略上的得分普遍偏低（张智等，2001）。因此，培养和引导青少年实施积极的博弈策略、表现出更多的合作行为显得尤为重要。

2. 博弈困境中合作行为的影响因素

在博弈困境下个体的合作行为往往受到诸多因素影响，主要来自个体差异和情境因素两方面。本章主要探讨回报特质、价值取向、信任预期等因素对青少年合作行为的影响及其作用机制，分析青少年在博弈困境中如何才能更好地实行积极的博弈策略，产生更多的合作行为。

回报策略在博弈困境中获益明显高于其他策略。Axelord 和 Dion（1988）认为其成功的原因在于它综合了善良、宽恕、不嫉妒和互惠等优点。所谓善良，就是从不主动地先背叛；所谓宽恕，就是很容易忘却对方过去的错误，一旦对方改过即以合作方式对待；所谓不嫉妒，就是当对方赚得与你一样多时，你仍然很高兴；所谓互惠，就是对对方的友好（合作）和不友好（背叛）行为都要给予回报。但是为了抑制因报复性回报而可能带来的恶性循环，罗伯特·阿克塞尔罗德（2007b）进一步建议：要教育人们相互关心，多一份感恩。感恩是指人们在受到他人的恩惠和帮助后所产生的倾向于回报他人的一种特质。本章将善良、宽恕、不嫉妒、互惠、感恩等特质统称为"回报特质"，用以描述个体在博弈困境中倾向于实施回报策略的情感特质水平。可见，如果一个人的回报特质水平越高，越可能实施回报策略从而更好地实现互利共赢。此外，大量研究也证实了具有善良、宽恕、不嫉妒、互惠和感恩特质的个体在博弈困境中会表现出更多的合作行为（王娜，2012；Parks et al.，2002；McCullough et al.，2002）。

价值取向是社会博弈研究中最受关注的动机因素，指个体对自己和他人收益分配的特定偏好。通常价值取向可分为四类：个人利益最大化（个人）、相对利益最大化（竞争）、联合利益最大化（合作）、他人利益最大化（利他）（McClintock，Liebrand，1988）。由于前两者更追求自我利益最大化（只是程度不同），因此合并为亲自我取向；后两者更追求共同利益最大化，因此合并为亲社会取向。研究表明，中学阶段的个体已经具有价值取向的稳定性，且价值取向是影响青少年合作行为的一个非常关键的因素，它对青少年的合作行为以及个体的合作策略都有直接影响（李幼穗，孙红日，2001）。在博弈困境中，亲社会取向与合作行为呈正相关。亲社会者倾向以集体理性方式行动，表现出更多合作行为；而亲自我者倾向以个体理性方式行动，表现出更多竞争和背叛（刘长江，郝芳，2011）。同时，亲社会者倾向于采用重构的支持策略，而亲自我者只有迫于形势才可能作出让步，放弃背叛策略，即亲社会者在合作中更多采用合作策略，而亲自我者更多采用背叛策略，从而表现出不同的合作行为（李幼穗，孙红日，2001）。

信任预期是人与人之间的一种心理契约，在博弈困境中，信任预期是指对他人合作行为的一种期望，它能降低合作成本，是合作行为产生的前提。研究表明，通过博弈实验测度的信任水平与合作水平显著正相关（陈叶烽等，2010）。增加群体成员之间的信任能够有效减少害怕心理，从而提高公共资源博弈中的合作行为（De Cremer et al.，2001）；反之，如果认为同伴不值得信任则可能触发人们在行为选择时的顾虑，导致较低的合作水平（Olson，Janes，2002）。从信任促进合作的机制上分析，有学者指出当社会关系处于高度信任的情境中时，人们将会愿意与他人进行交易，这进一步会降低整个交易成本从而促成双方合作的稳定性，即信任预期可以削减人们社会关系中的不确定性和易变性，从而为合作建立基础（Nooteboom，2002）；也有学者从社会心理学的角度提出了"目标理论",认为互相信任是为达到一个共同的目的从而形成合作的关键要素（Yamagishi，1986）。

综上，笔者提出如图 6-2 所示的概念模型，尝试分析青少年的回报特质、价值取向、博弈策略与信任预期对合作行为的影响效应，并探讨博弈策略是否有中介作用效应。

图 6-2　青少年合作行为形成的内在动力机制模型

二、研究方法

1. 被试

采用整群抽样法，从成都的三所中学共选取 360 名被试。剔除 8 份无效数据，最终有效被试为 352 名。其中，男生 164 人，女生 188 人；初一 142人，初二 122 人，初三 88 人；年龄在 12—16 岁，平均年龄 13.69 岁。

2. 研究工具

本节采用 Kazemi 和 Eek（2007）编制的"公共物品困境实验"游戏（见附录七中（一）），测量被试的合作行为及对他人的信任预期。在实验中，每 4个被试随机组成一个公共物品博弈小组，并进行 6 轮投资。每一轮都会给每位成员 100 个金币，每个小组有一个公共账户，成员可以自由地选择投入多少金币到公共账户中，投入到公共账户中的金币将会被翻倍，再平均分给小组内每位成员。其中，关于合作行为的测试题为"你决定投入＿＿金币到公共账户中？（请输入 0—100 以内的具体数字）"，将 6 轮投入的总金币数作为个体合作行为的指标，投入的金币数越多表示合作行为水平越高。关于信任预期的测试题为"在本轮投资中，你相信其他的小组成员一定会为公共账户投入金币吗？"采用 7 点计分，从 1 表示"很不相信"到 7 表示"非常相信"，6 轮得分的均值越高，表示被试的信任预期水平越高。

博弈策略部分主要考察被试在博弈情境下分别实施合作、背叛与回报三种策略的倾向程度，即当对方在采取无行动/合作/不合作/背叛行为四种情形时，被试分别对合作、回报与背叛三种策略使用的频率（附录七中（二）的B 部分 B1—B4）。采用 7 点计分，从 1 表示"很不可能"到 7 表示"非常可能"。对 4 种情形下同一策略的得分求均值表示被试实施该种策略的倾向程度，得分越高表示越倾向于实施该种策略。验证性因素分析发现问卷的结构效度较好：χ^2/df=3.65，近似误差均方根（root-mean-square error of approximation，RMSEA）为 0.08，拟合优度指数（goodness of fit index，GFI）为 0.94，比较拟合指数（comparative fit index，CFI）为 0.97，增值适配指数（incremental fit index，IFI）为 0.97，规范拟合指数（normed fit index，NFI）为 0.96。该部分的 α 系数为 0.76，各维度 α 系数为 0.77—0.94。

回报特质部分指根据阿克塞尔罗德的建议，从善良、宽恕、不嫉妒、互惠和感恩 5 个维度测量被试的回报特质水平。问卷共 15 个题项（附录七中（二）的 C 部分 C11—C53），其中 C11—C13 测量善良，C21—C23 测量宽恕，C31—C33 测量不嫉妒，C41—C43 测量感恩，C51—C53 用以测量互惠。采用 5 点计分，从 1 表示"很不同意"到 5 表示"非常同意"，得分越高表示被试的回报特质水平越高。验证性因素分析发现问卷的结构效度较好：χ^2/df=2.65，RMSEA=0.07，GFI=0.97，CFI=0.98，IFI=0.98，NFI=0.97。此外，该部分的 α 系数为 0.90，各维度 α 系数为 0.70—0.91。

价值取向部分采用了 Murphy 的滑块测验法，该测量方法已被证实具有较高的有效性，具有能够确定价值取向的等级顺序等优点（张振等，2014）。问卷共计 6 题（附录七中（二）的 A 部分），每题均有 9 个选项，每个选项均代表在自己和他人之间进行资源分配的方案，要求被试从中选出自己最偏好的分配方案。价值取向的计算公式为：SVO°=arctan $[(Y-50)/(X-50)]$，其中 X 为自己收益的均值，Y 为他人收益的均值。SVO°值越大表示被试的亲社会取向越强，反之则亲自我取向越强。该部分的 α 系数为 0.85。

3. 研究程序

第一步，将被试分组带入学校机房，每组 20 人，被试随机入座。主试宣读指导语和注意事项，并确保每个被试都理解了实验流程、任务和规则。

第二步，要求被试独立填答博弈策略问卷、回报特质问卷和价值取向问卷，先完成者可稍作休息，但不允许交流。等所有人完成后，才统一进入下一轮实验。

第三步，进行公共物品困境实验。①电脑会将所有被试随机分为 4 人一组参与互动游戏，但彼此之间匿名。②被试在阅读实验情境后回答游戏规则测试题目，以测试其对游戏规则的掌握程度，只有完全回答正确才可进入任务测试界面。③被试将回答对其他同伴的信任预期，并根据自己的意愿向公共账户投入金币。④由于 4 个小组成员进度不同，投资快的被试的电脑界面会呈现"还有人没投资，请稍等"。每轮投资结束后，电脑都会反馈 4 个小组成员的个人账户的金币数量。

4. 数据录入与整理

全部数据回收后进行初步核查，排除不认真作答的被试，并采用描述性统计、相关分析、回归分析和结构方程模型对数据进行处理，借助软件 SPSS 20.0 和 AMOS 22.0 完成。

三、数据分析与结果

1. 博弈困境中青少年合作行为的整体水平

通过考察青少年合作行为均值并对不同性别、年级青少年的合作行为进行方差分析，在一定程度上能展现青少年在博弈困境中的合作行为整体水平及其在性别、年级方面的差异。描述性统计及方差分析结果，如表 6-1 所示。

表 6-1 博弈困境中青少年合作行为水平及方差检验

总体	性别	M	F	年级	M	F
47.58	男	54.39	24.47***	初一	51.54	6.70**
				初二	45.48	
	女	41.64		初三	34.64	

从表 6-1 可以看出，青少年合作行为总分为 47.58 分（低于中间水平 50 分），表明在博弈困境中，青少年合作行为整体处于中等偏下水平。就性别而言，青少年的合作行为存在显著差异（$F=24.47$，$p<0.001$），说明男生的合作行为均分显著高于女生，在博弈困境中男生会比女生表现出更多的合作行为。从年级上看，青少年的合作行为也存在显著差异（$F=6.70$，$p<0.01$）。其中，初一年级的合作行为得分显著高于初二年级和初三年级，初二年级的合作行为得分又显著高于初三年级（$p<0.05$），这说明随着年级的升高，青少年合作

行为呈现出明显递减的趋势。

2. 三种博弈策略与青少年合作行为的关系

表 6-2 列出了合作、回报、背叛三种博弈策略与青少年合作行为之间的相关系数，可以看出在博弈困境下，合作策略、回报策略与合作行为呈显著正相关（γ=0.72，$p<0.01$；γ=0.76，$p<0.01$）；背叛策略与合作行为呈显著负向相关（γ=−0.42，$p<0.01$）。这说明，青少年在困境中的合作行为水平与其所选择的博弈策略密切相关。

表 6-2　三种博弈策略与青少年合作行为水平的相关、回归分析

博弈策略	相关分析	回归分析	
		β	t
合作策略	0.72**	0.42	12.89***
回报策略	0.76**	0.45	13.28***
背叛策略	−0.42**	−0.25	−9.43***

进一步以合作行为为因变量，合作、回报、背叛策略为自变量进行多元回归分析。该模型拟合度 R^2 为 0.76，说明模型拟合效果良好，回归结果可信。由表 6-2 的回归结果可知，在控制了性别、年级条件下，合作策略、回报策略显著正向预测合作行为（β=0.42，$p<0.001$；β=0.45，$p<0.001$），背叛策略显著负向预测合作行为（β=−0.25，$p<0.001$）。这说明在博弈困境中，如果青少年选择合作策略或回报策略，都能够更好地促进合作行为；反之，如果选择背叛策略，青少年的合作行为则会被抑制甚至减少。从回归系数的比较看，回报策略对合作行为的影响效应最大，说明在三种博弈策略中，回报策略是促进青少年合作行为的最佳策略。

3. 回报特质、价值取向与三种博弈策略的关系

为探讨回报特质、价值取向与三种博弈策略之间的关系，在控制变量性别、年级的条件下，分别以合作、回报、背叛策略为因变量，回报特质、价值取向为自变量进行分步回归分析（表 6-3）。结果显示，回报特质、价值取向对合作策略均有显著正向影响（β=0.21，$p<0.01$；β=0.46，$p<0.001$），对回报策略均有显著正向影响（β=0.48，$p<0.001$；β=0.25，$p<0.001$），对背叛策略均有显著负向影响（β=−0.25，$p<0.01$；β=−0.16，$p<0.05$）。这说明在博弈困境中，如果青少年的亲社会取向愈强，就越可能选择合作策略和回报策略；

反之，如果亲自我取向越强，就越可能选择背叛策略。同时，如果青少年的回报特质水平越高，也越可能实施合作策略和回报策略，而减少背叛策略。

表 6-3　回报特质、价值取向与三种博弈策略的回归分析

项目		合作策略		回报策略		背叛策略	
		第一步	第二步	第一步	第二步	第一步	第二步
控制变量	性别	−0.18**	0.03	−0.26***	0.00	0.16**	0.02
	年级	0.16**	−0.03	0.24***	0.04	−0.07	0.05
自变量	回报特质		0.21**		0.48***		−0.25**
	价值取向		0.46***		0.25***		−0.16*
R^2		0.04	0.38	0.10	0.48	0.03	0.15
F		8.11***	53.51***	19.37***	79.79***	4.66**	14.69***

进一步对回报特质各维度与三种博弈策略进行简单相关分析（表 6-4）。结果显示，回报特质各维度与合作策略均存在显著的正相关，相关强度由高到低依次为善良、感恩、宽恕、不嫉妒、互惠；各维度与回报策略均存在显著的正相关，相关强度由高到低依次为善良、宽恕、感恩、不嫉妒、互惠；各维度与背叛策略均存在显著的负相关，相关强度由高到低依次为善良、宽恕、感恩、不嫉妒和互惠。从各维度与三种博弈策略的相关强度来看，善良都排在首位，相关强度最高；宽恕、感恩和不嫉妒位列第二梯队，相关强度较高；最后是互惠，相关强度最低。

表 6-4　回报特质各维度与三种博弈策略相关系数与相关强度比较

项目	善良	宽恕	不嫉妒	互惠	感恩
合作策略	0.67***	0.38***	0.32***	0.19***	0.45***
回报策略	0.72***	0.60***	0.44***	0.31***	0.44***
背叛策略	−0.44***	−0.29***	−0.25***	−0.10***	−0.26***

4. 博弈困境中青少年合作行为影响因素的路径分析

笔者采用结构方程模型技术，分析回报特质、价值取向、信任预期和博弈策略影响青少年合作行为的路径关系，并通过拟合指数检验结构模型的拟合度。事先，将背叛策略反向计分，并与合作策略、回报策略一起求均值作为博弈策略的取值。结果显示，模型的各项拟合指标均较好：χ^2/df=2.88，符合 1—5 的标准，RMSEA=0.07，小于 0.08 的要求，GFI、AGFI（adjusted goodness of fit index，调整后拟合度指数）、CFI、NFI、RFI（relative fit index，相对拟合指数）分别为 0.99、0.95、0.99、0.99、0.98，均超过了 0.90 水平，表明模型与数据的拟合程度较好，模型成立。图 6-3 是最终模型的标准化路径。可以看出，回报特质、价值取向分别与合作行为之间（$\gamma=0.30$，$p<0.001$；$\gamma=0.31$，$p<0.001$），回报特质、价值取向分别与博弈策略之间（$\gamma=0.39$，$p<0.001$；$\gamma=0.38$，$p<0.001$），博弈策略与合作行为之间（$\gamma=0.39$，$p<0.001$）的路径系数均为显著。这说明在博弈困境下，回报特质、价值取向不仅直接影响青少年合作行为，而且通过博弈策略的中介效应间接影响青少年合作行为。同时，信任预期与合作行为之间的路径系数显著为正（$\gamma=0.24$，$p<0.001$），这表明在博弈困境下，信任预期对青少年合作行为有显著的正向影响。

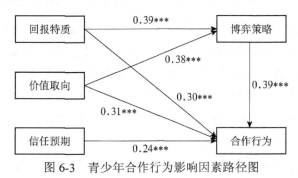

图 6-3　青少年合作行为影响因素路径图

四、讨论

1. 青少年合作行为的发展特点

研究发现，青少年在博弈困境中的合作行为整体处于中等偏下水平，仍存在较大提升空间。已有研究表明，博弈任务中的合作行为存在短期的教育效应，青少年在接受道德教育指导后的合作行为比例明显上升（Fan，2000）。因此，我们可以将加强道德教育指导作为培养青少年合作特质和提升合作水平的重要途径。研究还发现，青少年的合作行为在性别、年级上存在显著差异。一方面，男生在博弈困境中的合作行为水平明显高于女生。进入青春期后，性别之间的社会行为类型和表现方式都有显著不同（Bergin et al.，2003），男生比女生往往更愿意向处于困境中的陌生人提供帮助（Eagly，Steffen，1986），也更容易宽恕对方的不合作行为（Benenson，2009），因而更倾向采取合作行为。另一方面，青少年的合作行为随着年级升高而呈现递减的趋势。

这可能由于青少年的自我意识正在逐渐增强，他们越来越想通过竞争来证明自己的能力与价值，同时，随着年级升高，他们所面临的学习压力、竞争压力越来越大，寻求同伴间合作的可能性则越来越小。这与已有研究结论是一致的：每个青少年几乎都是竞争型的，且年长者并不一定具有更多的合作行为（Sally，Hill，2006）。因此，教育工作者在开展培养工作时应注意到青少年在性别、年级方面的个体差异，增强教育的契合度。

2. 博弈策略与青少年合作行为关系

研究发现，在博弈困境下，三种博弈策略（合作、回报、背叛）均可显著预测青少年合作行为，其中合作策略、回报策略正向预测青少年合作行为，背叛策略负向预测青少年合作行为，且回报策略对合作行为促进作用最大。这与以往的研究结论相一致（Axelord，Dion，1988）。博弈策略是成功合作的关键之一，有效的博弈策略有助于提高合作的效率，并确保合作的顺利进行。比较而言，背叛策略是完全的吝啬，绝对的利己主义；合作策略是无条件的宽容，就像生活中常见的老好人没有原则和底线；而回报策略易于被对方理解，它的"善良""不嫉妒"放弃了占别人便宜的可能性，它的"互惠"使得双方互利互惠、不敢轻易背叛，它的"宽恕""感恩"又使得对方发生背叛行为后，合作能重新恢复，因而可以形成长期的合作，被视为博弈困境中的最佳策略。因此，在互动合作中，引导青少年遵从"一报还一报"原则，积极实施回报策略，让每个身处现代社会的理性个体都能学会一些如何与人相处、如何进行社会选择的道理显得尤为重要。

3. 回报特质与青少年合作行为关系

在博弈困境下，回报特质直接影响青少年合作行为，且通过博弈策略间接影响青少年合作行为。研究发现，回报特质对合作策略、回报策略有显著正向影响，对背叛策略有显著负向影响。这说明如果青少年的善良、宽恕、不嫉妒、互惠、感恩等特质水平越高，就越可能实施回报策略和合作策略，并减少背叛策略。从回报特质各维度与三种博弈策略的相关强度来看，善良都排在首位，其次是宽恕、感恩与不嫉妒，最后是互惠。这说明，善良是在博弈困境中促进合作与回报、抑制背叛的最主要情感特质。善良的特征为温和、利他、诚信和重情感（王娜，2012），而合作行为本身就具有一定的善良、利他性质，因此高善良的个体在博弈困境中更倾向于选择合作且从不主动先背叛。另外，互惠也是促进合作的重要特质，它能带来更高水平的合作关系，但也可能因为惩罚和报复而"导致进一步的报复，冲突将恶化成无止境的双方背叛"（Axelord，Dion，1988）。因此，同时培养和提升青少年的宽恕、感恩和不嫉妒等情感特质，有利于更好地促进困境中的合作行为、抑制背叛。

4. 价值取向与青少年合作行为关系

在博弈困境下，价值取向直接影响青少年合作行为，且通过博弈策略间接影响青少年合作行为。研究发现，亲社会者比亲自我者更倾向于选择合作与回报策略，表现出更少的背叛和更多的合作行为。这与以往对青少年的实验研究结论一致（孙红日，2001）。随着社会经验的丰富和观点采择能力的提高，青少年已注意到博弈对象的利益，并试图在自身和他人利益之间寻找平衡点。亲自我者以个人利益为主要的价值定位，更多考虑最大化自身利益而选择背叛策略，合作水平较低；而亲社会者以集体利益为主要的价值定位，更多追求公平分配而更可能选择合作策略，合作水平较高。根据青少年价值观和价值取向还不十分稳定、清晰的特点，教育工作者可通过"价值澄清法"等引导其形成正确的价值定位（李幼穗，孙红日，2001），培养青少年的合作意识和合作行为。然而，利己主义和利他主义都有其自身缺陷，不符合博弈论优超策略（李俊奎，高琳萍，2009），因此建议将"互利"作为道德教育的价值定位，在利益归属上坚持"利己优先、兼顾利他"的原则，在行动策略上要求青少年从追求自身利益最大化到兼顾同伴或集体利益最优化，从背叛趋向合作，在互利共赢中发展（裴指挥，张丽，2006）。

5. 信任预期与青少年合作行为关系

研究发现，在博弈困境下，信任预期对青少年合作行为有显著正向影响。"目标/预期理论"指出，人们选择合作行为必须具备两个条件，一是自己有合作的意愿和目的，二是预期其他人也会合作。因此，当青少年相信同伴也会合作时，他们往往更容易作出合作的抉择，表现出更多的合作行为。为了更好地培养和提升青少年的信任预期水平，我们应注意几点：①信任应是一种理性策略，不能盲目、无条件地信任。②信任应是一种人际态度，在交往时应遵从一些公共信念，如"己所不欲，勿施于人""将欲取之，必先予之"等。③信任应是一种个人能力。青少年在困境中倾向于选择中等程度的信任以简化决策难度，并期待较为公平的回报，这一行为模式已与成人类似（Camerer，2003）。④信任应是一种社会品德，即不论他人如何行动，个人都应采取令人信任和值得信赖的方式行事，将信任视为一种道德义务和一个有良知的社会成员应该具备的行为方式（陈欣，叶浩生，2009）。

五、结论

在对实验结果进行数据处理与分析的基础上，笔者得出以下结论：①在博弈困境下，青少年合作行为整体处于中等偏下水平，且在性别、年级上存在明显差异。②三种博弈策略（合作、回报、背叛）均显著预测青少年合作行为，且回报策略的预测效果最佳。③回报特质、价值取向可直接预测青少年合作行为，且通过博弈策略间接预测合作行为。④信任预期可正向预测青少年合作行为。

第三节　实证研究二：奖惩制度、压力知觉、情境归因的影响效应

一、问题的提出

青少年合作行为的形成是个体与周围环境相互作用的过程。不同性格特点的青少年在不同的外部环境下，会对合作情境作出不同的反应，由此可见，外部环境对青少年合作行为的形成发挥了越来越重要的作用。依据组织制度理论，外部环境通常包括任务环境与制度环境两种。任务环境是指组织在此环境中进行产品和服务的交换，并因为对工作过程的高效控制而获得回报；制度环境则是以各种规则和要求的详细描述为特征，强调服从所带来的生存价值和符合制度规则与规范所带来的合法性。现有研究大多探讨了任务环境下目标一致性对合作行为的影响，而对于制度环境的研究较少。那么，所谓制度，就是要求大家共同遵守的办事规程或行动准则，其目的是为个人行为沿着特定的方向发展提供一种指引，帮助个人作出正确的行为选择。在学校教育中，奖励制度和惩罚制度作为控制学生行为的两种常用手段，对青少年的合作行为都产生了重要影响。然而从已有研究看，学界对奖励和惩罚制度

到底如何影响青少年合作行为的作用机制鲜有关注。因此，本节试图以制度为切入点，探讨奖励制度、惩罚制度对青少年合作行为的影响情况，并分析压力知觉和情境归因在其中的作用机制，以期丰富青少年合作行为的相关研究成果，同时能更有效地运用奖惩制度，使其更好地服务于教育活动。

骆欣庆等（2019）通过礼物交换博弈实验发现奖励制度和惩罚制度都是维护社会规范，促进合作行为达成的重要手段。奖励和惩罚背后激发的可能是人内在的精神需求，是从精神上对合作行为进行的监控，本质上激发了一种道德情感，而当个体处在个人利益和集体利益相冲突的社会困境情况下，积极的道德情感会促进合作。Haig 和 Schotter（1997）发现不同奖励制度下学生的任务完成情况不同，学生因奖励而产生的自豪感、荣誉感等都可以鼓励其完成更多的合作任务。此外，Torsten 等（2003）在公共物品背景下分析了 3 种集体惩罚制度和 1 种个体惩罚制度，发现与不存在惩罚制度的情景相比，所有惩罚制度都能更有效地保持和提高合作行为水平。惩罚减少了背叛收益，进而改变了人们的贪婪动机；同时人们认为他人的背叛行为会由于存在惩罚而受到限制，于是增加了对他人的期待、信任而更愿意合作（Yamagishi，1986）。因此当群体成员间的合作预期较低时，人们更乐于设置或者引入某种奖励或惩罚制度，以保证互惠、合作行为长期维持在一个较高水平（Mulder，2008）。可见，奖励制度和惩罚制度作为激励行为的两种强化手段，都能有效地促进合作行为的产生。

压力知觉是指个体受刺激性事件或不利因素的影响而产生的紧张、威胁等感受（杨廷忠，黄汉腾，2003）。依据制度压力理论，任何个人和组织都不可避免地受到社会政策、规范和法规等外部制度环境的影响。而奖励和惩罚作为引导和约束人们行为的外在制度规范，必然会给处在其中的个体带来压力感，具体来说，主要是来源于制度的强制压力、规范压力和模仿压力（Dimaggio，Powell，1983）。可见，奖惩制度的存在会使得个体产生更高的压力知觉，压力知觉又与个体合作行为存在密切关联。已有研究表明，个体会基于自身经验、价值观和认识，对制度压力作出个性化反应，实施均衡趋利的响应行为（陈力田等，2018）。比如在奖惩制度下，人们认为奖惩制度会给自己和他人都带来压力困扰，因面临一致的外在压力而增强了群体凝聚力，进而促进了彼此间的协调，使合作更加顺畅（Mullen，Copper，1994）。上述分析发现，奖惩制度会影响个体的压力知觉，而压力知觉又是个体合作行为的重要预测变量。

归因理论指出，人们总是试图确定自身及他人行为产生的原因。所谓归因就是根据内在经验对自己和他人行为产生的原因加以解释和推测的过程。知觉框架理论认为，对社会情境的合适性判断不仅影响对何种行为适合的认知，而且影响对他人行为的期待，包括什么规范是合适的、对别人如何归因（Messick，1999）。归因对合作行为有显著的影响，将合作行为归因于内部或外部原因，会影响个体的合作动机和对他人的合作预期（刘谞等，2010）。所谓情境归因，就是指从环境等外在因素解释一个人的行为的原因，即外归因。研究表明，外在的奖励和惩罚都会增加个体的情境归因（Deci，1971）。Messick（1999）在社会两难合适性理论中指出，情境分类和可能引导行为的规则都影响着合作，而奖惩制度不仅影响了情境分类，也影响了个体对情境中引导行为的规则的认知。奖惩制度作为一个外在线索，一方面会改变对他人在有惩罚制度时的合作行为的归因，从而改变对他人的信任及其合作意愿；另一方面，也影响了对自身合作行为的归因，从而改变自身的合作动机及最终的合作行为（刘谞等，2010）。由此可见，奖惩制度通过改变情境归因最终影响了个体的合作行为。

虽然压力知觉和情境归因都是奖励制度、惩罚制度与大学生合作行为之间的中介变量，但两者也可能存在一定的关联。根据压力应激理论，个体对环境的压力知觉能够激发其主动调节应对方式（如对情境的归因），以实现自身的良好适应与发展。可见，对环境的压力知觉是个体情境归因的一个重要来源。研究发现，压力知觉与大学生情境归因显著正相关，压力较大的个体往往更容易对自己和他人的行为进行情境归因（梁燕，2012）。此外，也有研究表明，压力知觉在情境归因与大学生社会适应行为之间起中介作用（Bell，Thomas，2009）。生态系统模型认为，个体的行为发展会受到相互嵌套的直接和间接环境的影响，而按照环境因素与发展结果的不同，又可以将其区分为远端因素和近端因素（金灿灿等，2011）。奖惩制度作为一种外在的情境特点，对大学生合作行为而言是一种最远端的因素；压力知觉来源于对外在奖惩制度的心理压力感知，因而是影响大学生合作行为的远端因素；而情境归因作为对合作行为的直接解释和推测，属于影响合作行为的近端因素，远、近端因素互相交织，共同作用于大学生的合作行为水平。由此可推论，压力知觉和情境归因在奖惩制度与大学生合作行为之间的作用不是相对独立的、平行的，而是一前一后的、链式的。

综上所述，笔者提出如图 6-4 所示的青少年合作行为形成的外在动力机制模型，尝试分析奖励制度、惩罚制度对青少年合作行为的影响效应，并探讨压力知觉、情境归因在其中的中介作用机制。

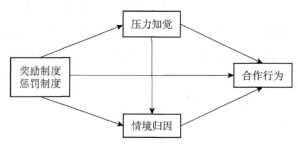

图 6-4　青少年合作行为形成的外在动力机制模型

二、研究方法

1. 被试

采用整群抽样法，从成都地区的三所中学共选取 300 名被试。剔除 15 份无效数据，最终有效被试为 285 名，有效率为 95.00%。其中，男生 130 人，女生 155 人；初一 112 人，初二 96 人，初三 77 人；年龄在 12—16 岁，平均年龄 13.87 岁。

2. 研究工具

本节采用 Kazemi 和 Eek（2007）编制的"公共物品困境实验"游戏，并利用 C#语言分别设计了无条件实验局、连续固定奖励实验局、变动比率奖励实验局、连续固定惩罚实验局和变动比率惩罚实验局（附录八中（一））。每位被试都有权利选择任意一个实验局进行参与，不可重复参与。实验中关于合作行为的测试题为："你决定投入＿＿金币到公共账户中？（请输入 0—100 以内的具体数字，输入后请按 Enter 键）"，且分别在设定的不同制度环境中实施游戏各 20 轮，被试通过自己的思考和判断，将个人账户的金币投入公共账户中。投入金币数量的多少被视为其合作水平的高低，投入金币的数量越多则代表其合作行为水平越高，反之则越低。

压力知觉部分采用杨廷忠和黄汉腾（2003）编制的"压力知觉量表"，包括紧张感和失控感两个方面。笔者结合实验情境对问卷的部分语汇进行了修正和删减，共 8 个题项（附录八中（二）A11—A24）。其中，A11—A14 测量紧张感，A21—A24 测量控制感。采用 5 点计分，从 1 表示"很不赞同"到 5 表示"非常赞同"，得分越高表示压力知觉水平越高。该部分的 α 系数为 0.87。

情境归因部分采用刘诩等（2010）编制的"外归因问卷"，用以判断自己和他人在奖励/惩罚制度条件下的合作行为在多大程度上是出于对外在的奖励/惩罚、经济的考虑，共 4 个题项（附录八中（二）B1—B4）。采用 5 点计分，从 1 表示"很不赞同"到 5 表示"非常赞同"，得分越高表示情境归因程度越高。该部分的 α 系数为 0.84。

3. 研究程序

第一步，将被试分组带入学校机房，每组 20 人，被试随机入座。主试宣读指导语和注意事项，并确保每个被试都理解了实验流程、任务和规则。

第二步，进行公共物品困境实验，共 20 轮投资。具体研究程序同本章第二节研究程序。

第三步，要求被试根据实验后的真实感受独立填答压力知觉问卷和情境归因问卷。

4. 数据录入与整理

全部数据回收后进行初步核查，排除不认真作答的被试，并采用描述性统计、方差分析、相关分析和回归分析等对数据进行处理，借助软件 SPSS20.0 完成。

三、数据分析与结果

1. 不同奖惩制度下初中生合作行为的差异比较

（1）有无奖惩制度下大学生合作行为差异分析

为分析有无奖惩制度对合作行为的影响，笔者将连续固定奖励和变动比率奖励两个实验局的被试合并为"奖励制度组"，将连续固定惩罚和变动比率惩罚两个实验局的被试合并为"惩罚制度组"，并与无奖罚制度组进行比较，其均值得分及方差分析结果如表 6-5 所示。大学生在有无奖惩制度下的合作行为存在显著差异（$F=63.24$，$p<0.001$）。其中，无奖惩制度组的合作行为均分（$M=32.29$）显著低于奖励制度组（$M=68.54$）和惩罚制度组（$M=70.58$），

这表明大学生在奖励制度和惩罚制度下都会有更多的合作行为。

（2）不同奖惩形式下大学生合作行为差异分析

为分析不同奖惩形式对合作行为的影响，笔者将连续固定奖励和连续固定惩罚两个实验局的被试合并为"连续固定奖惩组"，将变动比率奖励和变动比率惩罚两个实验局的被试合并为"变动比率奖惩组"，并与无奖罚制度组进行比较，其均值得分及方差分析结果如表 6-5 所示。大学生的合作行为在不同奖惩形式下存在显著差异（F=83.52，p<0.001）。其中，变动比率奖惩组的合作行为得分（M=77.28）显著高于连续固定奖惩组（M=61.84）和无奖惩制度组（M=32.29）。这表明相比于连续固定奖惩和无奖惩制度，大学生在变动比率奖惩制度下会出现更多的合作行为。

表 6-5　不同奖惩制度下大学生合作水平及方差检验结果

组别	合作水平均值	F	组别	合作水平均值	F
无奖惩制度组	32.29		无奖惩制度组	32.29	
奖励制度组	68.54	63.24***	连续固定奖惩组	61.84	83.52***
惩罚制度组	70.58		变动比率奖惩组	77.28	

2. 各变量与青少年合作行为的相关性

各个变量与青少年合作行为相关性分析如表 6-6 所示。可以看出，奖励制度与合作行为之间（r=0.24，p<0.01）、惩罚制度与合作行为之间（r=0.44，p<0.01）、压力知觉与合作行为之间（r=0.57，p<0.01）、情境归因与合作行为之间（r=0.58，p<0.01）皆呈显著正相关，说明奖励制度、惩罚制度、压力知觉、情境归因皆与合作行为存在联系。除奖励制度与压力知觉之外，其他变量两两显著相关，这为进一步分析变量间的因果路径关系奠定了基础。

表 6-6　变量的描述性统计结果和相关系数

变量	奖励制度	惩罚制度	压力知觉	情境归因	合作行为
奖励制度	1				
惩罚制度	0.46**	1			
压力知觉	0.07	0.21**	1		
情境归因	0.22***	0.33**	0.49**	1	
合作行为	0.24**	0.44**	0.57**	0.58**	1

3. 奖励、惩罚对合作行为的影响路径分析

为验证图 6-4 中各变量间的因果路径关系，笔者根据温忠麟和叶宝娟（2014）推荐的中介效应检验的 Bootstrap 方法，应用 SPSS 宏程序 PROCESS 的模型 6，在控制性别、年级的条件下，通过 1000 次样本抽样估计中介效应 95%置信区间的方法，分别检验压力知觉和情境归因在奖励制度、惩罚制度与大学生合作行为之间的链式中介作用。在代入回归方程之前，事先将奖励制度、惩罚制度转换为虚拟变量，并对其他变量进行了中心化处理。结果详见表 6-7 和表 6-8。

回归分析的结果（表 6-7）表明：奖励制度对大学生合作行为的直接预测作用显著（$\beta=0.27$，$p<0.001$），总体上也显著正向预测大学生合作行为（$\beta=15.53$，$p<0.001$）；奖励制度直接显著正向预测情境归因（$\beta=0.40$，$p<0.001$），但是对压力知觉的预测作用不显著（$\beta=0.14$，$p>0.05$）；压力知觉直接正向预测情境归因（$\beta=0.68$，$p<0.001$），正向预测大学生合作行为（$\beta=0.45$，$p<0.001$）；情境归因直接正向预测大学生合作行为（$\beta=0.44$，$p<0.001$）。惩罚制度对大学生合作行为的直接预测作用显著（$\beta=0.45$，$p<0.001$），总体上也显著正向预测大学生合作行为（$\beta=24.97$，$p<0.001$）；惩罚制度直接正向预测压力知觉（$\beta=0.41$，$p<0.001$），正向预测情境归因（$\beta=0.35$，$p<0.001$）；压力知觉直接正向预测情境归因（$\beta=0.65$，$p<0.001$），正向预测大学生合作行为（$\beta=0.44$，$p<0.001$）；情境归因直接正向预测大学生合作行为（$\beta=0.41$，$p<0.001$）。

表 6-7　链式中介模型中变量关系的回归分析

自变量	模型 1-1（压力知觉）		模型 1-2（情境归因）		模型 1-3（合作行为）		模型 2-1（压力知觉）		模型 2-2（情境归因）		模型 2-3（合作行为）	
	β	t	β	t	β	t	β	t	β	t	β	t
年级	0.13	2.30*	-0.09	-2.24*	0.07	2.29*	0.14	2.49*	-0.07	-0.18	0.08	2.96**
性别	0.04	0.76	0.15	3.69***	-0.03	-1.01	0.01	0.25	0.13	3.30**	-0.05	-0.18
奖励制度	0.14	1.01	0.40	4.10***	0.27	3.58***						
惩罚制度							0.41	3.67***	0.35	4.31***	0.45	7.73***
压力知觉			0.68	17.27***	0.45	11.01***			0.65	16.34***	0.44	11.52***
情境归因					0.45	10.71***					0.41	10.46***
R^2	0.03		0.53		0.74		0.06		0.53		0.77	
F	3.02*		87.64***		176.07***		7.28***		88.56***		210.36***	

中介效应分析的结果（表6-8）表明：对于奖励制度而言，情境归因的中介作用显著，通过奖励制度→情境归因→合作行为的途径产生的间接效应为5.04，占奖励制度对大学生合作行为总效应（15.53）的32.45%；但压力知觉的中介作用、压力知觉和情境归因的链式中介作用均不显著。对于惩罚制度而言，情境归因的中介作用、压力知觉的中介作用、压力知觉和情境归因的链式中介作用均为显著，通过惩罚制度→压力知觉→合作行为（5.07）、惩罚制度→情境归因→合作行为（4.07）、惩罚制度→压力知觉→情境归因→合作行为（3.11）三条路径所产生的间接效应，分别占惩罚制度对大学生合作行为总效应（24.97）的20.30%、16.30%和12.45%，三条路径的总中介效应为12.25，占总效应的49.06%。它们的Bootstrap 95%置信区间均不包含0值，表明这四个间接效应均达到显著水平。

表6-8 中介路径效应分析及95%置信区间

自变量		中介路径	效应值	95%置信区间		相对效应/%
				下限	上限	
奖励制度	直接效应		7.50	3.38	11.62	48.29
	中介效应	奖励制度→压力知觉→合作行为	1.78	−1.66	4.87	11.46
		奖励制度→情境归因→合作行为	5.04	2.63	7.73	32.45
		奖励制度→压力知觉→情境归因→合作行为	1.21	−1.04	3.50	7.79
	总效应		15.53	8.08	22.99	
惩罚制度	直接效应		12.72	9.49	15.96	50.94
	中介效应	惩罚制度→压力知觉→合作行为	5.07	2.40	7.96	20.30
		惩罚制度→情境归因→合作行为	4.07	2.18	6.59	16.30
		惩罚制度→压力知觉→情境归因→合作行为	3.11	1.41	4.88	12.45
	总效应		24.97	19.32	30.62	

四、讨论

1. 奖惩制度对青少年合作行为的影响

本节发现，奖励制度直接正向预测青少年合作行为，直接效应占48.29%；惩罚制度直接正向预测青少年合作行为，直接效应占50.94%。说明在奖励制度、惩罚制度的强化作用下，青少年会表现出更多的合作行为。这与前人的研究结果是一致的（骆欣庆等，2019）。总的来说，奖励制度作为一种正向激励，能够激发青少年产生一种积极的道德情感，如自豪感、荣誉感等，进而促使其作出高贡献的合作行为（潘昌明，2015）。惩罚制度通过对背叛行为的制裁，减少了贪婪和害怕动机，增加了青少年的信任水平，从而提高了合作程度（Yamagishi，1986）。需要注意的是，有研究显示合作行为会受到"惩罚撤除"效应的影响（Laetitia et al.，2006），即合作行为会因为惩罚系统被撤除而立即减少，甚至比没有引入过惩罚系统时还要少。这提示我们，不仅要重视奖励制度、惩罚制度所发挥的激励作用，还必须重视奖惩效力的延续性。

本节还发现，变动比率奖惩比连续固定奖惩制度更能推动青少年合作行为的形成。前者是指每隔固定的时间便给予一次奖励/惩罚；后者则是指期望的合作行为发生的次数与奖励/惩罚次数之间的比例是变动的。根据强化理论，按照固定间隔强化来实施奖励/惩罚，会形成一种规则的行为模式，合作行为频率在强化之前会增高，但在紧随其后的一段时间里又会明显减少；按照变动比率强化来实施奖励/惩罚，被强化的合作行为能保持稳定的上升且不易消退，因为被试知道强化取决于反应的次数，却不知道具体需要反应多少次。所以比较而言，变动比率奖惩比连续固定奖惩更加有效，更能引发个体高而恒定的合作行为的出现，且合作行为不易消退（武艳英，2010）。因此，在制定奖励和惩罚制度时，我们还应该注重奖惩方式的多样性和灵活性。

2. 压力知觉和情境归因在奖惩制度与青少年合作行为间的中介作用

本节发现，在控制了青少年的性别、年级等背景因素之后，压力知觉和情境归因在奖励制度与青少年合作行为、惩罚制度与青少年合作行为的关系间存在不同的中介作用机制。

1）探讨了压力知觉是否分别对奖励制度、惩罚制度与青少年合作行为之间的关系存在中介作用。结果显示，"惩罚制度→压力知觉→合作行为"的中介路径显著，表明压力知觉在惩罚制度与青少年合作行为之间起独立的中介作用。这一结果既支持了制度压力理论，即惩罚制度的存在会增强个体的压力知觉；也印证了 Mullen 和 Copper（1994）的观点，即一致的压力知觉会增强群体凝聚力进而促进群体成员间的协调与合作。在惩罚制度对合作行为的间接效应中，通过压力知觉的中介路径效应值最大（20.30%），表明惩罚制度主要是通过提升青少年的压力知觉进而影响其合作行为的。因此，我们可以通过制定合适的惩罚制度，提升青少年对惩罚的压力知觉，从而激发更多的合作行为。但是，研究发现"奖励制度→压力知觉→合作行为"的中介路径并不显著，表明奖励制度并不能通过压力知觉影响青少年合作行为。这可能是因为，压力知觉是个体对环境中的威胁性刺激经过自己的认知评价后所产生的心理反应（杨廷忠，黄汉腾，2003），因此个体对威胁性刺激的认知不同，其产生的影响大小也不同。而奖励作为一种物质或精神肯定，通常不会被青少年视为威胁性刺激，从而导致两者并无显著相关，奖励制度也并不能显著预测压力知觉。

2）探讨了情境归因是否分别对奖励制度、惩罚制度与青少年合作行为之间的关系存在中介作用。结果表明，当存在奖励或惩罚制度时，青少年的情境归因水平均较高，这与以往研究结论一致（Deci，1971），也为知觉框架理论提供了实证支持（Messick，1999）。在奖励/惩罚系统中，青少年更容易关注奖励/惩罚这一现有线索，也倾向于对行为结果作出情境归因。更重要的是，研究发现"奖励制度→情境归因→合作行为""惩罚制度→情境归因→合作行为"两条中介路径均显著，表明情境归因在奖励制度与合作行为、惩罚制度与合作行为之间均发挥了独立的中介作用。这与 Messick（1999）、刘谞等（2010）的研究结果一致，说明奖惩制度作为一种外在激励和约束，会增强青少年的情境归因，促使他们改变对他人的信任和合作动机，进而出现更多的合作行为。从中介路径的效应值看，奖励制度通过情境归因的中介效应值最大，占 32.45%；惩罚制度通过情境归因的中介效应值为 16.30%，虽比压力知觉的低一些，但其依然显著。这说明在奖励制度、惩罚制度对青少年合作行为的影响中，情境归因是不可忽视的一个重要中介因素。因此，引导青少年在奖惩制度下作出更加合理的情境归因，有利于提高其合作行为水平。

3）探讨了压力知觉和情境归因是否在奖励制度、惩罚制度分别与青少年合作行为之间起链式中介作用。结果表明，"惩罚制度—压力知觉—情境归因—合作行为"的链式路径存在，其中介效应值在总效应中占比 12.45%，且中介效应显著。这表明在惩罚制度与青少年合作行为之间存在着链式中介机制：由于惩罚制度所带来的强制压力、规范压力和模仿压力（Dimaggio，Powell，1983），青少年会产生更高的压力知觉；而压力知觉提高会增强青少年的情境归因倾向，高压力知觉的个体更容易把自己和他人的行为作情境归因（梁燕，2012）；而高水平的情境归因又进一步促使青少年相信自己和他人的行为都会受到惩罚的限制，从而减少了背叛，增加了对他人的信任和合作的程度（刘谐等，2010）。但是，研究发现奖励制度虽然通过压力知觉作用于情境归因，进而影响青少年合作行为，其中介效应值占比 7.79%，但"奖励制度—压力知觉—情境归因—合作行为"的链式路径并不显著。这可能是因为奖励制度并不能显著预测青少年压力知觉，所以导致压力知觉和情境归因无法在奖励制度与青少年合作行为之间发挥显著的链式中介效应。

综上，本章发现，情境归因在奖励制度与青少年合作行为的关系间起部分中介作用，但压力知觉在两者关系之间并无显著中介作用；压力知觉和情境归因在惩罚制度与青少年合作行为的关系间起独立和链式中介作用，且有近一半的影响（49.06%）是通过中介效应实现的。这些发现不仅有助于厘清奖励制度、惩罚制度、压力知觉、情境归因和合作行为等变量间复杂的相互关系，明确奖励制度、惩罚制度是如何分别推动青少年合作行为的，更能全面地揭示其内部作用机制。

五、结论

本节在对实验结果进行数据处理与分析的基础上得出以下结论：①不同奖惩制度下青少年合作行为存在明显差异，无奖惩组的合作行为显著低于奖励组和惩罚组，连续固定奖惩组的合作行为显著低于变动比率奖惩组；②奖励制度直接正向影响青少年合作行为，且通过情境归因的中介作用间接影响青少年合作行为；③惩罚制度直接正向影响青少年合作行为，且存在三条间接路径：惩罚制度→压力知觉→合作行为，惩罚制度→情境归因→合作行为，惩罚制度→压力知觉→情境归因→合作行为。

◆◆◆ 第四篇 ◆◆◆
/ 对 策 篇 /

第七章

青少年合作教育的经验借鉴

随着全球化的发展，合作教育在各国文化交流传播过程中占有重要的地位。鉴于此，我国应结合自身现实状况，合理汲取国内外有关合作教育的优秀经验，更有针对性地提高我国青少年合作教育的现有水平，这不仅能让青少年在学习中认识合作、了解合作、懂得合作，还对促进青少年全面发展具有极为重要的现实意义。

第一节　西方国家青少年合作教育实践经验

一、英国合作教育的实践探索

英国合作教育思想体系的逐步完善，推动了一系列合作教育实践活动的产生，并在宣传合作教育思想、提高合作能力和培养合作意识等方面发挥了关键作用。具体实践活动的实施，对合作教育整体水平的提升发挥了乘数效应，这极大地丰富了英国合作教育的内涵，并增添其活力。

1. 导生制

Bell A 与 Lancaster J 是英国最早提倡采用合作性教育小组进行教学的教育家，其主张在英国学校开展广泛的合作教学实践活动。①注重教室结构布局的改变。将一排排长课桌安放在一个大教室中，每排的容纳量扩充至 10 个学生。②重视教学方式的改变。在每排学生中挑选一位导生，教师先把主要知识点传授给导生，然后由导生们领着一排学生围站在一个地方，把刚学到的内容再教给其他学生。这样，每排学生都能及时向导生寻求帮助，若导生遇到难以解决的问题时也可及时向教师求助。这种教学组织形式大幅度地提高了课堂教学效率，同时也让学生之间的关系更加亲密。换言之，学生在学习过程中会主动寻求导生的帮助，这既锻炼了他们与人交往沟通的能力，又让学生直接或间接地明白了合作的重要性。

2. 新和谐公社教育实验

Owen R 是 19 世纪英国空想社会主义思想家和教育家，其在培养德、智、体、美、劳全面发展的新和谐公社教育实验方面取得的成效引起了社会各界的关注。新和谐公社始终秉持着"公社的首要任务，将是使全体社员在体、德、智方面经常受到最好的教育"这一理念。据此，Owen R 以年龄大小为标准将公社成员划分为若干小组，并规定了每一年龄组所应从事的活动。具体表现为：第一组成员由 0—5 岁的儿童组成，他们被安排进入保育室和幼儿学校，主要确保他们在力所能及的范围内获得一切事物的正确知识；第二组成员包括 5—10 岁的儿童，他们的主要任务是获得有用的经验，通过亲自了解事务或与有经验的人交谈来获取知识和能力；第三组成员主要由 10—15 岁的青少年构成，他们要领导第二组儿童，并协助他们从事各种家务活动；第四组成员的年龄为 15—20 岁，他们更加注重体、德、智、劳方面的发展，在日常生活中，他们既是社会必需物品的生产者，也是第三组青少年学习的指导者。除此之外，公社成员在社会管理活动中实现了高度自治，他们拥有议案表决权、选举理事会成员权、听取报告权等，能积极参加并处理各种社会事务。这种将不同年龄阶段的公社成员集中在一起生活、一起学习的方法，既能促进自治能力的培养，又能加强公社成员之间的相互帮助的意识并提升其相互合作的能力，从而实现公社成员德、智、体、美、劳全面发展的目标。

3. 拉格比公学改革

Arnold T 是 19 世纪英国古典主义教育思想的主要代表人物之一，其推行的拉格比公学改革受到了众多教育人士的赞扬和效仿，为英国的合作教育探索出了一条新路径。他主张改变统治殖民地式管理的教育方法，为此，他亲自担任拉格比公学的牧师，开展了一系列的教育改革活动，包括：①将校规交给高年级学生执行，鼓励高年级学生积极参与到学校的各项事务中来，以培养学生们的管理能力；对于不合格或道德上犯错的学生，高年级的管理学生有权对其进行体罚。②为了纠正学生身上存在的缺点，Arnold T 提倡改善师生比例，建立年级长制，缩小学生宿舍规模。③为改正高年级学生捉弄和使唤低年级学生的陋习，他选择 30 名高年级学生，赋予他们管理学生活动和维持学校纪律的责任，培养他们的自治精神。④Arnold T 认为寝室是能够影响个人生活和学习的"同伴兄弟会"，是学生交友谈心和互相学习的地方，是富有品格陶冶价值的教育场所，所以在拉格比公学实行寄宿制度。通过将管理学校的权力归还给学生，极大地提升了学生自我管理的能力，同时也提高了学生参与的积极性。此外，此次改革还注重发挥"同伴效应"的作用，为学生营造了一个轻松自在的校园氛围，从而有效地促进了学生之间的相互交流和相互合作。

二、美国合作教育的实践探索

1806 年，Bell A 和 Lancaster J 将合作学习小组的实践带到了美国，并在纽约开设了第一所兰卡斯特学校。此举推动了合作教育思想在美国的传播和发展，拉开了美国有关合作教育的一系列实践活动。美国合作教育最深入、运用最广泛的内容集中于合作学习方法的研究，他们认为在教学实践中，如何有效地组织合作学习，直接决定着合作教育的质量与效益。

1. 学生小组成绩分工法

Slavin R E 身为美国约翰·霍普金斯大学教授，所设计的学生小组成绩分工法（student teams achievement division，STAD）是学生团队学习诸多方法中最具有代表性的一种。STAD 是一种以小组成绩为标准对学生进行奖励的教学实践方式，一般而言，可细分为五个步骤：①课堂授课。教师直接向学生讲解学习材料并进行教学。②小组组建。教师根据学生的能力水平、性别、社会背景、认知风格等因素对学生进行异质分组，学生在小组中相互帮助、相互指导，共同完成学习任务目标。③实施测验和小组反思。每个学生都独立完成课后小测验，并依据测验结果及时反思小组合作学习的情况。④计分。分为基础分和进步分，基础分是前期测验所得分数，进步分则是此次测验与前期测验相比的进步情况。⑤小组奖励。教师对总分较高或达到规定分数的小组进行口头表扬、加分或物质奖励等。由此可见，STAD 不仅强调学生的个人责任，还注重培养学生的集体意识。同时，采用特殊的计分方式，使无论基础好坏的学生都能平等地为小组作出贡献，从而激励学生更加努力地学习和参与。

2. 小组游戏竞赛法

Slavin R E 及其同事 Devries D L 创造的小组游戏竞赛法（team games tournaments，TGT），主张让各小组中能力水平相近的人在一起进行游戏竞赛，以游戏竞赛的名次换取相应的小组积分。TGT 由五个环节组成：①全班教学。教师授课的重点在于介绍主要学习内容。在全班授课结束后，教师要详细说明合作学习的方法和要求以及相关竞赛规则。②分组学习。教师把学习材料发放到小组中，为达到共同学习和完成作业的目的，小组成员需通过互相帮助来确保组员都能正确回答和解释作业单上的题目。③游戏竞赛。主要采用问答式竞赛，教师给每个竞赛小组发一套测验试题与答案、竞赛记分纸以及一套印有题号的卡片。学生轮流抽题作出回答，并根据竞赛规则对回答情况进行记录。④记分。所有题目都回答完后，根据记录对选手进行排名，再借助换算规则算出每个选手的分数。⑤奖励。依据小组排名，对优胜小组进行物质或精神奖励。值得一提的是，优胜的标准可以由教师和学生商议确定。TGT 与 STAD 一样，都强调小组奖励、个人责任和成功机会人人均等，但 TGT 在体现个人责任和成功机会人人均等的方式上又独树一帜。通过引入竞赛机制来有效激发所有学生的学习动机，使得学生能够通过亲身参与体验，进而更好地明白个人责任与集体荣誉之间的关系。

3. 小组辅助教学法

Slavin R E 等主张小组辅助教学法（team assisted instruction，TAI），也称为小组加速教学或小组协力教学，是一种让学生在小组中进行自定步调的个别化学习。在基于"如果学生能够自行检查所学习的教材和自行管理课堂，教师则会有更多的时间去教导个别学生或同质的学习团体"和"学生可以根据自己的实际水平来决定学习的起点和步调"两个假设前提下，将 TAI 的实施具体分为四个环节：①前测与分组。教师需要根据能力、性别、社会背景等因素将学生分为 3—5 人的异质小组，然后对学生进行测验，考查学生已有的学习基础，确定学生最适合开始的学习起点。②分组教学与分组学习。根据事先确定的起点，教师把相应的说明页、练习页、形成性测验和答案都发放到成员手中，并介绍合作方法和规则。③单元测验与评比。整个单元学习结束后可进行一次测验，以了解学生的学习表现。同时以周为单位，统计每个小组在这段时间里所完成的单元总数和单元测验的平均分。④奖励。教师根据小组总体成绩给予奖励，对于达到设定标准的小组，应给予相应的荣誉，并颁发小奖状。TAI 所强调的自定步调可以让每个学生形成扎实的基础，享有均等的成功机会。另外，无论是测验还是奖励都是以小组为单位，能够促进学生加强小组内的合作与交流，进而增强集体荣誉感。

4. 切块拼接法

美国的得克萨斯州大学社会心理学系主任 Aronson E 最先提出了切块拼接法这种教学方式。他主张将全班学生分成若干小组，每个小组都学习相同内容。教师课前按照学习目标把学习材料分割成几个部分，小组内每个成员各领取一部分。然后，将不同小组中掌握相同材料的学生集中起来组成一个专家组，他们共同学习和研究所承担的任务直至熟练掌握。随后，专家组学生回到自己的小组中去，把自己掌握的内容教授给其他组员，从而使每个人都能掌握全部的学习内容。最后，在结束一个单元的学习后，每个人都要独立完成一个测验，用分数来衡量每个人在测验中的表现。在切块拼接法中，合作不仅通过学习小组成员之间的资源共享和任务互赖得以体现，还体现在专家组的学习和讨论中，只有人人都充分参与，才可以使整个专家组对该部分内容有更深刻的理解，进而使小组成员都能更好地掌握所学知识。

5. 共同学习法

美国明尼苏达大学合作学习中心的 Johnson 兄弟是合作学习的重要代表人物。他们指出合作是人类互动的基本形式，它为竞争和单干提供背景。合作是森林，竞争和单干是树木。因此，他们提出共同学习法。①教师需在课前明确课堂的学业目标和社会技能目标，并依据学习目标按异质分组标准确定小组。②每个小组需完成指定的作业量学习，学完后向教师上交小组作业，依照小组作业成绩接受表扬或建议。该实践方式不仅重视学生共同学习前的小组组建活动和小组内的成员活动情况的定期讨论，也强调在实施共同学习法过程中应始终遵循异质分组、积极互赖、个人责任、社会技能和小组反思五个基本原则。共同学习法通过在教学中采用小组合作的方式使学生之间能协同努力，充分发挥了自身及其同伴的学习优势，取长补短，进而促进学生在相互交流与合作过程中共同进步。

6. 结构法

Kangan S 是美国著名的合作学习研究者，一直致力于研究不同情境对青少年合作与竞争行为的影响。在一系列研究实践的基础上，他发现合作学习能干预青少年的竞争性。鉴于此，他提出实施"结构法"。所谓结构类似于满足学习目标所采用的各种工具，只有依据学习目标选择合适的结构才能达到有效学习的目的。他认为，结构法主要包括六个基本要素：①结构及相关构造。结构是指在课堂互动中，教师与学生所进行的各种不同社会互动的程序。常用的结构包括三步采访法、大家动脑筋、内-外圈等。②基本原则。结构法的设计应该坚持同时性互动、平等参与、积极互赖、个人责任四个基本原则。③团队建设和班级建设。提升积极的团队认同感，形成相互喜欢、信任、尊重的人际关系。④团队。团队应该是经过精心设计的动力团队，持续时间更长，活动更稳定。⑤管理。教师对合作学习的课堂进行管理可采用很多的管理技巧，如控制噪声法等。⑥社会技能。在小组面临选择和决策产生意见分歧时，不能紧紧依靠学生自然获得的社会技能和自发的合作热情来维持小组工作，而应该进行专门的社会技能教授，帮助小组化解冲突，克服困难。基于结构法的合作学习能使学生的行为更加亲社会，从而增强学生之间的融合程度，推动合作行为形成。

三、德国合作教育的实践探索

德国将合作教育融入教学全过程。德国合作教育通过开展各种课程教学、营造良好校园文化环境、践行校外实践活动等方式，帮助青少年树立群体观念，鼓励其与他人建立和谐、友善的合作关系。这不仅有利于培养青少年的合作意识和合作习惯，也能够使每一位青少年富有群体精神。

1. 瓦尔特堡小学

瓦尔特堡小学是德国 2008 年评选出的最佳学校，该校重视让学生共同学习，相互帮助。在瓦尔特堡小学中，人人都有机会成为"小专家"，帮助他人解决问题，从而带动双方学习的积极性。学校主张 1—2 年级的学生在一起学习，3—4 年级的学生在一起学习。如果对所学知识存在疑问，学生可以向身边人求助。当同学也不知道的时候，他们可以共同向老师寻求帮助。这样做的好处在于：高年级学生通过向低年级学生讲解内容，加深了自己对所学知识的理解，提升了个人学习的成就感，从而更乐意帮助他人解决困惑。另外，低年级学生不必再羞于提问，能尽快适应被帮助者的角色，向同伴寻求帮助的次数也逐渐增加。经过四年的学习，学生从接受帮助向提供帮助转变，在此过程中，学生不仅为自己的学习承担责任，同时也为其他同学的进步承担责任。

2. 耶拿规划学校

耶拿规划学校是德国 2015 年评选出的优秀学校。该校十分注重学生参与意识与民主意识的培养，认为"没有学生参与，就没有好的课程"。学校通过建立学生议会和学生委员会制度，让学生代表组成的学生委员会参与其中，决定学校事务。委员会定期召开会议，会议内容主要包括学校发展、课程、教学、食堂饭菜、师生矛盾等问题，同时将讨论结果上交给学校负责人，作为学校改革的重要参考标准之一。此外，学生代表还会参加教师会议，提出对不同专业课程的看法和期待，让教师能够根据学生的需求及时对教学目标、方式方法等内容进行改进，从而提高教学的效率与质量。在耶拿规划学校，学生和教师一起讨论未来几周的教学主题是十分常见的现象。让学生参与学校各方面的管理，可以更好地加强学生之间的沟通交流，促进团队合作意识的培养，也能够培养学生的民主参与意识，增强其责任感，进而在校园内营造一种轻松愉快的学习氛围，促进学生们学习的积极性和主动性。

3. 罗伯特·博世总合中学

罗伯特·博世总合中学是德国 2007 年评选出的最佳学校，学校会议室挂着的一幅漫画上写着：单独工作是做加法，与他人合作是做乘法。学校提倡教师们以年级团队和专业领域团队的方式合作，彼此观摩课程，共同确定学习目标，共同制定下一学年的教学计划。除此之外，学校认为学生父母是合作教育中最重要的教育伙伴，重视加强与学生父母的交流与合作，通过开展各种团体活动吸引学生父母参加。例如，在 5 年级和 6 年级，父母们带着孩子筹备圣诞节义卖，带领孩子们自己动手制作义卖活动所需的各种标牌和道具等。通过参加这样的活动，父母有机会更好地了解孩子们的校园生活，携手学校共同推动青少年的全面发展。

四、西方国家合作教育的经验启示

对西方国家有关合作教育实践的总结，我们发现这些国家对合作的推崇和对合作教育的重视。各国的合作教育与自身国情和社会需求紧密联系在一起，具有鲜明的国家特色，对我国合作教育的发展具有经验借鉴与启示价值。

1. 创新和变革教育观念

合作教育观念的改变是提升我国合作教育水平的必经之路。无论是英国、美国还是德国，都提倡将课堂归还于学生，主张让学生成为课堂的主体。鉴于此，我国合作教育的发展应该清楚了解教学主体，摒弃传统的以教师为主体的核心观念，转变为教师和学生都是教学主体的思想，且以充分发挥学生主体性视为合作教育实施的核心观念。学生主体性的发挥是指学生个体能够自觉地、有目的地完成一定的活动，并在这一过程中认识和改造周围的世界。因此，在教学过程中，教师不应单一地下达指令让学生服从执行，而应该采用合理的方式方法吸引学生主动自觉地参与教学活动，并能够将所学的知识加以运用，从而充分发挥其主体性。另外，合作教育中教师和学生共同追求的最终目标是促进个性发展，教师和学生在合作教育中始终处于平等地位，两者间的合作交流，可以促进双方共同成长。

2. 营造良好的学习氛围

良好的合作学习氛围可以潜移默化地影响着参与其中的每一个人，使其能够主动自觉地与他人合作，促进自身全面素质发展。除了在课堂上采用小组学习的教学方法来营造合作气氛外，我们也可以通过加强校园文化建设，如课外活动体验、学生自治等活动使人们对合作产生情感共鸣与心理认同。英国十分注重合作教育小组构建，美国的合作小组学习广泛存在于各个教学课堂中，德国学生自治管理也十分活跃。我们可以通过这一系列较为隐晦的教育方式来增强青少年的合作意识，把合作教育融入日常生活与休闲娱乐之中、渗透到学科教育目标之中，以营造良好的校园文化氛围和社会风气，使青少年能够在无形之中受到熏陶和教育。

3. 形成和谐的师生关系

师生关系的改善是各国合作教育教学的基础，教师在教学过程中始终与学生保持平等的地位，并引导学生学会与他人合作交流。因此，教师态度、观念的转变是推动教师与学生和谐相处的第一步。英国合作教育中师生比例改善、美国合作教育中师生关系调整及德国合作教育中师生共治给我国合作教育提供了很好的示范。因此，在交往过程中，教师对学生的理解、尊重，可以促进学生更加信任教师，其角色也可从课堂的主导者转变为参与者，鼓励学生掌握课堂主动权。这种角色互换使得原是上下分级的师生关系进一步模糊，给双方更多的机会去换位思考，可以激发更多的灵感，使双方更能够相互理解和信任，从而完善教师的教学技巧和学生的学习方法。地位平等、协作互助和理解包容，都是形成和谐融洽师生关系的前提条件。

4. 形成合理的评分方式

传统评价方式将分数视为衡量学生好坏的主要标准，这无形中扼杀了学生学习的积极性，这种为分数而学习的习惯导致学生与学生之间更易形成竞争关系、学生与教师之间相对独立，不利于学生全面发展。美国斯莱文等认为小组分数是衡量是否进行奖励的主要标准，提倡以小组为单位来奖励的方式也促进了小组凝聚力的增强。因此，在合作教育过程中，学校应该形成合理的评分方式，将合作量化并视为评分标准之一，让学生认识到除了考试分数以外，还需重视个人素质的全面发展，进而更愿意加强与他人的合作学习，培养良好的合作意识，促进自身全面发展。

5. 多方主体的共同努力

对于青少年合作意识的培养，不仅需要政府和学校两方的努力，还需要家庭、社会各界组织的参与和配合。德国罗伯特·博世总合中学就是将家庭视为合作教育重要资源的代表。家庭是青少年接受教育的第一个场所，父母是青少年的第一任老师。在家庭生活中，父母应利用自己的经验创造机会让其子女学会与他人合作，同时能够明白合作的重要性和所带来的好处。与此同时，家长通过创造各种与子女合作的机会，能够相互理解、换位思考，进而形成和谐融洽的家庭关系。社会各界组织也是合作教育中不可忽视的重要力量，可以通过举办各种社会活动，邀请青少年参与其中，促使青少年在活动中认识合作、学会合作，增强合作意识的培养。

6. 加强社会资源的支持

政府是推进合作教育发展的坚定力量，可利用自身的行政力量，将社会资源进行集中并有效地运用到合作教育教学中去。如德国自 2006 年起，罗伯特·博世基金会和海德霍夫基金会共同设立了"德国学校奖"，每年评选出 1

所年度最佳学校和 4—6 所年度优秀学校，并由德国联邦总理、总统或者外交部部长亲自向获奖学校颁奖。这样的做法既体现了合作教育在整个国家教育的重要地位，也能使先进经验在国家内广泛传播。同时，政府的大力投资也解决了教学中因资金短缺而出现的一系列问题。鉴于此，我国政府可通过制定相关政策法律引起人们对合作教育的重视。同时政府应加大相应的财政支持力度，通过建立专项资金来加大相关活动投入，确保我国整个社会的合作氛围浓厚，从而潜移默化地影响青少年的发展。

第二节　我国青少年合作教育实践经验

在我国，合作教育早已兴起并逐步发展。这一时期我国合作教育虽取得了一系列成果，但仍存在合作教育形式过于单一、合作教育质量不高等问题。鉴于此，本节选取当前我国比较常见的四种主要的合作教育形式，即合作游戏、合作训练、混龄教育和合作学习，并试图通过从每一类型中选取一个典型案例进行详细剖析，以期找出其中值得我们借鉴的经验，从而丰富和完善我国合作教育的内涵。

一、合作游戏的实践探索——以成都市 G 小学"游戏公平"教学为例

当今，游戏普及范围越来越广，逐渐成为青少年最喜爱的活动和社交方式。合作游戏是指两个及以上参与者遵循一定游戏规则通过合作进行的游戏，强调所有人都参与其中，所有人都是游戏的最终赢家并能在游戏中体验快乐。在合作游戏中，青少年既能够根据自己的兴趣爱好，以达到自身愉悦与满足为目标，在极大自由范围内选择游戏的类型、内容、材料和同伴，也可以根据游戏目的自行制定规则，让青少年体验自由所带来的乐趣，享受掌控事物的喜悦之情，在参与游戏过程中充分展示自我最真实的一面。考虑到案例选取的典型性，下面，我们以成都市 G 小学"游戏公平"教学为例，从小组构建、课堂内容和课后评价三方面进行分析。

1. 小组构建方面

教师对上节课所学内容进行简单的回顾，说明这堂课的教学目的和教学

方法，并组织班级同学按要求进行分组。

教师：同学们，在上一节课中，我们已经学会如何用文字去描述事件发生的等可能性，那么这节课我们一起来进一步体会事件发生的等可能性，进一步体验等可能性和游戏规则的公平性。为此老师为大家准备了"摸球游戏""用掷骰子决定谁先走棋""设计转盘"三个游戏活动。咱们班总共有44名同学，我们就按4人一组随机组成11个小组。那么现在同学们可以开始自行组队了。

2. 规则制定方面

教师通过"摸球游戏"使学生们更加深刻地理解了"公平"的含义，同时应用所学知识，通过为淘气和笑笑两位小朋友制定游戏规则来加深对可能性的理解。

步骤一：教师说道，淘气和笑笑也来考考同学们，他们设计了一些转盘游戏，请你们帮助他们设计对对方都公平的游戏规则（课件出示转盘一）。具体要求如下：①学生尝试独立制定体现公平的规则；②学生汇报，其他同学评价（在此过程中，教师鼓励学生互相质疑，或补充解释、说明，使规则不仅公平、合理而且严密）。

步骤二：分析淘气的转盘，给他制定体现公平的游戏规则（课件出示转盘二）。具体要求如下：①学生先自己独立思考，然后小组中交流，相互质疑、补充（教师在教室里巡视、指导）；②小组汇报，互相评价；③合理评价合作游戏小组表现。

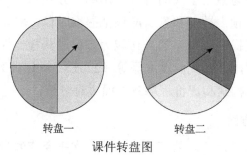

转盘一　　　　　　转盘二

课件转盘图

3. 课后评价方面

教师：我觉得本课设计比较成功的就是实际应用的情境。人们在日常购物中遇到的分币"四舍五入"法，它对顾客公平吗？在我们平时的购物中现在已经很少用到分币了，"四舍五入"法好像已经成为自然而然的行为了，要不是上这一堂课，我真的是没有深入去想过这个办法对顾客到底公平不公平，把这个生活中的实际问题提出来让学生运用本课所学进行辨析，我想学生一定会感受到数学的价值，会有一种成功的愉悦，会有恍然大悟的感觉，原来"四舍五入"法并不公平呀。同时学生们能够体验到小组合作学习的乐趣，更积极主动地与小组成员交流。通过这个活动能综合运用所学，设计公平的游戏规则，让学生感受学有所得，学有所用。

成都市 G 小学"游戏公平"教学这一合作游戏首先让学生在生活原型中经历数学、理解数学，让学生明白数学源于服务，又为生活服务。其次，合作游戏注重学生的活动过程，注重学生的情感体验，使学生投入到丰富多彩、充满活力的数学游戏中去，从而充分发挥学生的主体作用。另外，在游戏过程中鼓励学生学会交流展示。学生在数学游戏中畅所欲言，敢想、敢说、敢问、敢辩，善于倾听小组成员的想法，进而提升了学生的合作效率。

二、合作训练的实践探索——以王磊等"同伴冲突"干预训练为例

合作训练是指青少年通过组成小组或团队的形式来共同完成老师所规定的任务，并且有分工明确的互助性学习。现如今，我国越来越多教学研究者意识到，我国教育存在重视青少年智力发展，而忽略青少年社会性发展的倾向，这种倾向对身为独生子女的青少年影响十分强烈。因此，要利用教育对青少年发展进行干预，教师和家长应该把握准时机，对青少年的合作能力进行专项训练，通过提高青少年的合作能力来促进其社会性发展。考虑到案例选取需彰显时代性，下面我们以王磊等（2005）"同伴冲突"干预训练为例，从目标确定、小组构建和评价程序三方面进行分析。

1. 目标确定方面

王磊等通过收集分析大量有关国内外青少年合作的研究，发现要提高青少年的合作水平，关键是提高他们解决冲突的能力，通过对青少年解决人际冲突技能的改善和提高，使其合作意识和合作水平得以提高。鉴于此，王磊等在设计六步法时，已明确训练的每一步要达成的目的，如第一、二、四步

旨在培养青少年的移情和观点采择能力，使他们学会站在他人角度思考问题；第三步旨在帮助青少年进行合理归因，以便使交往双方在发生冲突时解决问题的方法并不唯一，从而不局限于自己认可的或习惯的、却不太恰当的方法上。整个"同伴冲突"干预训练活动的开展，其目的就是验证"六步法"对于青少年解决冲突的能力和培养青少年合作性是否具有重要的作用。

2. 小组构建方面

王磊等在北京四所小学（城区 2 所，郊区 2 所）的三年级和五年级各随机抽取一个班，其中城区和郊区一所学校的两个班为实验班，另一所学校的两个班为控制班，共计 4 个实验班，4 个控制班，参加干预训练的学生共计 288 人。王磊及其工作团队通过问卷调查了解青少年日常遇到的人际冲突事件和他们常用的冲突解决策略，他们将解决冲突策略水平最高的青少年分在同一小组，并对其他儿童随机分组，每组 4 个人，让他们以小组的形式参与所编制的 12 个冲突情境，每周进行两次，每次 30 分钟，持续 6 周。

3. 评价程序方面

无论在六步法哪一个过程中，研究者都起着组织、管理、引导和启发的作用，积极鼓励青少年自愿举手发言，并为每位青少年提供发言机会。主要操作程序如下：①了解他人的想法：要求儿童设想并回答情境中冲突事件的主人公各自是怎么想的（研究者要根据青少年回答的内容给予积极评价，以此来鼓励青少年踊跃发言）。②了解他人的感受：要求青少年设想并回答事件主人公在产生冲突时各自的感受（研究者要试图引导青少年设想各种情境，以此来鼓励青少年踊跃发言）……⑥找出大家认为最有效的解决办法：按照小组活动的方式，每个小组从黑板上所列举的解决冲突的方法中选出自己认为最有效的，并阐述原因，各小组之间相互评价，最后研究者给予总的评价。

王磊等"同伴冲突"干预训练所主张的"六步法"，目的在于逐步引导青少年形成合作意识、掌握合作技巧，从而更好地实施合作行为。合作训练实践通过设定相应情境，让青少年能够从中产生强烈的代入感，从而更好地学会运用合作技巧。同时，训练鼓励青少年畅所欲言，使青少年能够在每一次头脑风暴中感受到合作的乐趣，更乐意与他人合作。

三、混龄教育的实践探索——以杭州 S 艺术团混龄教育为例

混龄教育是为实现一定的教育目的，教育者特意将不同年龄的青少年（跨度至少在 1 年以上）和不同发展水平的青少年组织在一起，对其进行教育的形式。当今青少年大多数为独生子女，长时间缺乏与同伴相处的机会，容易使青少年形成任性、自私、独立性差和以自我为中心的性格特点。混龄教育的教学活动的实施，为青少年提供与不同年龄阶段的伙伴进行交流分享的平台，提供了发现他人身上优点的机会，通过相互帮助、相互交流，进而促进青少年个人社会性发展，推动青少年整体发展。考虑到案例选取需注重生活性，下面我们以杭州 S 艺术团混龄教育为例，从小组构建、环境营造、教师指导和成果分享四方面进行分析。

1. 小组构建方面

杭州 S 艺术团根据表演专业的特殊性，团队招收学员年龄从 8—15 岁不等，其团员年龄结构参差不齐，为混龄教育的实施提供了便利条件。目前团队实际团员 30 人，其中 8 岁 5 个、9 岁 5 个、10 岁 8 个、11 岁 4 个、12 岁 4 个、13 岁 4 个。在常规的专业知识理论学习、作品排练及优秀作品欣赏中，所有团员围坐在一起认真地听、看、演、思考。课间休息时期，团员们会兴致勃勃地和不同年龄段的团员一起游戏、玩耍，在混龄教育小组构建中团员愉快地一起生活、学习。

2. 环境营造方面

杭州 S 艺术团在组织管理方面进行调整，为各位团员创设一个稳定、有序、健康和谐的环境。为培养团员的自我管理能力、充分发挥团队中综合能力强的团员的潜质，团队建立了学生理事会，这为团员自主管理提供了平台。理事会组织包括理事长、生活后勤理事、纪律监督理事、专业业务理事、组织协调理事，各理事会成员协助老师一起管理团队日常工作。理事会两年改选一次，在当选的这两年中，理事会成员必须抱着为团队服务的宗旨开展各项工作，在每一届理事会改选时，团队艺术指导会充分考虑让不同年龄阶段

的青少年加入理事会，把混龄教育落到实处。

3. 教师指导方面

艺术团在排练作品时，教师会提供多个适合不同年龄阶段的表演作品，由青少年自主进行选择，并自发邀请作品中的其他搭档，然后组成一个表演团队。成功组队后，小组内部推选出一位小导演，负责拟定作品的排练计划、沟通协调团员之间的关系、组织落实排练等。在此阶段中教师只是起到协调、调配与引导的作用。待每个团队的作品粗成型后，教师再逐一细抠，没有被指导的小组继续在小导演的带领下自主进行排练。每个小组以角色需要落实演员，教师在分组活动过程中仅发挥辅助作用，在成型过程中教师会对每位青少年有针对性地进行个别指导，通过个人能力的提高推动整体的发展。

4. 成果分享方面

杭州 S 艺术团在有效实施混龄教育后，团员综合发展都非常全面，所取得的成绩也相当可观。据了解，团队中的每个团员在自己的学校都是活跃分子，担任不同的学习职位，学习成绩名列前茅，一部分初三的孩子毕业后顺利考上了重点中学。在专业方面，团员们活跃于各种舞台及影视剧组，其表演皆受到了专家的一致肯定及赞扬。因此混龄教育的作用能影响青少年一生，使他们能更加优秀。

杭州 S 艺术团混龄教育主张不同年龄阶段的青少年一起学习、生活，并提倡青少年参与艺术团各项事务，这不仅有利于青少年亲身体验并了解合作的重要性，还增强了青少年之间的交流。同时，在此过程中，教师始终担任着指导者的角色，将更多的管理选择权归还于青少年，这激发了他们参与的积极性和主动性，从而更愿意与彼此合作。

四、合作学习的实践探索——以上海市 W 高中"守财奴"教学为例

合作学习是指学生在小组中进行的一系列学习活动，并根据他们整个小组的成绩获取奖励或认可的课堂教学技术，是我国目前运用范围最广的合作教育形式，其提倡的"自主、合作、探究"的教学模式与素质教育和新课改目标紧密贴合。随着教育目标的调整、教育理念的更新和教学模式的重塑，

合作学习因其操作简单、可行性强等优点在课堂教育中广泛应用。这有利于提升学习效率、提高教育质量，把培养青少年的创新意识和实践能力落实到实处，进而实现课堂教学的三维目标。考虑到案例选取应注重趣味性，下面我们以上海 W 高中"守财奴"教学为例，从环境营造、小组构建和教师角色三方面进行分析。

1. 环境营造方面

组长分配课前学习任务：全组 10 个同学，每个同学认真阅读课文两遍，然后将自己的阅读体会结合老师课前布置的要求写在一张文稿纸上，之后统一交给组长。

组长：根据大家的阅读体会，采取少数服从多数的方式，我们组就"抢夺梳妆匣"这个片段来讨论。

（接下来 10 分钟：全组展开讨论，各抒己见，组长做记录。）

组员一：我觉得在这个片段中，葛朗台的这几个动作非常有意思，一个 70 多岁的老人，还能一纵、一扑，可见身手之矫健！这里应该是作家着力在刻画的，有意这样写的。

组员二：我同意他所说的，因为抢夺梳妆匣，突出"抢夺"，因此要抓住动作来写。

组员三：我想补充的是，这个细节写得看似有些反常，但是就是在这样一种反差中凸显出葛朗台的内心活动。

2. 小组构建方面

教师在《守财奴》这篇小说的教学中，采取了自由构建合作学习小组的方式，让学生根据自己的个性特点选择小组同伴成员。在学生自主选择完成后，教师根据自身对学生的了解再进行适时的调整，最后形成四个小组。

3. 教师角色方面

1）支持者角色扮演

合作学习小组完成了教师在课前所布置的学习任务，各小组分别对自身完成任务情况进行汇报。教师最后进行总结评价。

教师：四个小组的学习结果都很精彩，可以看出同学们在学习的过程中探究、合作的精神。在这篇精彩的课文中，令人深思的地方有很多，四个小组所找到的都是非常精彩的部分，而且阐述的理由也很充分。我们阅读一部作品，特别是小说，一定不能只追求作品当中写了什么，而更应该思考作者是如何写的。为什么要这样写？就像同学们在前面的合作学习结果中所呈现的那样，要有思考，有分析，有自己的认识，这才是真正的文学阅读。

2）引导者角色扮演

教师：上节课我们就文本进行了比较深入的研究，相信同学们对作品中的主要人物葛朗台已经有了比较深刻的印象。这节课我们就一起通过小组合作的方式排演自编的课本剧，进一步感受作品的魅力，把握作品塑造的任务，进而把握小说的主体。

用 30 分钟时间演课本剧，每组 7 分钟。每个小组根据自己改编的小说片段，自己选好角色饰演，其他各组分别予以评价。

3）观察者角色扮演

教师根据小组成员选择表演的小说片段，每人选择的角色饰演情况和共同呈现的课本剧效果，对被观察小组整体表演情况进行总结评价，以第一小组为例。

教师：小组内各成员都对人物的形象把握得比较准确，都能够抓住小说文本中表现出的人物特点来表演。葛朗台的扮演者能够在课本剧表演中生动形象的凸显出小说所描绘的资本家的本性——贪婪、嗜钱如命。在抢夺梳妆匣的这个剧情中，女儿、母亲和葛朗台在金钱面前，所表现出亲情薄弱及无力感使我印象深刻。但最后有关葛朗台弥留之际的片段中，扮演者有些许没能体现出其作为金钱的奴隶、至死也不改其本性的特点。

上海 W 高中"守财奴"教学在尊重学生个性阅读的基础上，通过学生的个性化阅读，教师引导学生感悟小说的艺术魅力。教师通过给每个学习小组制定相同的学习任务，并鼓励学生自主在小组内分配任务，既有分工又有合作，从而真正体现出小组的合作学习。小组学习中的课本剧表演，教师在不同情境中扮演着不同的角色，这极大地鼓舞了学生参与的积极性，从而通过体悟学习使学生更好地掌握学习文本，并能切身体会到合作的好处。

五、我国合作教育实践的经验启示

与传统教学方式相比，我国合作教育在重视青少年个人全面发展的同时，更加注重培养青少年的合作意识与合作能力。从合作游戏、合作训练、混龄教育与合作学习等实践来看，我国合作教育成功的原因有一定的相似性，对提升未来合作教育质量也有一定的启发性。

1. 在合作教育中重视营造合作氛围

为了促进青少年之间积极的人际交往关系的形成，就需要在合作教育实施过程中营造一种轻松愉快的合作环境。无论是在混龄教育还是在合作学习中，都注重营造良好的环境氛围。环境主要包括外部环境和心理环境两类。外部环境主要指物质环境，包括青少年所处的校园大环境和教室小环境，具体体现为教室桌椅的摆放位置、教室文化装饰、校园整体生活与学习环境等。另外，心理环境是指在教师和青少年之间，青少年之间以及师师之间形成一种心理上相容的气氛。这无疑要求教师喜爱自己所接触的每一个青少年，让每一个青少年都能对教师产生信任感和亲切感。同样，这种氛围鼓励了青少年要学会相信他人，推动青少年与他人在交流沟通过程中建立起和谐、友善的关系。

2. 在合作教育中更新教师教育观念

教师在合作教育教学实践中，要对自身有正确的认识，从而能对自己有合理正确的定位。在蒙氏教育理念中："教师的任务不是讲解，而是在为儿童设计的特殊环境中预备和安排一系列有目的的文化活动主题。教育者不是通过内容（知识），而是通过品质（方法）来做准备的，其中最重要的就是观察。"（陈素国，王小丽，2015）据此，在合作教育过程中，教师应该是过程的观察者、环境的准备者、活动的引导者，教师教育观念的转变能够对教师进行正确合理的定位。同时，在合作教育中，教师对青少年的关注和干预应该收放有度，刚刚踏进班级的青少年，对所处的环境难免会感到陌生、害怕，此时教师应学会观察，给予处于这种状态的青少年更多关注。对于已经适应了环境的青少年，教师要放心大胆地让青少年自己发展自己。作为教师，只需静静地进行观察，选择适当时机给予引导，充分相信青少年的能力，要努力克制想要包办一切事务的冲动，鼓励青少年自己发展自己、自己提高自己。

3. 在合作教育中关注学生的心理特点

为了增强青少年合作教育的有效性，我们必须要立足于这一群体的实际情况。混龄教育提倡要基于青少年心理发展的阶段性和层次性特点，遵循青少年合作意识培养规律，有针对性地选择、安排合作教育的内容、方法，做到导之以行。一方面，对青少年进行合作教育要结合其热情有余但专注力不足的心理特点。教师在教学过程中要对学生给予宽容理解，以持续不断的情感投入来循序渐进地引导青少年，激励青少年在遇到困难时能够主动与教师或同伴合作，进而实现青少年合作的常态化。另一方面，青少年合作教育要依据其向往成人但心智不成熟的心理特点。在合作教育过程中一定要尊重、突出青少年的主体地位，充分调动他们的主观能动性去体验，感知分享、付出、奉献、合作的幸福感。另外，针对青少年心智不成熟的客观性，教师要准确定位合作教育的目标并采用科学的办法对教育过程、结果进行评估，以宽容的心态处理合作教育过程中青少年存在的种种问题，构建相互交流分享经验的平台，对存在的问题给予正确指导，确保对青少年的合作教育取得预期成效。

4. 在合作教育中增强合作体验教育

体验式教育可以增强合作教育的实效性。我国著名教育学家戚万学和杜时忠（1997）认为："与其喋喋不休地说教，不如让学生更多地从情感上去体验。情感的体验是源于生命本体的内在深层的东西，它从根本上杜绝不规范行为的发生。"合作游戏、合作训练与合作学习实践皆主张为青少年提供更多的参与机会。因此，在实际情况中，教师通过向学生提供自主管理班级或者校园的机会，让他们切实体会到与他人合作完成任务时的喜悦，从而更加尊重教师和同伴且更愿意与教师和同伴形成合作关系；另外，教师还可以让学生为完成同一任务而进行异质分组，使其在为同一小组目标而共同奋斗的过程中，体会到合作的重要性。真实的合作体验式教育往往能够引发青少年内心的思考，产生持久的教育作用，让学生明白合作教育的重要性，在日常生活中更主动自觉地与他人合作。

第八章

基于合作行为的合作教育改良

第一节 源头活水：端正合作教育理念

合作教育改良是一场全局性、综合性的改革，涉及教育理念、内容和方法等方面的革新。而一切革新首先依赖于理念上的改变，只有理念上的新生才能引来"活水"，从"源头"上指导并推进合作教育改革实践。因此，合作教育改良必然以理念上的革新为起点。在此，笔者从澄清合作教育本质、摆正合作教育位置两个方面为合作教育理念的更新提供一种思路。

一、澄清合作教育本质：以人为本、去功利化

知者行之始，行者知之成。合作教育成效的提升并非一日之功，它需要发扬以人为本的精神意蕴，控制教育实践中的功利倾向，从而实现教育者、被教育者和教育环境三方对合作教育本质的澄清和达成共识。

一方面，凝聚合作教育"以人为本"的共识，坚守合作教育的精神底蕴。这是由合作教育发展的理论渊源和现实困境共同决定的。从理论上看，在 20 世纪的苏联，以阿莫纳什维利为代表的一批教育学家就提出了师生平等合作、协同劳动的"合作教育学"主张，这与"以人为本"的教育理念相契合，也为当前的合作教育奠定了尊重、友爱和合作的基调。当前的合作教育，旨在培养青少年的合作精神与合作能力，其本质目标指向综合素质的完善和提升。然而从实践上看，课堂教学、品德教育、家庭与社会教育等环节均与"以人为本"的教育理念存在不同程度的脱节，因此合作教育的改良急切呼唤"以人为本"这一精神底蕴的回归。

另一方面，纠正合作教育的"功利化"倾向，根除当今合作教育中的积弊。回顾合作教育各环节中出现的问题，不论是教育内容不深入、教育方法粗略，还是教育环境缺乏合力等，都不同程度地反映出当前教育理念的功利化倾向。因此，要反思各学段升学选拔、考试评价等制度的弊端，就要在智育与德育的关系上进一步去功利化。如果教育只以"智育"为重，那么家长就会过于看重孩子的分数、排名，学校、社会也会过于看重升学率、就业率等，很大程度上还会造成教师重"授业"而轻"传道"、学生之间激烈竞争多于合作共享的不利局面，进而导致学生片面发展，影响学生综合素质的全面提高。

澄清合作教育"以人为本"的本质，摒除其功利化倾向，可以从如下三个方面着手努力：①认可学生的主体地位。在智育和德育的课堂上实施合作教育时，教育者应当真正重视学生的成长体验和情感需求，既要彰显合作教育的独特价值，也要与传统教育互为补充，将对合作的认知内化为合作情感，并最终养成良好的合作行为和合作习惯，达成"知—情—意—行—习"的发展轨迹。②将合作教育纳入德育体系，培养青少年的社会属性，同步发展思考能力、分析能力、交流能力和协调能力等合作所必需的多种综合素质，助力每个学生的可持续发展。③既尊重青少年合作学习的共性和规律，又不忽略不同个体的个性和差异，同时加强家庭教育和社会教育，整合各种教育资源，运用各种教育方式，共同培养青少年的合作能力。

二、摆正合作教育位置：明确定位、去片面化

名不正则言不顺。合作教育的低效除了折射出我国在相关理论和实践上的稚嫩，更反映出合作教育在整个教育体系中尚无明确的定位。仅仅作为智育课堂中的学习手段来定位合作教育还远远不够，它的生存空间会被有限的课时和繁杂的任务挤压，成为"无可无不可"的佐料。要从根本上提升合作教育的地位，提高合作教育的成效，一个极其关键的准备工作就是要赋予其明确的角色。摆正合作教育的位置，需要将其纳入德育体系，从品德教育和人才培养的高度来重新审视其意义。唯有如此，才能增强合作教育的整体性和有效性，做到"润物细无声"。

第一，要通过智育的途径助力合作教育。目前，合作学习是合作教育的

主要形式之一，有助于培养学生的合作交流能力。同时，它也是智育课堂上辅助完成教学任务的一种重要手段。但在现实情况中，合作学习的推进遇到了诸多困难，如小组课堂展示占用过多教学时间、学生参与机会不均等、教师过度干预或缺乏指导、教师评价占比较大等，都不利于合作教育的发展。通过智育来促进合作教育，需要充分挖掘各门课程蕴含的合作教育资源，将中小学教育内容细化落实到各学科课程的教学目标之中，融入渗透到教育教学全过程之中。比如，在语言类课程中通过听说读写培养求同存异、沟通协调的意识，在数理类课程中培养逻辑思维、多角度思考问题的能力，在音乐体育艺术类课程中培养团结合作、适度竞争的品质等。

第二，要在德育中明确合作教育的地位。智育课堂中的合作教育没有发扬光大，德育中的合作教育也处于尴尬地位。教育部2017年发布了《中小学德育工作指南》，规定了德育工作的基本原则，指出心理健康教育要以自我认知、尊重生命、学习能力、人际交往能力、人生规划能力等因素为主，但是与上述能力紧密相关的合作能力却未出现。学段目标中，也只有初中教育明确提出了"学会合作"，小学和高中学段均未提及。因此要进一步明确合作教育在德育体系的重要地位，不仅要将合作教育明确地纳入德育体系，而且要把合作教育工作摆在学生综合素质教育的重要位置，列入学校育人方案，对合作教育的目标、内容和方法进行顶层设计，将合作教育贯穿于学校教育体系的各个环节。不仅要在课程教学之中培养学生的合作交流能力，还要在课程以外的文化建设、社团活动、学科竞赛、校外实践以及班级管理、学生组织管理中融入合作教育。

第三，要将协同教育纳入合作教育体系。若仅从学校教育上发力，就会只见局部、不见整体，最终落入片面化的窠臼。因此，明确合作教育定位，还需要整合各种教育资源，构建全方位、综合性的合作教育体系。在家庭教育上，通过家委会、家长会、家访等各种家校互动的方式为家长提供合作教育培训与指导服务，进一步深化家长对合作教育的理解，加强家长自身的合作能力及教育水平。同时，在学生表现反馈中加入与合作交流相关的内容，使家长能更加全面地了解孩子在学校的表现，从而更加积极地配合学校的教育。在社会教育上，通过设计形式多样的社会实践活动、整合社会资源、搭建网络交流平台等形式，渲染推崇合作的社会氛围，为青少年成长创造一个良好的外部环境。

第二节　学段衔接：优化合作教育内容

正是青少年不同阶段认知发展水平的差异，决定了合作教育的具体内容在不同学段之中各有侧重。因此，要实现合作教育内容的整体性、系统性构建，我们不仅需要根据不同学段青少年的认知发展水平确定有针对性的教育内容，还要实现各学段内容之间的有效衔接，使得各个学段之间前后相继、相互依托，在此基础上共同推动合作教育内容系统的深入发展。

一、整体设计，构建三维体系

知识与技能、过程与方法、情感态度与价值观的三维目标已成为广大教师进行教学设计、教学实践、教学评估的基本依据（黄伟，2007）。该三维目标统一于"以人为本"的教育理念，且相互渗透、相辅相成，为我们指明了合作教育内容优化的方向。通常，合作教育的学段目标是以合作教育的总体目标为原则，服从于总体目标，并最终为总体目标的实现——让青少年学会合作而服务的。因此，为了将合作教育不同学段的具体内容落实到位、实现合作教育的总体目标，本书尝试从知识与技能、过程与方法、情感态度与价值观三个维度出发，结合不同学段青少年的德育要求，进行青少年合作教育内容体系的整体构建（表 8-1）。

表 8-1　青少年合作教育不同学段的内容体系

教育目标	学段		
	小学合作教育	中学合作教育	大学合作教育
知识与技能	了解什么是合作；养成基本的谦让、分享和互帮互助的习惯	了解合作的起源、发展、本质、特点、作用等；学习交流技巧、观点采择的方法，整合提炼、反思评价的方法	理解合作概念的内涵与外延、渊源与发展、本质与核心、功能与特征；学习解决冲突、化解纷争的方法，运用和掌握基本的合作技能
过程与方法	在课外的文体活动和游戏中学习合作；在课堂上体验合作学习的简单流程	学习和掌握合作学习的基本步骤；主动参与班级管理和社团活动中的合作	利用翻转课堂、慕课等工具深化合作学习；在各类竞赛、创新创业中实践合作
情感态度与价值观	形成自信、乐观、有责任心、勇于表达和善于倾听等品质；初步感受合作、分享、互助和交流中的快乐和满足感	形成尊重他人、乐于助人、善于合作、勇于创新等良好品质；培养合作意识和合作精神，开始建立稳定的合作价值观	学会集思广益、求同存异，正确认识竞争与合作的关系、合作能力在综合素质中的位置；形成合作意识、合作精神，实现合作能力质的提升

知识与技能维度强调青少年对合作知识的把握和合作技能的基本形成，是三维目标的起点。教育离不开知识，学生的合作过程也无法离开合作知识而独立存在。这要求教师和家长在教育过程中，要系统、全面地传授合作知识，有意识地培养青少年的表达能力、倾听能力、说服能力、组织协调能力等合作所必需的技能技巧。

过程与方法维度要求青少年了解合作的过程，掌握在合作过程中所习得的方法，是实现"知识与能力""情感态度与价值观"的纽带和载体。由合作知识到培育合作价值观之间所经历的行为过程，既是青少年对合作知识的建构过程，也是青少年自身的情感体验过程。这要求学校、家庭、社会三方主体之间通力合作，通过课堂教学、班级管理、社团合作、社会实践等多种形式，掌握合作的过程及合作所需的方法。

情感态度与价值观维度不仅需要青少年记住合作"是什么"和"怎么样"，还强调"为什么"，侧重于让青少年理解为什么需要合作，培育青少年对于合作的认知、情感、价值和信念。这要求青少年将竞争与合作、个人与集体、坚持和让步、学业成绩和综合素质等看似对立的价值统一于合作教育的实践，将合作价值观中所涵盖的尊重、平等、互助、交流、折中、互补等理念发扬光大，最终将规范内化为品质，形成合作的价值观。

知识与技能、过程与方法、情感态度与价值观的三维目标不是三个目标或三种目标，而是同一教育目标中相互融合、相互制约、相互促进的三个方面，就如同一个长方体都有长、宽、高三个维度一样，是不可分割的、同时并存的（栗洪武，2007）。合作知识的习得和合作能力的形成，离不开合作过程的实践和体验，也离不开合作方法的运用；合作过程是知识与能力的习得过程，也是合作情感与合作价值观的形成过程；合作情感与合作价值观则是以一定的合作知识和技能为基础，在一定的合作情境过程中经过体验感悟而形成的。三个维度的目标之间既相互区别又相互联系，是不可分割的有机整体，共同指向青少年合作精神的形成与合作能力的提高。

二、三阶并进，实现有效衔接

陈瑛（2008）认为："正如植物的成长具有节律一样，人的成长及发展也有着自己的节律，其中的每个发展阶段都有着特殊的地位、特殊的性质，承载着特殊的任务。"因此，我们在优化其内容体系的过程中，不仅要考虑知识与技能、过程与方法、情感态度价值观三个不同层面的要求，更要根据不同学龄阶段规划精准适当的教育内容，反映学生不同阶段的认知水平，体现一定的层次性、衔接性和连续性。

小学阶段的合作教育，应注重直观体验，培养合作习惯。小学阶段正是学生身心发展的初期，也是合作教育的启蒙阶段。根据皮亚杰的道德认知发展阶段理论，处在这一阶段的学生，品德发展正处于从前习俗水平向原则水平过渡、从依附性向自觉性过渡、从他律向自律过渡、从服从型向习惯型过渡的阶段，其道德认知往往以外部的道德判断为准则，且抽象思维不发达，对认识事物的形象性和具体性要求较高。因此，这一阶段，教师和家长应通过一系列生动有趣的文体活动和游戏，使学生初步了解什么是合作，体验合作的简单流程，初步感受合作、分享、互助和交流中的快乐和满足感。在教育内容的呈现形式上，可以更多考虑采用图片、视频、故事、游戏等形式，力求直观、形象、具体，避免道理堆砌、空洞说教，通过生活中一点一滴的小事，潜移默化地使学生养成基本的谦让、分享和互帮互助的习惯，形成自信、乐观、有责任心、勇于表达和善于倾听等品质，为中学阶段的合作教育打下基础。

中学阶段的合作教育，重在引领学生感悟，提高合作水平。中学阶段，是小学教育与大学教育之间的承上启下阶段。这一阶段，青少年思维能力开始超出了所感知的具体事物，能够脱离感知、表象的支持，进行抽象的形式推理，进入"形式运算阶段"。从青少年品德发展规律来说，中学阶段是从儿童向成年人过渡的时期，品德发展具有过渡性、矛盾性、不稳定性等特点，是思想品德形成和巩固的关键时期。因此，中学合作教育应根据中学生的认知特点及存在的主要问题，有的放矢地对学生传授有针对性的合作教育内容，通过参与课堂教学、班级管理、社团活动、家务分工、社会实践等形式，使青少年掌握合作的基本步骤，掌握沟通交流、观点整合与提炼等技巧。在教育的形式上，应对学生进行一定的合作教育知识的讲授，增加价值判断与选择等方面的逻辑性、思考性内容，力求使青少年形成尊重他人、乐于助人、善于合作、勇于创新等良好品质，合作能力得到提高，开始建立稳定的合作价值观。

大学阶段的合作教育，侧重于理论传授，形成合作精神。大学阶段，是青少年道德认知的成熟阶段，也是合作教育的重要阶段。从青少年的品德发展特点来看，处于这一阶段的青少年，初步形成了相对稳定的知识结构和理性思维，思维发展逐步由感性的经验性思维转向理性的逻辑性思维，批判性和独立性显著增强。因此，大学阶段的合作教育，从内容上要求情与理、理与趣的和谐统一，除常规的课堂教学、社团活动、学生工作、社会实践等形式中的合作外，还可考虑开设专门的合作教育理论课程，让青少年系统、完整地学习合作方面的相关知识，从而充分理解合作概念的内涵与外延、渊源与发展、本质与核心、功能与特征，正确认识到竞争与合作的关系，明确合作能力在个人综合素质发展中的重要地位和功能。在教育形式上，可考虑利用翻转课堂、慕课工具深化合作学习，鼓励学生在各类竞赛、创新创业中实践合作，并在实践合作的过程中学习解决冲突、化解纷争的方法，学会集思广益、求同存异，正确认识竞争与合作的关系、合作能力在综合素质中的位置，最终形成合作意识和合作精神，实现合作能力质的提升。

第三节　以知促行：完善合作教育方法

事必有法，然后可成。良好的方法能够使合作教育的实施达到事半功倍的效果。因此，在实际的合作教育活动中，有必要根据合作教育的具体内容，灵活地选取和运用多种合作教育方法，从而实现合作教育的目标，达到教育效用最大化。

一、道德讨论，创设合作情境

道德讨论法源自美国教育学家 L. Kohlberg 提出的德育教学法——"两难问题"讨论法。该方法主要是以道德两难故事为基本材料，通过道德两难问题，让学生进行多方面的思考并回答围绕该故事提出的相关问题，针对这些问题进一步提出解决方案并说明原因，同时，参考其他同学提出的方案并进行比较分析，然后就各种解决方案进行甄别、选择和改进。

Kohlberg（1966）认为，儿童的道德思维是遵循一定的道德阶段水平，由低级阶段向高级阶段发展的。因此，在采用道德讨论法时，教师可以考虑在品德课或主题班会上，从学生道德认知发展水平的实际情况出发，根据学生年龄阶段的不同，为学生选取不同的道德两难故事和问题，创设生动、有趣、能引起学生产生认识碰撞的问题情境，以便于引导学生从多个角度进行积极探讨，激发学生参与合作讨论的动机。在家庭教育中，也可采取类似的形式，如定期开展家庭讨论会，由父母或其他长辈为孩子创设一个两难的问题情境，诱发孩子道德认知上的冲突，并共同探讨解决办法。

需要明确的是，道德讨论的目的不是为了追求统一的答案，而是为了在合作探讨形成解决方案的过程中，提高青少年的道德认知及合作能力。因此，教师和家长在开展道德讨论的过程中，还要注意一定的教育技巧，如平等互动，不做居高临下的评判者，而且以"参与者"的角色一起积极思考、讨论、交流；耐心倾听，充分尊重学生（孩子）的问题意识，并对学生（孩子）的提问给予积极的反馈和评价等。

二、价值澄清，培育合作观念

为适应社会价值观念复杂多变的选择需要，价值澄清学派于 20 世纪 60 年代产生在西方由传统社会向现代社会转变的过程中，其理论假设是：人们处于充满相互冲突的价值观的社会中，这些价值观深刻影响着人们的身心发展，而现实社会中根本就没有一套公认的道德原则或价值观。

根据这一假设，价值澄清法要求教师不能机械地运用传统的说教、限制性鼓励等方式，将成人所定义的社会价值以独断的方式灌输给学生，而是应该通过评价分析、批判性思考等方法，力图使学生产生价值观共鸣，帮助学生形成自己的价值观体系。在运作过程中，价值澄清法强调四个关键因素：一是要以生活为中心，主要解决生活中的问题；二是要接受现实，即原原本本地接受他人，不必对他人的言行进行评价；三是要求进一步思考、反省，并作出多种选择；四是培养个人深思熟虑地进行自我指导的能力（郑永廷，2000）。完整的价值形成过程分为三个阶段（即选择、珍视、行动）、七个步骤（即自由选择、从多种可能中选择、对结果深思熟虑的选择、珍惜爱护自己的选择、确认自己的选择、依据选择行动、反复地行动）。

随着信息时代的来临、经济全球化的发展和我国改革开放的不断深入，各种文化、思潮、价值观念的冲突与碰撞极易造成青少年道德认知上的困惑。在这种背景下，教师和家长更应借助价值澄清法，帮助青少年更好地理解合作的重要性与时代意义，形成良好的合作价值观。

三、言传身教，树立榜样示范

社会学习理论专家 Bandura 和 McDonald（1963）认为，榜样对发展道德倾向具有重大影响，示范榜样是道德教育的主要手段。当儿童观察到榜样作出偏离道德规范的行为并受到惩罚时，他就会感受到替代性的惩罚，或者预见到如果他作出类似错误行为的话也会受到惩罚，于是他将试图通过避免偏差行为的发生来避免受到惩罚。因此，在具体的合作教育过程中，教育工作者的重要任务之一，就是要善于利用榜样示范作用，引导青少年观察、学习和模仿他人的合作行为，帮助他们树立正确的合作价值观。

榜样示范是广泛存在的，不仅包括人，如家长、教师、同学等，还包括文字符号、图像信息、语言描述、艺术形象和环境，如大众传媒、学校气氛环境等（林平，1998）。因此，教师可以与其他教师在备课、课堂教学、评课、说课、科研等活动领域进行合作，为同学们做好合作的榜样；班主任可以通过制定与本班成员发展特点和文化相适应的班规、班纪、班训，营造团结、协作、进取的班级精神，并树立班级合作精神的榜样，引导学生向身边的榜样看齐；家长可以积极主动参与学校的讲座和培训，努力提高自身合作意识和合作技能水平；社会也可以在道德模范评选表彰、事迹宣传等方面，注重考量合作品质，加大宣传力度，以正向引领青少年更好地开展合作。

教师、家长、同学的言行举止以及社会风气等，都是青少年身边最真实的案例、最生动的教材。只有将身教与言传结合起来，言行一致，才能更好地培养青少年的合作品质。

四、道德实践，促进合作行为

习近平曾指出，一种价值观要真正发挥作用，必须融入社会生活，让人们在实践中感知它，领悟它[①]。仅靠教学并不能有效地培养学生良好的合作品格和合作行为习惯，只有通过道德实践的方式，让青少年融入社会生活，在实践中感知它、领悟它，才能更好地促进青少年合作品格的发展和良好合作

---

① 习近平. 2014. 把培育和弘扬社会主义核心价值观作为凝魂聚气强基固本的基础工程. http://cpc.people.com.cn/n/2014/0225/c64094-24463023.html［2019-11-12］

行为习惯的养成。

道德实践法要求加强青少年的合作教育实践，实践应贯穿于青少年的课堂学习、课外活动、社会活动等日常生活的各个方面。例如，课堂上的互动互学，让各个学科渗透合作学习、平等交往的教育理念；共同完成板报、走廊、橱窗等的设计，渲染倡导合作的校园文化氛围；依托日常晨会、班会、思想品德课等，强化合作技能培训，养成合作习惯；组织青少年集体前往农村、企业、社区等参加支农支教、社会调查、社区服务等社会实践活动，体验合作解决难题、完成任务的满足感；借助微信公众号、微博等网络平台，线上线下共同举办以合作为主题的演讲、征文、手抄报设计比赛等活动，吸引青少年踊跃参与，等等。

合作教育实践活动作为合作教育教学的重要支撑，有助于青少年将课堂上学到的合作技巧内化于心，外化于行，让青少年真正学会有效运用这些技巧解决合作中遇到的难题，提高青少年的合作能力。

五、奖惩并重，强化合作成效

社会学习论者继承和发展了行为主义者关于强化的研究，并将强化作为道德行为形成的重要手段。Bandura 和 McDonald（1963）认为，行为结果，如成功、失败、奖励、惩罚等对道德行为的发展有重要影响，因为这些结果使人产生相应的期望，它使特定行为再现的可能性随预期的奖励而提高，随预期的惩罚而降低。因此，教育者巧妙运用奖惩等强化方法，将有效提高合作教育的成效。

一方面，教师应当及时对于那些合作意识强、愿意帮助同学、与同学友好相处的学生给予表扬或奖励，使之发挥榜样作用，在学习小组中建立积极的互赖关系，在全体同学中营造心向合作的良好风气。教师可以通过构建一个培养学生合作精神的班级管理计划，以创建一种强化激励的环境。教师将全班分为若干小组，学生通过自己的实际行动为小组增加得分，获胜的小组将得到奖励。奖励的奖品不是最主要的，真正的奖励应该是学生们经过彼此支持，相互合作而获得成功的满足感。另一方面，教师也应发挥惩戒制度的作用。近年来，赏识教育成为主流，惩罚作为教育手段之一，往往被人们忽视。其实提倡素质教育，并不意味着抛弃惩戒。在培养学生的合作精神时，教师可以通过适当的惩罚来培养学生养成良好的行为习惯。比如，在班级里实行小组记分制，一个人犯错要扣掉小组整体得分，酌情取消整个小组的自由活动时间，安排整个小组给班集体打扫卫生，等等，使一些学生感受到因自己个人的不当行为使集体受到惩罚，在集体荣誉感的压力下，认识到自己的错误。

同理，在家庭和社会教育中，也应对良好的合作行为进行奖励，而对不合作或合作低效的行为进行一定的惩罚。比如，在家务的分工合作中，因表现良好而奖励一定的游戏时间；在社区服务中，因不配合整体行动而给予通报批评；等等。

第四节 润物无声：塑造合作教育环境

学校教育、家庭教育与社会教育既是相互独立的教育领域，同时也是教育系统中密切关联的子系统，三者的不协调是制约当前青少年合作教育成效的关键所在（杨雄，刘程，2013）。唯有三方形成合力，集中各种积极因素共同服务合作教育，才能为青少年的健康成长更好地保驾护航。因此，打造"学校-家庭-社会"三位一体的合作教育体系，为合作教育塑造一个良好的环境，有利于增强教育合力，提高教育质量，从无声之处实现对青少年合作教育的改良。

一、优化学校合作教育

学校教育作为影响青少年成长的主要阵地，直接影响着青少年的个性发展和心理的正常。优化学校合作教育，是提升合作教育实施成效的关键一环。

1）学校管理层应把合作教育工作摆在学生综合素质教育的重要位置，列入学校育人方案，对合作教育的目标、内容和方法进行顶层设计，将合作教育贯穿于学校教育体系的各个环节，从知识教授、方法应用和价值观普及等方面完善合作教育体系，尤其是考虑在校本课程中增加合作教育的相关内容，开设合作情感、价值观课程，发掘不同领域课程中蕴含的合作教育资源，开设具有渗透性和广泛性的合作教育课程，从价值观和文化氛围上鼓励合作。

2）塑造良好的校园文化氛围，增强环境的育人功能是优化学校合作教育的基础。学校宣传部门可通过校园报纸、广播、网站、墙报、宣传栏、团队活动室等方式大力宣传合作文化，批评校园中存在的各种不合作的行为和错误观点，引导学生追求真、善、美，倡导人与人平等交往，使校园内形成积极、向上的氛围，也为推进学校合作教育创造良好的舆论氛围，对青少年的合作教育产生潜移默化的影响。

3）"学高为师，身正为范"，要想培育学生的合作品德，为师者同样需要作出表率和示范。教师之间可以以教师团体为基础，组建同年级同学科、跨年级同学科乃至跨年级跨学科的合作教学组，在备课、课堂教学、评课、说课、科研等活动领域实现合作，将各自的心得体会、对教育问题的不同见解表述出来，从而达到反思自己教学行为的目的。这不但于有助于教师本人教学水平的提高，对于增强教师合作精神、提高教师队伍整体素质的作用更是不言而喻。当然，教师的合作并不要求教师的观点完全相同，教师之间的合作并不是不要竞争，适度的竞争会使教师更加努力地从事教学活动。

4）除了教师之间合作的表率作用、任课教师在课程教学中推进合作学习之外，学校还可以在社团活动、学科竞赛、校外实践以及班级管理中融入合作教育。校内可以组建生气蓬勃的艺术团、器乐队、文学社、话剧社、辩论协会等兴趣社团，开展丰富的科普、手工等选修课，组织形式多样的合唱比赛、运动会等活动；班级内也应积极创造条件，努力为学生创造合作交流、各展所长的机会，如板报设计、主题班会、春秋游、合唱比赛等，这些都是引导学生学会合作的绝佳机会。此外，学校还可以通过教师与学生共同参与班级管理建设的方式，来促进培养学生的合作意愿与合作能力。比如，班主任可以与学生共同建设学风、班风良好的班集体，建立以学生为主体、全员参与、以教师为主导、协助管理的合作关系，通过制定与本班成员发展特点和文化相适应的班规、班纪、班训，营造团结、协作、进取的班级精神，并树立体现班级精神的榜样；通过各种主题班会，建设健康的班级文化心理氛围，共同塑造积极的班级精神，建立一个既有合作而又竞争的集体。

二、注重家庭合作教育

合作教育的实施不单只是教师与学生之间的任务，家长也应成为推行合作教育的重要主体之一。然而，部分家长对合作教育没有足够重视，导致在家庭教育中对青少年合作品质的培养往往被忽视，而家庭教育中合作教育内容的缺失，已经成为当前青少年合作教育低效的重要原因之一。家庭合作教育的改良，可以从以下几点着手：

1）采取健康的家庭教养方式、营造良好的家庭合作氛围。有学者研究表明，教养方式的不同是导致儿童产生抵制或积极参与合作行为的重要原因（赵章留，2007）。因此，家长在与孩子的日常相处中就应该创造有利于合作的条件，让孩子感受到帮助别人的喜悦，进而提高适应社会生活的能力。比如，在与孩子的相处中，家长不应一味地迁就，而是要有明确的态度；父母应有意识地带孩子寻找同龄玩伴，鼓励孩子参与群体游戏，让来自不同家庭、不同班级、拥有不同兴趣爱好的孩子相互交流，并且在孩子遇到纠纷和冲突时，指导和帮助孩子正确面对和有效解决问题。

2）注重家长自身的表率作用，提升家长对孩子的合作教育水平。家长的所思所想、所作所为等对孩子合作意识与合作能力的形成具有很强的示范作用。如果家长一味强调竞争而忽视合作或重智轻德，则容易影响孩子对合作的判断，滋长个人主义，阻碍他们合作精神的养成，也不利于培养孩子良好的心理素质。因此，家长应以尊重差异、平等沟通等良好行为为孩子树立榜样，正面引导孩子参与合作。此外，家长还可以利用闲暇时间参与学校组织的各种相关主题讲座，积极与任课教师、班主任及其他家长沟通交流，学习先进的教育理念和教育方法，还要自觉加强对合作知识和技能的学习，提升自身的合作教育水平。

3）增强家校沟通。一方面，教师通过采取家长学校、家校联系簿、家长开放日、学生素质教育成长手册、家访等形式，与家长定期沟通，及时向家长介绍学校关于品德教育、素质教育的具体目标、要求和内容；指导家长制定与学校大致同步、相互配合的家庭教育规划，有针对性地安排家庭教育的内容。另一方面，家长也应该主动地与教师沟通。为改变以往被动配合学校教育的局面，家长可以尝试"校访"、主动参与班级家长委员会等，这不仅有助于家长更加全面地了解孩子在校的表现、取得的进步及存在的问题，了解班级的整体情况，也有助于家长及时地与老师进行沟通交流，增强对合作教育的理解，配合学校做好包括合作教育在内的道德教育工作，通过共同努力促进孩子合作精神与合作能力的培养。

三、加强社会合作教育

社会环境是青少年全面成长的背景和重要依托，青少年合作教育同样也离不开社会大环境的有力支持。试想，如果家庭的合作教育不能与来自社会的合作教育达成一致，那么即便青少年在家庭中接受了再良好的合作教育，到了深入接触社会的时候还是会被重新社会化；如果青少年在学校中受到了合作、共享、共赢精神的熏陶，却在社会中蒙受盲目竞争、零和博弈的影响，这样的社会氛围，也实在难以正向引导青少年。可见，社会合作教育也是青少年合作教育体系中的重要一环，社会有必要为青少年合作教育创造良好的社会环境。

1）动员社会力量，创设良好的育人环境，搭建合作教育平台。社区应协调社会各界力量，尽量消除不利于学校教育教学活动和青少年健康成长的各种场所与设施的影响，如加强对网吧、出租书屋、桌球室等场所的管理，减少社区内诱发青少年违法犯罪的因素，为青少年合作品质的培养创造潜移默化的教育软环境。同时，我们可以整合社会力量，借助互联网技术，构建合作教育的网络交流平台。这样，关于国内外合作教育活动的相关经验或过程中遇到的种种新问题等，教师、家长、教育专家们都可以随时通过手机或其他媒介在该平台上进行交流和互动，从而实现教育资源的沟通互联、共建共享。

2）鼓励社会力量参与教学。随着课程改革的深化，素质教育内容正逐步进入课堂，对青少年综合素质的提高大有裨益。在学校教学力量不足或缺乏专业教学人员的情况下，学校可以依靠社会资源，探索与社会各界实现人力资源共享的有效途径，主动聘请各个岗位上的离退休老干部、公务员、企业经理、科技专家等组建一支高水平的兼职教师队伍。他们往往会通过生动具体的实例，给青少年讲述关于人际交往、沟通协调、团队合作等方面的内容，让其接触到一些平时在课堂上学不到的知识和经验，以培养青少年的合作精神与合作能力。

3）设计丰富的社会实践活动。社会是品德教育的重要场域，但是社会中诸多复杂的要素究竟要以何种方式、何种程度介入到合作教育过程中来却是值得我们深思的问题。因此，学校应当针对青少年合作教育的目标，有甄别地选取社会资源，建立多样化的实践教育基地，整合社区、企业、社会组织等各方资源，为学生参加社会教育创造条件，并使得学生认真沉浸到各种精心设计的特色合作教育实践活动中去，激发学生自身的感悟。社会实践活动还可结合重大节日、纪念日，开展富有特色的主题教育活动，使得合作教育情景化、生活化。

第五节　持续发展：建立合作教育长效机制

合作教育的持续健康发展在教育成效和可持续性两方面都有要求：在教育成效上，要提升学生的参与程度和参与质量；在教育可持续性上，要保证和促进评估机制的常态化。而两方面要求的并行兼顾，呼唤合作教育长效机制的建立。构建青少年合作教育的长效机制，是学校合作教育的核心命题，也是推动青少年综合素质教育的关键所在，对于提升青少年培养质量，增强合作教育实效，具有重大的理论价值和实践意义。

一、培育合作教育的组织协调机制

合作教育的开展不是传统课堂的锦上添花，而是教育模式的创新、改良。这是一项系统工程，它不仅涉及理论的研究和方法的改进，更在青少年教育的过程中得见真章。因此，建立一个有效的组织协调机制势在必行。这一机制的主要责任在于统筹规划和监督协调学校的合作教育工作。具体而言，一个完善的组织协调机制应当包括如下三个部分：

1）成立统一的组织协调机构。在此机构的领导之下，统筹合作教育的总体规划和顶层设计，根据自身条件和优势特色，在学校的发展规划和教育工作者的考核晋升等方面注入合作价值观的成分和标准，凭借制度的基础导向作用凸显合作教育的主题。

2）在明确不同年龄、不同学段青少年合作教育目标的基础上，设计完善的实施计划，制定相关的教育标准和规范，并在德、智、体、美、劳教育的各个环节中得到落实。同时，在实践反思和调整的过程中不断创新，特别是在合作行为准则和方法上，要不断细化合作教育细则，全面融入合作价值观的内容，使青少年从思想和实践两个层面感受合作的魅力。

3）通过网络化的手段实现合作教育的信息共享和及时监管。打破班级之间、校际之间、地区之间交流和合作的壁垒，充分运用大数据、云存储、"智慧课堂"等网络手段，搭建教师、学校、专家和社会各界间的信息共享平台和有效沟通平台，在备课、教学、评课、研究、学习等领域开展深度合作和共同学习。

二、优化合作教育的成果转换机制

今时今日，交流与合作的风气在全社会范围内已初步达成共识，但尚未完全深入人心；合作教育和合作价值观也并未在校园中蔚然成风，这在一定程度上削弱了长效机制运行的基础。因此，要想让更多的师生主动了解、接受和学习合作，仅靠刚性制度的约束是远远不够的，必然要从"柔"处入手，优化合作教育的成果转换机制，通过扎实的理论研究、与时俱进的方法创新以及持续不断的宣传和熏陶，使合作在青少年教育中发挥应有的作用。

填充和完善合作教育理论研究的空白和缺漏。高等院校和科研院所可以依靠自身优势，加强对合作教育内涵、目标、方法和手段等的深入研究，为青少年合作精神和合作能力的培养提供理论支持和直接指导。中小学作为基础教育的阵地，也应当建立本校的合作教育研究中心，由本校一线教师、校外专家学者以及教育主管部门工作人员、家长、社会实践单位等社会各界人士共商共建合作教育。

同时，我们还可以通过教育、宣传等手段增强合作教育的意识，创造有利于合作教育推进的舆论氛围。比如，及时在网站、微信等平台上发布学校推进合作教育的相关新闻、公告和消息，并通过家校互动的方式向青少年的家长介绍合作教育的重要性。另外，不断培育和增强青少年正确价值判断和独立思考的能力，使其能够更加有效地配合合作教育的开展，从而展示出其作为教育对象的主体性。比如，以青少年感兴趣的方式，促使其将合作认知转化为合作行为，在各类集体活动、创新创业、社会实践中鼓励学生自主组建团队、自主管理，加入合作精神和合作能力的内容，扩大合作教育在青少年群体中的影响力。

三、健全合作教育的资源保障机制

资源保障作为教育活动进行的基础，其支撑作用不言而喻。健全资源保障机制，为合作教育提供充足的经费和人才投入，是保障其顺利开展的重要因素。

国家教育行政部门可设立特定的教育资金支出制度以保证资金、设备等方面的硬件投入，如相应的教科书、多媒体设备、新媒体平台等，并对教育工作者和平台管理者提供技术支持和设备的更新。社会组织和学校也可建立专门的品德教育基金会，在经费预算与实际使用中做到专款专用，对每次讲座、组织活动等经费给予定期审核和复查，做到明确化和公开化，用制度的形式促进合作教育向标准有序的方向发展。

学校有了资金支持，就可以开展形式多样的宣传活动和培训工作。学校可积极利用社会资源，聘请来自不同专业领域，如心理学、教育学和行为学的专家来学校讲座，与教师、家长沟通，一方面提高教师与家长的沟通技巧和加强他们之间的沟通，同时提升教师的合作精神和培养学生合作的能力，另一方面也让家长明白合作教育的重要性，提升家长在合作教育实施过程中主动参与的程度，为家校合作教育奠定良好的基础。此外，为切实提高教师合作教育水平和能力，推进人才队伍建设，使一线教师承担起实施合作教育的职责，学校还应当对教师定期开展相关培训和合作备课、专门的教学竞赛等活动，组织教师总结和收录合作教学的培训资料、课堂合作学习的案例和实施方案等，逐渐形成独具实践价值的资源共享中心。

需要明确的是，合作教育的物质基础和人才支撑并非合作教育取得进展的保证，不能单纯地依赖物质条件，或以物质条件缺乏为借口为低效合作教育提供辩护，而要在合作教育中有效地利用各种条件，使人事相宜、资源配合，这样才能从根本上保证合作教育的有效性。

四、加强合作教育的评价监督机制

由于评价监督的工作本身没有受到足够重视，加上准确量化困难和监督机制缺乏，合作教育的评价和监督一直以来就是合作教育中的薄弱环节。传统的合作教育评价热衷于对小组汇报成果进行打分和评比，并用学业成绩来衡量最终成效。这忽视了学生非智力因素的发展和过程中的付出，不仅无益于全方位反映学生的真实合作水平，更挫伤了学生学习的积极性，不利于合作教育的常态化。因此，建立合作教育的长效机制，关键是要建立一套既重过程又重结果，能够真实反映学生合作学习成效和教师合作教育水准的多元评价体系。

对学生的评价应当遵循基础性要求与发展性要求并存的原则。也就是说，不仅要重视评价中的智力因素，也要把非智力因素纳入考量范围。不仅要设置合作教育中的基础性评价项目，如合作知识、合作技能上的评价；也要设置合作教育中的发展性项目，如问题意识、探索精神、领导能力上的评价。唯有如此，才能将合作教育的多重目标分解为合理的评估指标，建立反映合作教育实质的、层次分明的评估体系。

一个有效的评估检查不是大而化之的，它是对合作教育目标的逐层审视，对合作教育过程的条分缕析，因此合作教育的监督评价机制应涵盖多种多样的评估，不仅包括对学生的评价，还包括对学校和家长的评价。教育行政部门可出台必要的法律政策，并成立相应的合作教育督导机构，从班主任与任课教师队伍建设，品德课与主题班会的组织与实施，家长委员会与家长学校的参与情况等方面对学校、教师和家长的合作教育成效进行督导、评价。

参 考 文 献

А. 奥尔洛夫，Л. 拉泽霍夫斯基. 1988. 合作的教育学：起源、原则、远景. 杜殿坤译. 外国教育资料，（4）：8-14

埃尔伍德·克伯莱. 2012. 美国公共教育——关于美国教育史的研究和阐释. 陈露茜译. 合肥：安徽教育出版社

毕珊娜. 2010. 4—6 岁幼儿父母教养方式、同伴关系与合作行为的研究. 天津：天津师范大学

С. Н. 雷先科瓦，В.Ф. 沙塔洛夫. 1987. 合作的教育学：关于实验教育教师会晤的报告. 朱佩荣译. 外国教育资料，（2）：1-10

曹光前，冯喜珍，席红雷. 2008. 同伴合作对 7—8 岁儿童分类活动的影响. 现代生物医学进展，（8）：1525，1542-1544

陈力田，朱亚丽，郭磊. 2018. 多重制度压力下企业绿色创新响应行为动因研究. 管理学报，15（5）：710-717

陈俏宏. 2014. 幼儿园混龄教育的现状与对策. 中国校外教育，（13）：136-137

陈琴，庞丽娟. 2001. 论儿童合作的发展与影响因素. 教育理论与实践，（3）：43-47

陈素国，王小丽. 2015. 混龄教育促进幼儿社会性发展的观察研究. 天津师范大学学报（基础教育版），16（2）：46-50

陈欣，叶浩生. 2009. 行为博弈视野下信任研究的回顾. 心理科学，32（3）：636-639

陈艳华. 1999. 论合作精神与合作教育. 济南大学学报，（4）：41-44

陈叶烽，叶航，汪丁丁. 2010. 信任水平的测度及其对合作的影响——来自一组实验微观数据的证据. 管理世界，（4）：54-64

陈瑛. 2008. 遵规重行：青少年道德教育成功之本. 学校党建与思想教育，（6）：4-5

崔立中，周永梅，于秀丽. 2002. 略论合作教育在我国素质教育中的地位和作用. 沈阳教育学院学报，（3）：23-25

崔丽莹. 2010a. 小学儿童合作观念与行为的发展研究. 上海：华东师范大学

崔丽莹. 2010b. 国外儿童合作行为影响因素的研究述评. 外国中小学教育，（12）：20，32-35

崔丽莹，何幸，罗俊龙，等. 2017. 道德与关系惩罚对初中生公共物品困境中合作行为的影响. 心理学报，49（10）：1322-1333

刁冰. 2017. 小学生合作行为的现状及对策研究——以潍坊锦绣学校为例. 济南：山东师范大学

丁邦平. 1988. 合作学习——大面积提高学业成绩的理论和方法. 外国教育资料，（5）：46-50

杜春娟. 2015. 幼儿园混龄教育探析. 黑龙江教育学院学报，34（3）：70-72

杜亚芳. 2012. 连续性混龄教育模式在青少年宫社团建设和管理中的实践研究. 文教资料，（31）：157-159

傅忠道. 2000. 青少年合作教育的几点思考. 中国青年政治学院学报，（3）：22-26

盖奥尔格·西美尔. 2002. 社会学. 林荣远译. 北京：华夏出版社

高秀芝. 1992. 6—11 岁儿童合作行为发展趋向研究. 天津师大学报（社会科学版），（1）：31-34

高艳，陈丽，尤天贞. 2001. 关于合作学习的元分析. 山东教育科研，（10）：19-21

葛晓英. 2012. 幼儿园混龄教育的探索与课程建构. 学前教育研究，（7）：64-66

国际 21 世纪教育委员会. 1996. 教育——财富蕴藏其中. 联合国教科文组织总部中文科译. 北京：教育科学出版社

郝克明，汪明. 2009. 独生子女群体与教育改革——我国独生子女状况研究报告. 教育研究，30（2）：42-51

何茜茜，崔丽莹，王雪. 2017. 社会价值取向对初中生在公共物品困境下合作行为的影响. 教育生物学杂志，5（3）：136-142

何芸. 2014. 游戏方式对游戏者合作行为和攻击行为的影响. 宁波：宁波大学

胡庆芳. 2015. 有效小组合作的 22 个案例. 上海：华东师范大学出版社

黄少安. 2000. 经济学研究重心的转移与"合作"经济学构想——对创建"中国经济学"的思考. 经济研究，（5）：60-67

黄伟. 2007. 教学三维目标的落实. 教育学刊，（10）：56-57

黄艳苹，李玲. 2007. 性别配对与奖励结构对中学生合作行为的影响. 社会心理科学，（Z2）：93-97

江小明，吴智泉，虞思旦. 2007. 多样化合作教育的实践探索. 教育与职业，（15）：14-16

金灿灿，邹泓，李晓巍. 2011. 青少年的社会适应：保护性和危险性因素及其累积效应. 北京师范大学学报（社会科学版），（1）：12-20

金丹. 2007. 成就动机与目标依存性对虚拟团队中合作行为的影响. 广州：华南师范大学

金玫. 2011. 对《合作训练对幼儿合作水平影响的实验研究》的评析. 考试周刊，28：232

荆智. 2014. 青少年社会创造的社会信息加工机制. 武汉：华中师范大学

巨瑛梅，刘旭东. 2004. 当代国外教学理论. 北京：教育科学出版社

柯宇晨，曾镜霏，陈玉娇. 2014. 共生理论发展研究与方法论评述. 市场论坛，（5）：14-16

夸美纽斯. 1999. 大教学论. 傅任敢译. 北京：教育科学出版社

拉尔夫·泰勒. 2008. 课程与教学的基本原理：英汉对照版. 罗康，张阅译. 北京：中国轻工业出版社

老子. 2009. 道德经. 陈忠译注. 长春：吉林文史出版社

李芙蓉. 2011. 体育教学中团体心理辅导对大学生合作能力培养的实验研究. 武汉：华中师范大学

李俊奎，高琳萍. 2009. 互利主义应作为社会主义核心价值的道德基础——基于博弈论的研究视角. 系统科学学报，17（1）：11-14，54

李丽. 2015. 丰富学生数学体验提高课堂实效性——"游戏公平"教学案例. 成都市鼓楼小学

李纾. 2006. 发展中的行为决策研究. 心理科学进展，（4）：490-496

李晓东. 1991. 关于目标结构对 6—9 岁儿童合作与竞争行为影响的实验研究. 心理科学，（2）：12，33-37

李颖，罗涤，袁利. 2012. 大学生合作精神评价体系的实证研究. 重庆大学学报（社会科学版），18（6）：176-182

李有观. 2000. 美国的合作教育. 世界文化，（3）：16-17

李幼穗，孙红日. 2001. 价值取向与青少年的合作行为及培养. 天津师范大学学报（社会科学版），（4）：77-80

李幼穗，张丽玲，戴斌荣. 2000. 儿童合作策略水平发展的实验研究. 心理科学，（4）：425-429，510

栗洪武. 2007. 学校教育学. 西安：陕西师范大学出版社

梁燕. 2012. 女大学生心理压力、归因方式与主观幸福感的关系研究. 新乡：河南师范大学

林彬. 2002. 儿童社会观点采择能力发展的实验研究. 福州：福建师范大学

林菁. 2001. 皮亚杰的儿童"自我中心"理论述评. 学前教育研究，（1）：23-25

林磊. 2008. 不同同伴地位小学生对同伴冲突行为的社会信息加工特点研究. 上海：华东师范大学

林平. 1998. 论班杜拉的社会学习理论与我国的教育教学改革. 四川师范大学学报（社会科学版），（3）：104-111

刘长江，郝芳. 2011. 不对称社会困境中社会价值取向对合作的影响. 心理学报，43（4）：432-441

刘长江，李岩梅，李纾. 2007. 实验社会心理学中的社会困境. 心理科学进展，（2）：379-384

刘利才. 2014. 青少年感恩教育的理论与实践研究. 北京：科学出版社

刘美娟. 2006. 合作游戏对大班幼儿同伴关系的影响研究. 济南：山东师范大学

刘伟. 2011. 诚信知行的形成机制与教育干预. 大连：辽宁师范大学

刘谐，马剑虹，朱玥. 2010. 从归因视角探讨公共物品两难中惩罚系统对合作的影响. 应用心理学，16（4）：332-340

刘英. 2013. 探讨蒙台梭利混龄教育的中国化. 现代教育科学，（4）：52-54

刘振中. 1997. 西方合作学习研究述评. 上海教育科研，（4）：11，18-22

卢娟. 2011. 高中英语合作学习低效归因与对策. 石家庄：河北师范大学

鲁忠义，霍习霞. 2004. 合作训练对幼儿合作水平影响的实验研究. 教育研究，（11）：52-56

罗伯特·阿克塞尔罗德. 2007a. 合作的进化（修订版）. 吴坚忠译. 上海：上海人民出版社

罗伯特·阿克塞尔罗德. 2007b. 合作的复杂性：基于参与者竞争与合作的模型. 梁捷，高晓梅，等译. 梁捷校. 上海：上海人民出版社

骆欣庆，刘剑锋，谢骏杰. 2019. 惩罚、奖励与合作行为——基于礼物交换博弈实验的对比研究. 经济与管理，33（3）：26-35

马剑虹. 2008. 公共资源两难管理的社会学习过程和动机释放机制. 应用心理学，14（4）：371-377

马艳. 2007. 用 SIP 合成分数研究儿童在两类假设情境中的社会信息加工特点. 心理科学，（2）：447-449，473

马艳，寇彧. 2007. 亲社会与攻击性儿童在两类假设情境中的社会信息加工特点. 心理发展与教育，（4）：1-8

墨子. 2018. 墨子全鉴（珍藏版）. 东篱子译注. 北京：中国纺织出版社

欧文. 1965. 欧文选集. 柯象峰，何光来，秦果显译. 北京：商务印书馆

潘昌明. 2015. 不同奖励方式、奖励实施者对合作秩序建立的作用. 杭州：浙江理工大学

庞维国，程学超. 2001. 9—16 岁儿童的合作倾向与合作意图的发展研究. 心理发展与教育，（1）：31-35

裴娣娜. 2000. 合作学习的教学策略——发展性教学实验室研究报告之二. 学科教育，（2）：1-6

戚万学，杜时忠. 1997. 现代德育论. 济南：山东教育出版社

乔桂娟，李楠楠. 2017. 重议合作教育学的理论价值与实践意义. 黑龙江教育学院学报，36（11）：1-3

秦启文，黄希庭. 2001. 社会技能构成因素及其意义. 心理学探新，（1）：54-57

裘指挥，张丽. 2006. 利己与利他的博弈论分析——幼儿德育研究的新视角. 学前教育研究，（6）：18-20

桑标. 2003. 当代儿童发展心理学. 上海：上海教育出版社

尚云丽. 2007. 利用合作游戏培养幼儿的合作能力——一个倒返实验的个案研究. 学前课程研究，（8）：45-48

谌章明. 2008. 英国启蒙运动的思想特征及其影响. 湘潭：湘潭大学

盛群力. 1990. 对美国中小学兴起的"合作热"的拙释. 教育评论, （3）：68-69

盛群力. 1992. 小组互助合作学习革新评述（上）. 外国教育资料, （2）：1-7

石凤梅. 2016. 基于儿童学习与发展的合作性游戏棋设计与思考——以"校车来啦"为例. 上海：华东师范大学

斯莱文. 1993. 合作学习与学生成绩：六种理论观点. 王红宇译. 外国教育资料, （1）：24, 63-67

斯莱文. 1994. 合作学习的研究：国际展望. 王坦译. 山东教育科研, （1）：75-79

宋雨桐. 2013. 促进幼儿合作游戏策略研究. 黑河学院学报, 4（1）：83-85

苏霍姆林斯基. 1983. 帕夫雷什中学. 赵玮, 王义高, 蔡兴文, 等译. 北京：教育科学出版社

苏霍姆林斯基. 1992. 怎样培养真正的人. 蔡汀译. 北京：教育科学出版社

孙红日. 2001. 价值取向对个体合作行为的影响. 社会心理科学, （2）：24-25

孙卉. 2012. 青少年合作感的现状、影响因素及其培养的实证研究. 上海：上海师范大学

孙武. 1962. 孙子兵法. 郭化若译注. 北京：中华书局

孙昕怡, 陈璟, 李红. 2009. 合作指数与描述方式对儿童囚徒困境博弈中合作行为的影响. 心理发展与教育, 25（1）：27-33

谭晨. 2006. 合作性儿童与不合作儿童的社会信息加工特点比较研究. 北京：北京师范大学

汤天维. 2015. 合作教育理念的实践与探索. 北京：光明日报出版社

陶沙, 林磊. 1994. 3—6 岁儿童母亲的教育方式及影响因素的研究. 心理发展与教育, （3）：40-47

田丽丽, 黄思远, 金盛华, 等. 2011. 经验合作教学对教师课堂教学影响的实验研究. 心理发展与教育, 27（1）：83-89

汪艾桂, 张倩. 2004. 关于幼儿合作行为培养的研究报告. 安徽工业大学学报（社会科学版）, （5）：149-150

王从容. 2005. 小学数学教学中"小组合作"策略研究. 宁波大学学报（教育科学版）, （3）：150-151

王红宇. 1991. 美国合作学习简介. 外国教育资料, （5）：80-81

王金颖. 2013. 初一学生合作能力的现状及干预研究. 长春：东北师范大学

王磊, 谭晨, 寇彧. 2005. 同伴冲突解决的干预训练对小学儿童合作的影响. 心理发展与教育, （4）：83-88

王丽. 2003. 中小学生亲社会行为与同伴关系、人际信任、社会期望及自尊的关系研究. 西安：陕西师范大学

王娜. 2004. 人格特质、认知风格、情境与合作行为关系的研究. 长春：东北师范大学

王娜. 2012. 中国人人格特质结构对合作的影响机制. 心理与行为研究, 10（2）：92-97

王坦, 高艳. 1996. 试谈合作学习对现代教学论的贡献. 山东教育科研, 1996（3）：60-63

王坦. 1994. 合作学习：一种值得借鉴的教学理论. 普教研究，（1）：62-64

王坦. 2001. 合作学习：原理与策略. 北京：学苑出版社

王婉贞，荆智，谷传华. 2014. 青少年社会创造的社会信息加工机制. 北京：第十七届全国
    心理学学术会议

王晓莉. 2013. 近二十年国内外学前幼儿混龄教育文献综述. 成都师范学院学报，2013（5）：
    65-69

魏辉彦. 2014. 青少年合作倾向及与其自尊、人际信任和观点采择的关系研究. 上海：上海
    师范大学

温忠麟，侯杰泰，张雷. 2005. 调节效应与中介效应的比较和应用. 心理学报，（2）：268-274

温忠麟，叶宝娟. 2014. 中介效应分析：方法和模型发展. 心理科学进展，22（5）：731-745

吴晓丹. 2018. 蒙台梭利教育思想与方法. 上海：复旦大学出版社

伍新春，管琳. 2009. 合作学习与课堂教学. 北京：人民教育出版社

武红华. 2017. 英国中小学课堂教学特色及启示. 吉林教育，26：160

武艳英. 2010. 社会两难情景下自我效能感、反馈与奖励对合作行为的影响研究. 呼和浩
    特：内蒙古师范大学

谢文澜. 2013. 合作行为的产生机制及影响因素——基于进化心理学视角下的探讨. 心理
    科学进展，21（11）：2057-2063

谢晓非，孔瑞芬，陈曦等. 2000. 儿童合作倾向与家长价值观. 心理科学，（6）：699-702，
    762-767

谢晓非，余媛媛，陈曦. 2006. 合作与竞争人格倾向测量. 心理学报，（1）：116-125

徐万山. 2010. 论合作教育的多重内涵. 河北师范大学学报（教育科学版），12（4）：84-86

亚当·斯密. 1974. 国民财富的性质和原因的研究. 郭大力，王亚南译. 北京：商务印书馆

闫慧杰. 2015. 基于西方社会互动理论的教师合作研究. 开封：河南大学

严进. 2007. 信任与合作：决策与行动的视角. 北京：航空工业出版社

杨伯峻. 2019. 论语译注. 北京：中华书局

杨廷忠，黄汉腾. 2003. 社会转型中城市居民心理压力的流行病学研究. 中华流行病学杂
    志，（9）：11-15

杨雄，刘程. 2013. 关于学校、家庭、社会"三位一体"教育合作的思考. 社会科学，（1）：
    92-101

姚芬. 2012. 校企合作德育的动力因素分析. 职教论坛，（23）：72-73，76

叶仁敏，Hagtvet K A. 1992. 成就动机的测量与分析. 心理发展与教育，（2）：14-16

易红郡. 2017. 英国教育思想史. 上海：华东师范大学出版社

应萍. 1999. 浅谈合作教育在班级管理中的优越性. 青海教育，（Z1）：30-31

俞国良，辛自强. 2004. 社会性发展心理学. 合肥：安徽教育出版社

曾琦. 2000. 合作学习的基本要素. 教育学报，（6）：7-12

张红艳. 2011. 合作游戏对幼儿合作能力提高的干预研究. 呼和浩特：内蒙古师范大学

张金荣，董敏，王明伟. 2010. 父母教育价值观、同伴关系对小学生合作行为的影响. 中小学心理健康教育，（17）：10-12，15

张丽华. 1997. 父母的教养方式与儿童社会化发展研究综述. 辽宁师范大学学报（社会科学版），（3）：20-23

张丽玲. 2004. 两难问题儿童对策行为发展的实验研究. 心理发展与教育，（4）：25-29

张丽玲，白学军. 2010. 合作游戏训练对学前儿童合作行为的影响. 心理与行为研究，8（3）：218-222

张萍. 2012. 感恩情感的形成机制及其干预. 上海：上海师范大学

张玉彬. 2017. 合作学习的理论与实践. 北京：光明日报出版社

张振，张帆，黄亮，等. 2014. 决策中社会价值取向的理论与测评方法. 心理科学进展，22（1）：48-56

张智，阎秀冬，杜丽华. 2001. 三校大学生竞争/合作策略取向的特点及影响因素. 心理学探新，（3）：30-35

赵俊茹. 2001. 交流方式与性别配对对儿童青少年合作行为影响的发展研究. 天津：天津师范大学

赵俊茹，李江霞. 2002. 关于合作行为的研究述评. 天津市教科院学报，（3）：59-62，65

赵殊. 2010. 谈儿童合作能力的培养. 教育探索，（5）：119-120

赵章留. 2007. 母亲教养方式与青少年合作的关系. 心理发展与教育，（3）：37-43

赵章留，安桂玲. 2005. 4—6年级儿童对自己和同伴亲社会行为的评价. 中国健康心理学杂志，（3）：214-217

赵章留，寇彧. 2006. 儿童四种典型亲社会行为发展的特点. 心理发展与教育，（1）：117-121

郑永廷. 2000. 论当代西方国家思想道德教育方法. 学术研究，（3）：82-87

周宗奎. 1995. 儿童社会化. 武汉：湖北少年儿童出版社

朱智贤. 1989. 心理学大辞典. 北京：北京师范大学出版社

左丘明. 2013. 国语. 陈桐生译注. 北京：中华书局

Ammon R，Wing T A. 2001. Bonus and penalty in common pool resource dilemmas under uncertainty. Organizational Behavior and Human Decision Processes，85（1）：135-165

April B，Robert P. 1994. Cooperative games：A way to modify aggressive and cooperative behaviors in young children. Journal of Applied Behavior Analysis，27（3）：435-446

Argyle M. 1991. Cooperative. London：Routlege

Ausch L. 1994. Gender comparisons of young children's social interaction in cooperative play activity. Sex Roles，31：225-239

Axelord R. 1997. The Complexity of Cooperation. Princeton： Princeton University Press

Axelord R，Dion D. 1988. The further evolution of cooperation. Science，242(4884)：1385-1390

Bandura A， McDonald F J. 1963. influence of social reinforcement and the behavior of models in shaping children's moral judgment. The Journal of Abnormal and Social Psychology，67（3）：274-281

Bay-Hinitz A K， Peterson R F， Quilitch H R. 1994. Cooperative games： A way to modify aggressive and cooperative behaviors in young children. Journal of Applied Behavior Analysis，27（3）：435-446

Bell A，Thomas D. 2009. The influence of social problem-solving ability on the relationship between daily stress and adjustment. Cognitive Therapy and Research，33（5）：439-448

Benenson J F. 2009. Dominating versus eliminating the competition： Sex differences in human intrasexualaggression. Behavioral and Brain Sciences，32（3-4）：20-21

Bergin C， Talley S， Hamer L. 2003. Prosocial behaviors of young adolescents： A focus group study. Journal of Adolescence，26（1）：13-32

Brownell C A，Carriger M S. 1990. Changes in cooperation and self-other differentiation during the second year. Child Development，61（4）：1164-1174

Camerer C F. 2003. Behavioral Game Theory： Experiments in StrategicInteraction. Princeton： Princeton University Press

Coelho E. 1994. Learning Together in the Multicultural Classroom. Markham：Pippin Publishing Limited

Dals S W. 1982. Protozoal Symbionts//Burns R G， Slater J H. Experimental Microbial Ecology. Oxford： Blackwell Scientific Publicstion

Dawes R M. 2000. Social dilemmas. International Journal of Psychology，35（2）：111-116

De Cremer D， Dewitte S. 2002. Effect of trust and accountability in mixed-motive situations. Journal of Social Psychology，142（4）：541-543

De Cremer D，Paul A M，Van L. 2001. Why prosocials exhibit greater cooperation than proselfs： The roles of social responsibility and reciprocity. European Journal of Personality，15（S1）：S5-S18

Deci E L. 1971. Effects of externally mediated rewards on intrinsic motivation. Journal of Personality and Social Psychology，18（1）：105-115

Deutsch M. 1958. Trust and suspicion. Journal of Conflict Resolution，（2）：265-279

Diehl E， Sterman J D. 1995. Effects of feedback complexity on dynamic decision making. Organizational Behavior and Human Decision Processes，62（2）：198-215

Dimaggio P J， Powell W W. 1983. The iron cage revisited： Institutional isomorphism and collective rationality in organizational fields. American Sociological Review，48（2）：147-160

Eagly A H，Steffen V J. 1986. Gender and aggressive behavior：A meta-analytic review of the social psychological literature. Psychological bulletin，100（3）：309-330

Eisenberg N. 1998. Social，Emotional，and Personality Development. Handbook of Child Psychology. Hoboken：John Wiley & Sons.

Ellis A K，Fouts J T. 1994. Research on School Restructuring. Princeton：Taylor & Francis Ltd

Epstein S，O'Brien E J. 1985. The person-situation debate in historical and current perspective. Psychological Bulletin，98（3）：513-537

Fan C. 2000. Teaching children cooperation：An application of experimental game theory. Journal of Economic Behavior and Organization，41（3）：191-209

Frean M. 1996. The evolution of degrees of cooperation. Journal of Theoretical Biology，182（4）：549-559

Guido H，Jochen N，Thomas T，et al. 2000. Mood effects on cooperation in small groups：Does positive mood simply lead to more cooperation? Cognition and Emotion，14（4）：441-472

Guskey T R. 1990. Cooperative mastery learning strategies. The Elementary School Journal，91（1）：33-42

Haig R N，Schotter A. 1997. Productivity under group incentives：An experimental study. American Economic Review，87（3）：314-341

Hardin G. 1968. The tragedy of the commons. Science，162（3859）：1243-1248

Jackson M，Tisak M S. 2001. Is prosocial behavial a good thing：Development changers in children's evaluations of helping，sharing，cooperating and comforting. British Journal of Developmental Psychology，19（3）：349-367

Jan J. 1992. Agression and Cooperation：HelpYoung Children Develop Constructive Trategies. https：//files. eric. ed. gov/fulltext/ED351147.pdf［2019-10-11］

Janzen D H. 1971. Seed predation by animals. Annual Review of Ecology and Systematics，2：465-492

Johnson B W. 1983. The coppersmith self-esteem inventory：A construct validation study. Educational and Psychological Measurement，43（3）：907-913

Johnson D W，Johnson R T. 1978. Cooperative，competitive，and individualistic learning. Journal of Research and Development in Education，12（1），3-15.

Johnson D W，Johnson R T. 1989. Cooperation and Competition：Theory and Research. Edina：Interaction Book Company.

Kagan S. 1989. The structural approach to cooperative learning. Educational Leadership，47

（4）：12-15.

Kagan S，Knight G P. 1984. Material reinforcement style and cooperation-competition among Anglo-American and Mexican-American children，Journal of Genetic Psychology，145（1）：37-47

KazemiA，Eek D. 2007. Effects of group goal and resource valence on allocation preferences in public good dilemmas. Social Behavior and Personality：An international journal，35（6）：803-818

Kelley H H，Stahelski A J. 1970. Errors in perception of intentions in a mixed-motive game. Journal of Experimental Social Psychology，6（4）：379-400

Kohlberg L. 1966. Moral education in the schools：A developmental view. The School Review，74（1）：1-30.

Komorita S S，Parks C D. 1995. Interpersonal relations：Mixed-motive interaction. Annual Review of Psychology，46（1）：183-207

Laetitia B M，EricV D，David D C，et al. 2006. Undermining trust and cooperation：The paradox of sanctioning systems in social dilemmas. Journal of Experimental Social Psychology，42（2）：147-162

Maccoby E E. 1990. Gender and relationships：A developmental perspective. American Psychologist，45（4）：513-520

Mara O，Philip L S. 1999. Social value orientation and strategy choices in competitive negotiations. Personality and Social Psychology Bulletin，25（6）：657-668

Masclet D，Noussair C，Tucker S. 2003. Monetary and nonmonetary punishment in the voluntary contribution mechanism. American Economic Review，93：366-380

McClintock C G. 1972. Social motivation：A set of propositions. Behavioral Science，17（5）：438-454

McClintock C G，Liebrand W B. 1988. Role of interdependence structure，individual value orientation，and another strategy in social decision making：A transformational analysis. Journal of Personality and Social Psychology，55（3）：396-409

McCullough M E，Emmons R A，Tsang J A. 2002. The grateful disposition：A conceptual and empirical topography. Journal of Personality and Social Psychology，82（1）：112-127

McCusker C，Carnevale P J. 1995. Framing resource dilemmas：Loss aversion and the moderating effects of sanctions. Organizational Behavior and Human Decision Processes，61（2）：190-201

Messick D M. 1999. Alternative logics for decision making in social settings. Journal of Economic Behavior and Organization，39（1）：11-28

Meter P，Stevens R J. 2000. The role of theory in the study of peer collaboration. The Journal of Experimental Education，69（1）：113-127

Mischel W. 1968. Personality and assessment. The American Journal of Psychology，81（4）：609

Mize J，Cox R. 1990. Social knowledge and social competence：Number and quality of strategies as predictors of peer behavior. The Journal of Genetic Psychology，151（1）：117-127

Morton D. 1977. The Resolution of Conflict. New Haven：Yale University Press

Mulder L B. 2008. The difference between punishments and rewards in fostering moral concerns in social decision making. Journal of Experimental Social Psychology，44（6）：1436-1443

Mullen B，Copper C. 1994. The relation between group cohesiveness and performance：An integration. Psychological Bulletin，115（2）：210-227

Murphy R O，Ackermann K A，Handgraaf M J. 2011. Measuring social value orientation. Judgment and Decision Making，6（8）：771-781

Nooteboom B. 2002. Trust：Forms，Foundations，Functions，Failures and Figures. Cheltenham：Edward Elgar

Olson J M，Janes L M. 2002. Asymmetrical impact：Vigilance for differences and self-relevant stimuli. European Journal of Social Psychology，32（3）：383-393

Parker F W. 1894. Talks on Pedagogics：An Outline of the Theory of Concentration. Whitefish：Kessinger Publishing

Parks C D，Rumble A C，Posey D C. 2002. The effects of envy on reciprocation in a social dilemma. Personality and Social Psychology Bulletin，28（4）：509-520

Rand D G. 2016. Cooperation，fast and slow：Meta-analytic evidence for a theory of social heuristics and self-interested deliberation. Psychological Science，27（9）：1192-1206

Rosenberg M. 1965. Self esteem and the adolescent.（Economics and the social sciences：Society and the adolescent self-image）. The New England Quarterly，148（2）：804

Sally D，Hill E. 2006. The development of interpersonal strategy：Autism，theory-of-mind，cooperation and fairness. Journal of Economic Psychology，27（1）：73-97

Schuster R，Perelberg A. 2004. Why cooperate? An economic perspective is not enough. Behavioural Processes，66（3）：261-277

Scott G D. 1969. Plant Symbiosis in Attitude of Biology，Studies in Biology. London：Edward Arnold

Sermat V，Gregovich R P. 1966. The effect of experimental manipulation on cooperative behavior in a chicken game. Psychonomic Science，4（12）：435-436

Shapira A，Madsen M C. 1969. Cooperative and competitive behavior of kibbutz and urban children in Israel. Child Development，40（2）：609-617

Slavin R E. 1991. Synthesis of research of cooperative learning. Educational Leadership，48（5）：71-82

Slavin R E. 1996. Cooperative leaning in middle and secondary schools. The Clearing House，69（4）：200-204

Tenbrunsel A E，Messick D M. 1999. Sanctioning systems，decision frames，and cooperation. Administrative Science Querterly，44（4）：684-707

Torsten D，Andreas S，Martin S，et al. 2003. A comparison of punishment rules in repeated public good games: An experimental study. Journal of Conflict Resolution，47（6）：751-772

Utz S，Ouwerkerk J W，Van Lange PAM. 2004. What is smart in a social dilemma? Differential effects of priming competence on cooperation. European Journal of Social Psychology，34（3）：317-332

Van Lange PAM，Ouwerkerk J W，Tazelaar M J A. 2002. How to overcome the detrimental effects of noise in social interaction：The benefits of generosity. Journal of Personality and Social Psychology，82（5）：768-780

Wang R W，He J Z，Wang Y Q，et al. 2010. Asymmetric interaction will facilitate the evolution of cooperation. Science China Life Sciences，53（8）：1041-1046

Wrightsman L S. 1964. Measurement of philosophies of human nature. Psychological Reports，14（3）：743-751

Yamagishi T. 1986. The provision of a sanctioning system as a public good. Journal of Personality and Social Psychology，51（1）：110-116

附 录

附录一 青少年合作行为调查问卷

亲爱的同学：

你好，非常感谢你抽出时间填答此问卷！请依照你的真实想法回答，答案无对错、好坏之分。我们将对你的个人信息及答案保密，请你放心作答。

请不要漏掉任何一题，否则问卷将失去研究意义。非常感谢你的合作！

1. 下面是关于合作的一些说法，你在多大程度上同意呢？（在最符合的选项上打"√"）

题项	很不同意	不同意	说不清	同意	非常同意
A11. 有人天生爱合作，有人天生不合作	1	2	3	4	5
A12. 只要目标相同，合作就有可能	1	2	3	4	5
A13. 只要有好处，人们就会合作	1	2	3	4	5
A14. 如果同学不想与我合作，一定是他不喜欢我	1	2	3	4	5
A21. 合作就是互相帮助	1	2	3	4	5
A22. 如果合作没有成功，一定不是我的责任	1	2	3	4	5
A31. 喜欢合作的人是聪明人	1	2	3	4	5
A32. 只有心地善良的人，才愿意与别人合作	1	2	3	4	5
A33. 拒绝与别人合作是不道德的	1	2	3	4	5
A34. 只有能力差的人，才会愿意和别人合作	1	2	3	4	5

2. 选择题。请将答案填在横线上或括号中。

A4. 你认为，合作的本质是：_____（请选 3 个）
①协作配合；②互帮互助；③为了实现共同目标；④人与人之间的沟通交流；⑤一起学习，共同进步；⑥团结友爱，互相信任；⑦现代生活的必备品质；⑧通往成功的必经之路

A51. 一个合作小组要想成功地完成老师布置的任务，你认为该小组最应该具备哪些条件？_____
（选 3 个，越重要的越放在前面）
①成员之间的想法一致；②拥有共同目标；③亲密互信；④相互尊重，相互谦让；⑤分工协作，善于发挥大家的智慧；⑥小组成员有经验；⑦小组曾经成功合作过；⑧有好的指挥和领导，成员之间互帮互助

A52. 在小组合作中能高质量、高效率完成任务的人，你认为他通常会具备哪些特点和品质？_____
（选 3 个，越重要的越放在前面）
①聪明；②有强烈的成功欲望；③善良友好；④勤劳勇敢；⑤善于学习倾听；⑥不服输；⑦慷慨大方；⑧拥有领导沟通的能力；⑨自律与尊重他人

A61. 你认为一个班级组织开展合作，最可能的原因是（　　）。
①完成学习任务；②为班级获得集体荣誉；③让每个同学显示自己的能力；④通过一起合作，让大家成为朋友；⑤这是班级安排，不太清楚

A62. 如果你在活动中不愿意与他人合作的，原因可能是（　　）。
①不喜欢对方；②不需要别人帮忙；③害怕自己的成果被别人拿走；④怕别人影响自己；⑤老师并没有提出与他人合作的要求

A63. 你觉得他人找你合作的原因是（　　）。
①在我面前展示他的能力；②他是我的朋友；③他需要我帮助他完成任务；④他是来提供帮助的；⑤他想和我一起更好地完成任务，得到表扬

A64. 你通常喜欢选择怎样的合作对象呢？（　　）
①比自己好的人；②比自己差的人；③和自己相似的人；④无所谓

A65. 你选择合作对象时，往往最看重对方的哪一点呢？（　　）
①他事情做得很好；②我和他之间可以互相弥补对方的不足；③从他那里可以学到本领；④他和我的关系好；⑤他的合作经验丰富

3. 下列说法是否符合你的情况？（请在最符合你的选项上打"√"）

题项	很不符合	不符合	不确定	符合	非常符合
C11. 和别人合作，对我来说是件困难的事情	1	2	3	4	5
C12. 我经常与同学合作，且效果很好	1	2	3	4	5
C13. 即使对方是一个陌生人，我也能和他愉快地合作	1	2	3	4	5
C21. 当他人向我求助时，我乐于将自己的经验和资源分享给他	1	2	3	4	5
C22. 与合作同伴一起学习，我愿意互帮互助	1	2	3	4	5
C23. 同伴间的鼓励会增强我完成任务的责任感和信心	1	2	3	4	5
C31. 在谈论中，我积极提出问题并合理表达不同意见	1	2	3	4	5
C32. 遇到不同意见时，我会多方面听取建议	1	2	3	4	5
C33. 对于自己和同伴，我能作出公正、中肯的评价	1	2	3	4	5
C41. 我能理解、包容他人的失误和错误	1	2	3	4	5
C42. 我很少与朋友发生冲突，即使有也会很快化解	1	2	3	4	5

续表

题项	很不符合	不符合	不确定	符合	非常符合
C43. 我能够很好地控制自己的情绪	1	2	3	4	5
C51. 我擅长把任务分解开，并加以合理地分配	1	2	3	4	5
C52. 我善于促进自己（团队）与其他成员（团队）之间的合作	1	2	3	4	5

4. 对于下列关于你的说法，你在多大程度上赞同呢？（在最符合的选项上打"√"）

题项	很不赞同	不赞同	说不清	赞同	非常赞同
D11. 在学习上，我会主动无私地给予同学帮助	1	2	3	4	5
D12. 在小组合作学习活动中，我会与同学互相帮助	1	2	3	4	5
D13. 为提高小组学习效率，我积极向他人请教合作的方法	1	2	3	4	5
D21. 我与朋友、老师都能够融洽地相处	1	2	3	4	5
D22. 我会积极配合班级、学院、学校的各项工作	1	2	3	4	5
D31. 我在集体类比赛中获过奖且贡献较大	1	2	3	4	5
D32. 在集体活动中，我因为善于与同学合作而受到过表扬	1	2	3	4	5
D33. 我积极参加各类集体活动，且发挥了积极的作用	1	2	3	4	5

5. 对于下列说法，你在多大程度上赞同或不赞同呢？（在最符合的选项上打"√"）

题项	很不赞同	不赞同	说不清	赞同	非常赞同
B1. 我宁愿自己努力，也不愿意与人合作	1	2	3	4	5
B2. 合作会丧失表现自己的机会	1	2	3	4	5
B3. 别人做事我总不放心，而且还要花时间来沟通	1	2	3	4	5
B4. 我很喜欢和大家一起完成任务	1	2	3	4	5
B5. 小组受到表扬时，我感到很高兴	1	2	3	4	5
B6. 在合作中，我能学到很多知识，还能体现我的能力	1	2	3	4	5

6. 个人基本信息（请将答案写在横线上）

（1）你的年级：_____　①初一　②初二　③高一　④高二　⑤大一　⑥大二
（2）你的性别：_____　①女　②男
（3）家庭情况
①你家的经济情况如何？_____　1. 不太好　2. 一般　3. 比较好
②父亲的文化程度：_____；母亲的文化程度：_____。
1. 研究生或以上　2. 大学本科　3. 专科　4. 高中或职高　5. 初中或以下
③父亲职业：_____；母亲职业：_____。
1. 工地干活的工人、农民、没有工作的人　2. 自己做生意的个体户、商业服务人员
3. 在公司上班的白领、管理人员　　　　4. 教师、医生、工程师、科学研究人员　5. 其他
④你是独生子女吗？_____　1. 是　2. 不是
⑤是否为单亲家庭？_____　1. 是　2. 否
（4）暑假到了，很多小朋友开始上暑假学习班了，如果你也想报一个暑假班，你的爸爸妈妈会怎么做呢？
①他们会直接给我选好要上的暑假班，让我直接去上课。
②他们会先征询我的意见，和我商量后再一起决定。
③他们全都听我的，我想上什么暑假班，就上什么。
④他们说上不上暑假班无所谓，即使我想报班，他们也不会理我。

附录二　青少年合作教育现状调查问卷
（学生卷）

亲爱的同学：

　　你好，非常感谢你抽出时间填答此问卷！请依照你的真实想法回答，答案无对错、好坏之分。我们将对你的个人信息及答案保密，请你放心作答。

　　请不要漏掉任何一题，否则问卷将失去研究意义。非常感谢你的合作！

　　A. 下列说法是否符合你们学校的情况？（在最符合的选项上打"√"）

题项	很不符合	不符合	不确定	符合	非常符合
A1. 学校开设了一些培养合作技能和方法的课程	1	2	3	4	5
A2. 我认为学校开展专门的合作教育课程没有太大意义	1	2	3	4	5
A3. 学校给我们创造了很自由的学习空间	1	2	3	4	5
A4. 在班级设置上，学校不采用40人以下的小班教学模式	1	2	3	4	5

　　B. 关于小组合作学习，下列说法是否符合你们班上的情况？（在最符合的选项上打"√"）

题项	很不符合	不符合	不确定	符合	非常符合
B11. 我愿意以小组合作的形式进行学习	1	2	3	4	5
B12. 我知道如何与他人进行合作	1	2	3	4	5
B21. 小组讨论前，老师通常是随机划分小组的	1	2	3	4	5
B22. 小组讨论前，老师会明确宣布合作的目标和要求	1	2	3	4	5
B31. 在讨论过程中，我愿意积极提出自己的想法	1	2	3	4	5
B32. 在讨论过程中，我愿意认真倾听其他同学的发言	1	2	3	4	5
B33. 在讨论过程中，老师通常不参与我们的讨论	1	2	3	4	5
B41. 小组汇报成果时，小组成员会轮流发言	1	2	3	4	5
B42. 小组汇报结束后，小组之间会对汇报成果进行互评	1	2	3	4	5
B43. 小组合作的情况，会作为评定我们成绩的标准之一	1	2	3	4	5

B5. 你最想通过小组合作学习获得哪些提升？_____（选 3 个，越重要的越放在前面）

①提升我的学习兴趣　　　　②提高我的学习效率

③培养我的合作能力　　　　④使我更好地掌握所学知识

⑤锻炼我的沟通与表达能力　⑥结识更多的朋友

C. 下列说法是否符合你和家人的情况？（在最符合的选项上打"√"）

题项	很不符合	不符合	不确定	符合	非常符合
C1. 父母很少辅导我完成作业	1	2	3	4	5
C2. 父母的朋友经常来家里做客	1	2	3	4	5
C3. 在家里，我会和家人一起分工合作，共同完成家务	1	2	3	4	5

D. 单选题（在最符合的选项上打"√"）

D1. 如果同学们之间的合作效率不高，你认为最主要的原因是什么？
①学生自身合作意识缺乏，没有意识到合作的重要性
②学校合作教育方式落后，合作教育内容与社会现实脱节，效用不明显
③家庭对合作教育不够重视，学校、家庭和社会在合作教育中没有形成合力
④社会氛围中竞争、利己等观念产生了不好的影响

D2. 在实施合作教育过程中，你认为什么应该起主导作用？
①学校管理
②家庭教育
③社会整体氛围的营造

E. 你的基本情况（选项上打"√"，画线处填空）

E1. 年级：①初一　②初二　③高一　④高二　⑤大一　⑥大二
　　性别：①女　　②男
　　班干：①是　　②否
E2. 家庭情况：
（1）平时和_____居住在一起。（可多选）
①父亲　②母亲　③爷爷　④奶奶　⑤外公　⑥外婆　⑦兄弟姐妹　⑧其他
（2）父亲的文化程度_____；母亲的文化程度_____。
①初中及以下　②高中或职高　③专科　④大学本科　⑤研究生及以上
（3）你是独生子女吗？①是　②不是
如果不是，你家里有个孩子，你是第_____个。

附录三　青少年合作教育现状调查问卷（教师卷）

尊敬的家长：

　　您好！感谢您抽出宝贵的时间填答此问卷。本调查仅作学术研究之用，不针对任何个人，且匿名进行，敬请安心填答。答案无对错、好坏之分，请根据您所了解的情况，如实填答您的看法。非常感谢您的合作！

　　A. 下列说法是否符合你和你们学校的情况？（在最符合的选项上打"√"）

题项	很不符合	不符合	不确定	符合	非常符合
A11. 学校经常开展合作教育的相关活动	1	2	3	4	5
A12. 学校设有专业人员指导任课教师开展合作教育	1	2	3	4	5
A2. 我认为学校不必为培养学生的合作意识与能力开设专门的课程	1	2	3	4	5
A31. 我经常通过家校合作的方式进行合作教育	1	2	3	4	5
A32. 在课堂上，我经常通过小组合作等形式进行教学	1	2	3	4	5
A33. 我和其他教师之间经常相互交流教学经验	1	2	3	4	5
A4. 我认为对学生实施合作教育，将对他们的言行产生很大影响	1	2	3	4	5

　　B. 关于学生的合作意识及参与小组合作情况，您在多大程度上同意下列说法？（在最符合的选项上打"√"）

题项	很不符合	不符合	不确定	符合	非常符合
B1. 学生的合作意识与合作能力较强	1	2	3	4	5
B2. 当无法独自完成任务时，学生会主动采取合作的方式	1	2	3	4	5
B3. 在小组活动中，学生能认真倾听他人的想法和意见	1	2	3	4	5
B4. 在小组活动中，学生乐于相互帮助	1	2	3	4	5
B5. 在小组活动中，学生有明确的角色与任务	1	2	3	4	5
B6. 通常，学生参与小组活动的积极性不高	1	2	3	4	5

C. 关于合作教育成效的描述，您是否同意下列说法？（在最符合的选项上打"√"）

题项	没有帮助	帮助不大	一般	帮助较大	帮助很大
C1. 学习成绩	1	2	3	4	5
C2. 语言表达	1	2	3	4	5
C3. 人际交往	1	2	3	4	5
C4. 合作能力	1	2	3	4	5

D. 单选题（在最符合的选项上打"√"）

D1. 如果学生之间的合作效率不高，最主要的原因是什么？
①学生自身合作意识缺乏，没有意识到合作的重要性
②学校合作教育方式落后，合作教育内容与社会现实脱节，效用不明显
③家庭对合作教育不够重视，学校、家庭和社会在合作教育中没有形成合力
④社会氛围中竞争、利己等观念产生了不好的影响
D2. 您认为，在实施合作教育过程中，什么应该起主导作用？
①学校管理　②家庭教育　③社会整体氛围的营造

D3. 您认为，加强青少年合作教育成效最有力的措施有哪些？
①重视青少年思想道德素质，提高学生合作意识与合作技能
②加强学校校风建设，营造良好的合作环境
③加强合作教育宣传与舆论引导
④重视和发挥家庭在合作教育中的作用

E. 您的基本情况（选项上打"√"）

E1. 性别：①男　②女
E2. 您目前任教的是：①初中　②高中　③大学
E3. 您在学校担任的工作是：①学科教师　②行政人员
E4. 您是班主任吗？①是　②不是
E5. 您参加教育工作的教龄是：①1—3年　②4—6年　③7—10年　④10年以上
E6. 您的学历为：①专科　②本科　③研究生　④博士

附录四　青少年合作教育现状调查问卷
（家长卷）

尊敬的家长：

您好！感谢您抽出宝贵的时间填答此问卷。本调查仅作学术研究之用，不针对任何个人，且匿名进行，敬请安心填答。答案无对错好坏之分，请根据您所了解的情况，如实填答您的看法。非常感谢您的合作！

A. 关于下列说法，您在多大程度上同意或不同意？（在最符合的选项上打"√"）

题项	很不符合	不符合	不确定	符合	完全符合
A1. 我对合作教育的内容有一定的了解	1	2	3	4	5
A2. 我认为合作教育对于孩子的发展很重要	1	2	3	4	5
A3. 我认为学校不必为培养青少年的合作意识与技能开设专门课程	1	2	3	4	5
A41. 我孩子所在的学校较少开展合作教育的相关活动	1	2	3	4	5
A42. 孩子的老师会经常与我沟通孩子在学校和同学合作的情况	1	2	3	4	5
A51. 在家里，我和爱人经常合作做家务，并让孩子参与其中	1	2	3	4	5
A52. 我经常教育孩子要学会与他人合作	1	2	3	4	5
A53. 孩子与小伙伴有争执时，我不会过多干涉，而是引导他们协商解决	1	2	3	4	5

B. 下列说法是否符合您孩子的情况？（在最符合的选项上打"√"）

题项	很不符合	不符合	不确定	符合	完全符合
B1. 我的孩子会妥善处理与同伴之间的矛盾	1	2	3	4	5
B2. 孩子乐于与人交往，积极参加集体活动	1	2	3	4	5
B3. 孩子愿意主动与同学朋友分享自己的玩具、书本等	1	2	3	4	5
B4. 孩子的合作意识与合作能力都较强	1	2	3	4	5

C. 单选题。（在最符合的选项上打"√"）

C1. 如果孩子和同学之间合作效率不高，您认为最主要的原因是什么？
①学生自身合作意识缺乏，没有意识到合作的重要性
②学校合作教育方式落后，合作教育内容与社会现实脱节，效用不明显
③家庭对合作教育不够重视，学校、家庭和社会在合作教育中没有形成合力
④社会氛围中竞争、利己等观念产生了不好的影响

C2. 您认为，加强青少年合作教育成效，最有力的措施有哪些？
①重视青少年思想道德素质，提高学生合作意识与合作技能
②加强学校校风建设，营造良好的合作环境
③加强合作教育宣传与舆论引导
④重视和发挥家庭在合作教育中的作用

C3. 您认为，在实施合作教育过程中，什么应该起主导作用？
①学校管理 ②家庭教育 ③社会整体氛围的营造

D. 您的基本情况（选项上打"√"，画线处填空）

D1. 性别：①男 ②女
D2. 年龄：_____周岁
D3. 孩子是不是班干部：①是 ②不是
D4. 是否独生子女：①是 ②不是
D5. 您的文化程度：①初中及以下 ②高中或职高 ③专科 ④大学本科 ⑤研究生及以上

附录五 青少年合作教育现状调查访谈提纲

（一）学生部分

1. 你是如何看待采取合作的方式进行学习的？

2. 教师在课堂中是否有采取合作的形式进行教学？如果有，是如何组织的？

（小组如何组建？规模为多少人？小组长如何推选？讨论过程中有什么困难？由哪位同学进行汇报总结？等等）

3. 你认为在学习中采取合作的方式效果如何？

4. 你认为学校的合作教育开展得如何？

5. 家庭中家长重视你在合作中的表现吗？

6. 你认为现在社会重视合作吗？有哪些促进青少年合作意识与能力的举措？

（二）教师部分

1. 您了解合作教育吗？如果了解，您是通过什么渠道了解的？

2. 在您授课的过程中，重视学生们的合作教育吗？您是如何组织合作教育的呢？

（1）小组讨论的问题是如何产生的？

（2）您是否参加小组讨论的过程？

（3）您如何对待部分不愿意参加合作的同学？

（4）您如何对小组合作进行评价？

（5）您在合作教育的过程中遇到过哪些困难？

3. 合作教育会影响您的教学进度吗？

4. 实施合作教育后，学生是否有重要的变化？（如学习成绩、问题意识、人际交往等）

5. 作为教师，您觉得自己在合作的言行这方面做得怎样？

6. 在您看来，目前学校对于青少年是否开展了较有针对性的合作教育？设置合作教育相关的活动或课程有必要吗？您是怎样认识目前学校合作教育的主要方式及其成效的？

7. 学校有通过家校合作的方式开展合作教育吗？

8. 有专业人员来学校对教师开展合作教育进行过经验介绍和指导吗？

9. 目前导致部分学生出现不合作或合作水平低的主要原因是什么？

10. 您认为改进和加强青少年合作教育的主要突破口何在？

11. 您认为现在社会重视合作吗？有哪些促进青少年合作意识与能力的举措？

（三）家长部分

1. 您最关心孩子哪一方面的成长？

2. 您的孩子经常与同龄儿童玩耍吗？

3. 您与孩子的相处模式是怎样的？和孩子怎么交流？

4. 您关注合作教育吗？认为它有意义吗？为什么？

5. 您认为家庭在合作教育中的作用是什么？

6. 您认为学校有没有必要加强合作教育？与孩子的老师有过这方面的交

流吗？

 7. 您是否有意识地培养孩子的合作意识和合作能力？

 8. 能否举出一件您和孩子合作完成一件事的例子？（时间、地点、原因、过程等请简要说明）。

 9. 你认为现在社会重视合作吗？有哪些促进青少年合作意识与能力的举措？

附录六　青少年合作行为形成机理问卷

A. 假设合作情境 SIP 问卷

 同学，你好！下面是一个假设情境，想象情境中的主人公就是你自己。请依照你的真实想法，回答后面的问题，答案无对错、好坏之分。请放心作答，我们将对你的个人信息及答案保密，谢谢你的合作！

某课上，老师布置了一项课程汇报作业，要求计入期末成绩，可以独立完成，也可以与其他同学合作完成。课后，周星找到了另一位同学李月，问李月关于完成课程作业有什么思路……

A11. 你觉得，周星此时想要做什么？

①想独自完成作业，但不知道怎么弄，所以来问问李月的思路

②不知道要不要合作，先来问下李月有什么打算

③想和李月一起完成作业，但不好意思说

④打算和李月一起完成作业，来问问李月有什么想法

A21. 你觉得，李月此时最想要的是什么？

①想独自完成，但没有思路，希望周星能提供一些建议

②不知道怎么完成作业，想和周星一起合作

③想和周星一起完成作业，即使对方不提也会主动提出来的

④不想与其他同学合作，打算独自完成作业

A22. 你认为周星和李月提出/答应与对方合作的可能性有多大？

①非常可能；②可能；③有点可能；④说不清；⑤不可能

A41. 如果是你，你会独立完成这次汇报作业，还是与同学合作呢？

①自己做　②与人合作　③不知道

（一）第一种情形：李月答应了周星的合作邀请。你觉得，周星和李月此时各自的感受是怎样的？

	非常开心	比较开心	一般	不太开心	很不开心
A31. 周星					
A32. 李月					

A33. 你认为李月能与周星一起很好地完成这次作业吗？

①肯定能；②也许能；③不能；④不知道

A34. 通过此次作业的合作，李月和周星会成为好朋友吗？

①在合作中会产生诸多矛盾，很难变成好朋友

②可能会产生争执，但能保持一般的同学关系

③在任务中相互帮助，一定能成为好朋友

④不清楚

A35. 你认为答应与周星合作，对李月来说是件容易的事吗？

①非常容易；②容易；③不太容易；④很难

A36. 如果别人知道李月答应了合作邀请，他们会怎样评价李月？

①这样做很好，能更好地完成任务

下面列出了一些说法,你在多大程度上同意/不同意呢?

	很不同意	不太同意	不确定	比较同意	非常同意
A12. 一件事情,两个人一起做肯定比一个人做要好					
A13. 如果那个同学比自己弱,那应该和他一起做事情					
A23. 如果事情简单的话,就没有必要和别人一起做了					
A24. 只有任务完成不了的时候,才需要和别人一起合作					
A25. 在一项合作任务开始前,两人需要进行明确的分工					
A26. 只有在别人与自己没有分歧时,才应该和他一起合作					
A14. 即使与合作对象意见不一致,也应该继续完成合作					
A27. 如果这次别人答应/拒绝了你的合作请求,下次你就应该答应/拒绝别人的合作请求					

A15. 你平时喜欢和怎样的人一起合作呢?
①做事认真的人 ②喜欢服从我的人
③关系好的朋友 ④无所谓
这时,周星向李月提出了合作完成这次汇报作业的请求。但是,李月出现了两种不同的反应。

②这样做不好,会显得李月没能力
③不关心,这是李月的事情
A42. 如果是你,你会主动邀请其他同学一起完成这次作业吗?
①当然会,一起完成更好
②可能会,视作业难度而定
③可能不会,合作对象不好找
④肯定不会,自己能独立完成
(二)第二种情形:李月拒绝了周星的合作邀请。你觉得,周星和李月此时心里又各有什么感受?

	非常开心	比较开心	一般	不太开心	很不开心
A37. 周星					
A38. 李月					

A39. 你认为拒绝了周星,李月能很好地独立完成这次作业吗?
①肯定能; ②也许能; ③不能; ④不知道
A310. 李月拒绝与周星合作,这会导致他们关系变差吗?
①会,周星会记恨李月;
②可能会,周星和李月产生隔阂;
③不会,两人不会因此破坏同窗情谊;
④不清楚
A311. 你认为拒绝与周星合作,对李月来说是件容易的事吗?
①非常容易; ②容易; ③不太容易; ④很难
A312. 如果别人知道李月拒绝了合作邀请,他们会怎么评价李月?
①这样做很好,可以锻炼各自的能力
②这样做不好,影响作业完成质量
③不关心,这是李月的事情
A43. 如果其他同学邀请你一起完成这次作业,你会怎么做?
①欣然应允,一起完成更好;
②考虑一下,视作业难度而定;
③可能拒绝,自己能独立完成;
④不会答应,不是合适的合作对象

B. 对于下列关于行为的描述,你在多大程度上赞同/不赞同呢?

题目	很不赞同	不赞同	说不清	赞同	非常赞同
B11. 我相信好的伙伴能使你战胜一切对手					

续表

题目	很不赞同	不赞同	说不清	赞同	非常赞同
B12. 一个人要想取得好成绩，必须依靠他人的帮助					
B13. 任何事情的完成都离不开他人的帮助与合作					
B14. 为了成功，一个人必须与他人合作					
B15. 与大家一起做事情让我很愉快					
B21. 在生活中，我喜欢与他人协同做事					
B22. 我喜欢与他人合作以获得共同的成功					
B23. 我相信合作比竞争更有助于提高成绩					
B24. 在与别人一起做事时，我愿意多听取他人的意见，即使这些意见我并不赞同					
B31. 与他人共同完成任务时，我能够整合他人的意见					
B32. 合作时，我通常会考虑双方利益					
B33. 在处理事情时，我一般都能够考虑多方的意见					
B34. 在合作中，我通常能站在他人的立场上考虑他人的利益					

C. 下列说法在多大程度上符合你的真实情况？请根据你的实际情况回答。

题目	很不符合	不太符合	一般	比较符合	非常符合
C11. 我感到我是一个有价值的人，有许多好的品质					
C12. 我能像大多数人一样把事情做好					
C13. 我希望我能为自己赢得更多尊重					
C21. 我能根据身边人的表情来判断他们是否愿意合作					
C22. 团队合作时，我能根据队员的表现来判断他的人格特质					
C23. 我相信对同一件事，每个人都有自己独特的见解，因此我能容忍别人和我意见不一致					
C24. 为了更好地合作，我会试着从他人的角度去考虑问题					
C31. 人们表面上愿意合作，实际上却并非如此					
C32. 多数人会毫不犹豫地去帮助遇到困难的人					
C33. 既然要合作，就要信任合作双方					
C41. 在完成困难任务时，我担心失败，即使别人不知道也一样					
C42. 我不喜欢做那些要发挥我能力的任务					
C43. 给我的任务即使有充裕的时间，我也喜欢立即开始工作					
C44. 我在完成有难度的任务时，会感到快乐					

D. 基本情况（在选项上打"√"）

D1. 您的性别：A. 男　　　　B. 女

D2. 你的年级：A. 大一　　　B. 大二　　　C. 大三　　　D. 大四

D3. 你的专业：A. 文科　　　B. 理工科

附录七　青少年合作行为内在动力实验设计及问卷

（一）实验游戏设计

1. 指导语

亲爱的同学们，欢迎参加本次实验。在正式实验之前，小程序会将你们随机分成几个组，每组 4 个人，由于电脑随机分配，你们无法知道自己和谁是一组的，更不知道自己所在的小组都有哪些成员。

请你仔细阅读电脑屏幕上的文字，并按照相应的指示和要求进行操作。如果有问题请举手，会有老师帮你解答。谢谢你的配合！

首先请填写你的信息：

（1）性别：_____（2）年级：_____（3）年龄：_____

2. 情境描述

在一片开心农场中，共住着 4 户农民。最近，农场打算建设一个公用的鱼塘，于是设立了一个公共账户，要求 4 户农民按照自己的意愿将金币投入到公共账户中。接下来，你将代表其中一户农民进行多轮投资游戏，你可以按照自己的意愿，将一定数目的金币（整数）投入到公共账户当中，也可以不投而保留在自己的个人账户上。

规则如下：

（1）本投资任务将进行 6 轮，每一轮都会给每一户农民 100 个金币作为本钱，且个人账户的金币数会在每一轮投资后进行累计。

（2）个人投入到公共账户中的金币数将会被翻倍，然后再平均分配到 4 户农民的个人账户上。

（3）在每一轮投资中，每位农户都有 60 秒决策时间，如果 60 秒内未作出选择，则默认为投入 100 个金币。

（4）每一轮投资之后，我们都会告诉你以下信息：

投入金额：本轮你投入到公共账户的金币数。

返还金额：本轮公共账户金币数翻倍后平均分配到你个人账户的金额。

盈利金额：返还金额－投入金额。

3. 规则测试

你弄明白上述的投资规则和盈利规则了吗？请先回答以下两个测试问题，一旦回答正确，投资游戏将正式开始。

（1）如果你投资了 5 个金币，其他三人投资的数目分别是 55 个、60 个、80 个，那么你将从公共账户中得到多少返还金币？

A. 100　　　　B. 110　　　　C. 120　　　　D. 130

（2）如果你投资了 90 个金币，其他三人投资的数目分别是 0 个、4 个、6 个，那么你将从公共账户中得到多少返还金币？

A. 40　　　　B. 45　　　　C. 50　　　　D. 55

4. 题目测试

（1）在本轮投资中，你相信其他的小组成员一定会为公共账户投入金币吗？

A. 很不相信　　B. 不相信　　C. 有点不信　　D. 一般

E. 有点相信　　F. 相信　　G. 非常相信

（2）你决定投入_____金币到公共账户中？（请输入 0—100 以内的具体数字，输入后请按 Enter 键）

5. 每轮反馈信息

以第一轮为例进行说明。

（单位：个）

	投入金额	返还金额	盈利金额
第 1 轮			

（二）内在动力问卷设计

A. 以下每个问题都代表着这样一个情景：你和甲之间要分配一批资源，你们互相保持匿名，选择也是保密的，你偏好哪种分配方案？请选择你最偏好的分配方案的字母代码打"√"（数字越大，代表资源越多）。答案没有优劣对错之分，只反映个人偏好。

情景 1

方案代号	A	B	C	D	E	F	G	H	I
你将获得	85	85	85	85	85	85	85	85	85
甲将获得	85	76	68	59	50	41	33	24	15

情景 4

方案代号	A	B	C	D	E	F	G	H	I
你将获得	50	54	59	63	68	72	76	81	85
甲将获得	100	89	79	68	58	47	36	26	15

情景 2

方案代号	A	B	C	D	E	F	G	H	I
你将获得	85	87	89	91	93	94	96	98	100
甲将获得	15	19	24	28	33	37	41	46	50

情景 5

方案代号	A	B	C	D	E	F	G	H	I
你将获得	100	94	88	81	75	69	63	56	50
甲将获得	50	56	63	69	75	81	88	94	100

情景 3

方案代号	A	B	C	D	E	F	G	H	I
你将获得	50	54	59	63	68	72	76	81	85
甲将获得	100	98	96	94	93	91	89	87	85

情景 6

方案代号	A	B	C	D	E	F	G	H	I
你将获得	100	98	96	94	93	91	89	87	85
甲将获得	50	54	59	63	68	72	76	81	85

B. 面对以下假设情境，你选择相应做法的可能/不可能程度？

今天，老师让你和另外一位同学李月完成两面黑板报，因为你的绘画比较好，而李月的粉笔字漂亮。你们可以各自完成一面，也可以合作一起完成两面。

B1. 这时，你会怎么做？

选项	很不↔非常 可能↔可能						
B11. 我认为一起完成更好，会主动找李月商量怎么合作完成两面	1	2	3	4	5	6	7
B12. 我打算独自完成一面，不想与李月一起合作完成两面	1	2	3	4	5	6	7
B13. 如果李月提出一起合作完成两面，我也乐意；如果她想独自完成一面，我便负责另一面好了	1	2	3	4	5	6	7

B2. 当李月主动与你商量如何一起合作完成两面黑板报时，你会怎么做？

选项	很不↔非常 可能↔可能						
B21. 我会欣然答应，因为我希望合作	1	2	3	4	5	6	7
B22. 我会拒绝，因为我更喜欢独自完成一面	1	2	3	4	5	6	7
B23. 既然李月主动找我合作了，那么我就会答应她	1	2	3	4	5	6	7

B3. 当李月不想和你一起合作完成两面黑板报时，你会怎么做？

选项	很不↔非常可能↔可能						
B31. 我认为合作能发挥我们的所长，因此会尽力劝说她一起完成两面。	1	2	3	4	5	6	7
B32. 不论李月愿意不愿意，我都不打算与她一起合作完成两面	1	2	3	4	5	6	7
B33. 既然李月不愿意合作，那我也不会强求，自己负责一面好了	1	2	3	4	5	6	7

B4. 当李月一开始答应合作，后来却无故变卦了，要求各自独立完成时，你会怎么做？

选项	很不↔非常可能↔可能						
B41. 我会独自完成自己的这一面，同时尽力协助李月完成她的那一面。	1	2	3	4	5	6	7
B42. 我会停止合作，且以后也不会再跟李月合作了	1	2	3	4	5	6	7
B43. 我认为她不守信用，除非她道歉，否则很难原谅她	1	2	3	4	5	6	7

C. 关于下列说法，你在多大程度上同意或不同意？

题项	很不同意	不同意	不确定	同意	非常同意
C11. 大家都说我是一个肯花时间去关心他人的人					
C12. 即使自己的利益受损，我也愿意伸出援助之手帮助他人					
C13. 当朋友或者家人遇到一些不愉快或沮丧的事情时，我会对他们特别友善					
C21. 排队的时候，有人插队，我很生气，但想到他/她可能是有急事，就宽恕他/她了					
C22. 无论朋友做了什么事，我都能原谅他/她					
C23. 如果别人对我不好，我会以其人之道还治其人之身					
C31. 我不会因为朋友越来越聪明，或者越来越有出息而故意疏远他/她					
C32. 当和我一样称职的人得到表扬，而我却没有被表扬时，我会感到生气					
C33. 当我喜爱的长辈花更多时间去陪我的表兄/妹，而没有陪我时，我感到难过					
C41. 我想让我的朋友和家人知道我是多么的爱他们、感激他们					

续表

题项	很不同意	不同意	不确定	同意	非常同意
C42. 假如要我列出我要感恩的人和事，那将会是一份很长的清单					
C43. 随着年龄的增长，我越来越感恩我人生中的人、事和经历					
C51. 当帮助过我的人需要我的关注时，我肯花时间去帮助他/她					
C52. 如果有人送礼物给我，我觉得我也应该送礼物给他/她					
C53. 假如有人很友好地和我交谈，我也会礼貌地回复					

附录八　青少年合作行为外在动力实验设计及问卷

（一）实验游戏设计

"青少年合作行为外在动力实验设计"包括指导语、情境描述、规则测试、题目测试和每轮信息反馈五个部分。其中，"指导语""规则测试""题目测试""每轮信息反馈"四个部分与"青少年合作行为内在动力实验设计"相同，详见附录七实验游戏设计部分。

"情景描述"设计如下：

在一片开心农场中，共住着 4 户农民。最近，农场打算建设一个公用的鱼塘，于是设立了一个公共账户，要求 4 户农民按照自己的意愿将金币投入到公共账户中。接下来，你将代表其中一户农民进行多轮投资游戏，你可以按照自己的意愿，将一定数目的金币（整数）投入到公共账户当中，也可以不投而保留在自己的个人账户上。

规则如下：

（1）本投资任务将进行 20 轮，每一轮都会给每一户农民 100 个金币作为本钱，且个人账户的金币数会在每一轮投资后进行累计。

（2）个人投入到公共账户中的金币数将会被翻倍，然后再平均分配到 4 户农民的个人账户上。

（3）实验条件

实验一：无奖惩条件。

实验二：连续固定奖励，在每一轮投资中，如果你的个人投入是小组内投入金币数最多的，你将会获得 30 个金币的额外奖励。

实验三：变动比率奖励。当公共账户金币数累计达到 300 个金币时，奖励个人累计投入最多的人 50 个金币；公共账户金币数累计达到 600 个金币时，奖励个人累计投入最多的人 100 个金币；公共账户金币数累计达到 900 个金币时，奖励个人累计投入最多的人 150 个金币，以此类推。

实验四：连续固定惩罚。在每一轮投资中，如果你的个人投入是小组内投入金币数最少的，你将会受到扣除 30 金币的惩罚。

实验五：变动比率惩罚。当公共账户金币数累计达到 300 个金币时，扣除个人累计投入最少的人 50 个金币；公共账户金币数累计达到 600 个金币时，扣除个人累计投入最少的人 100 个金币；公共账户金币数累计达到 900 个金币时，扣除个人累计投入最少的人 150 个金币，以此类推。

（4）在每一轮投资中，每位农户都有 60 秒决策时间，如果 60 秒内未作出选择，则默认为投入 100 个金币。

（5）每一轮投资之后，我们都会告诉你以下信息：

投入金额：本轮你投入到公共账户的金币数。

返还金额：本轮公共账户金币数翻倍后平均分配到你个人账户的金额。

盈利金额：返还金额－投入金额。

（二）外在动力问卷设计

实验结束后，请每位参与者完成以下问卷调查。

A. 请根据你在游戏中的真实想法和感受，如实回答下列问题。谢谢！

题项	很不赞同	不赞同	说不清	赞同	非常赞同
A11. 因为无法预期他人将投入的金币数，我会感到不安					
A12. 我在游戏过程会感到压力					
A13. 我发现自己无法在每一轮游戏中都作出合理的决策					
A14. 经常生气，因为投资结果与自己的预判总是不一致					
A21. 在游戏过程中，我能得心应手地进行投资					

续表

题项	很不赞同	不赞同	说不清	赞同	非常赞同
A22. 根据反馈结果，我能及时调整不恰当的投资决策					
A23. 投资的结果总是令我满意					
A24. 我能在规定时间内作出投资决策					

B. 请根据你对游戏结果的真实想法和感受，如实回答下列问题。谢谢！

题项	很不赞同	不赞同	说不清	赞同	非常赞同
B1. 我认为其他成员作出决策时受到了经济利益的影响					
B2. 我认为我在作出决策时受到了经济利益的影响					
B3. 我认为奖励/惩罚对其他成员的决策有重要影响					
B4. 我认为奖励/惩罚对我的决策有重要影响					